ABITUR 2000

Prüfungsaufgaben mit Lösungen

Mathematik

Grundkurs
3. Prüfungsfach und Colloquium
Gymnasium
Bayern
1993–1999

STARK

Die Jahrgänge ab 1998 wurden nach den Regeln der neuen Rechtschreibung abgefasst.

ISBN: 3-89449-083-7

© 1979 by Stark Verlagsgesellschaft mbH · D-85318 Freising · Postfach 1852 · Tel. (08161) 1790
22. ergänzte Auflage 1999
Nachdruck verboten!

Inhalt

Hinweise
Stichwortverzeichnis

Colloquiumsprüfung

1. Allgemeine Überlegungen 1
2. Stoffbegrenzung 2
3. Themenbereiche 2
4. Begleitlektüre 3
5. Thema des Kurzreferates 3
6. Ablauf der Prüfung 4
7. Bewertung 5
8. Beispiel: Kurzreferat aus der Infinitesimalrechnung 8
9. Beispiel: Kurzreferat aus der Analytischen Geometrie 12
10. Beispiel: Kurzreferat aus der Wahrscheinlichkeitsrechnung/Statistik 16

Abiturprüfung 1993

I. Infinitesimalrechnung $\quad f_a : x \mapsto \frac{2x^2 - a^2}{x^2 - a^2}$ mit $D_{f_a} = \mathbb{R} \setminus \{-a; +a\}$

und $a \in \mathbb{R}^+$ 93-1

II. Infinitesimalrechnung $\quad f : x \mapsto x \cdot (1 - \ln x)^2$ mit $D_f = \mathbb{R}^+$ 93-5
III. Analytische Geometrie 93-9
IV. Analytische Geometrie 93-14
V. Wahrscheinlichkeitsrechnung/Statistik 93-19
VI. Wahrscheinlichkeitsrechnung/Statistik 93-22

Abiturprüfung 1994

I. Infinitesimalrechnung $\quad f : x \mapsto \ln \frac{x-3}{2x}$ 94-1

II. Infinitesimalrechnung $\quad f : x \mapsto (1 - x^2) \cdot e^{\frac{1}{2}(3 - x^2)}$ mit $D_f = \mathbb{R}$ 94-5
III. Analytische Geometrie 94-9
IV. Analytische Geometrie 94-14
V. Wahrscheinlichkeitsrechnung/Statistik 94-19
VI. Wahrscheinlichkeitsrechnung/Statistik 94-22

Fortsetzung nächste Seite

Abiturprüfung 1995

I. Infinitesimalrechnung $\quad f: x \mapsto \frac{4x-4}{x^2-2x+2}$ 95-1

II. Infinitesimalrechnung $\quad f_k: x \mapsto e - e^{k-\frac{x}{2}}$ mit $D_{f_k} = \mathbb{R}$ und $k \in \mathbb{R}$ 95-5

III. Wahrscheinlichkeitsrechnung/Statistik 95-9
IV. Wahrscheinlichkeitsrechnung/Statistik 95-12
V. Analytische Geometrie 95-15
VI. Analytische Geometrie 95-21

Abiturprüfung 1996

I. Infinitesimalrechnung $\quad f: x \mapsto \frac{1-e^{2x}}{1+e^{2x}}$ mit $D_f = \mathbb{R}$ 96-1

II. Infinitesimalrechnung $\quad f: x \to \frac{2-x}{x^2-x}$ 96-5

III. Wahrscheinlichkeitsrechnung/Statistik 96-9
IV. Wahrscheinlichkeitsrechnung/Statistik 96-14
V. Analytische Geometrie 96-18
VI. Analytische Geometrie 96-25

Abiturprüfung 1997

I. Infinitesimalrechnung $\quad f: x \mapsto x + \frac{x+a}{x}, D = \mathbb{R} \setminus \{0\}$ 97-1

II. Infinitesimalrechnung $\quad f: x \to (x+1)^2 \cdot e^{1-x}, D_f = \mathbb{R}$ 97-6

III. Wahrscheinlichkeitsrechnung/Statistik 97-10
IV. Wahrscheinlichkeitsrechnung/Statistik 97-13
V. Analytische Geometrie 97-17
VI. Analytische Geometrie 97-24

Abiturprüfung 1998

I. Infinitesimalrechnung $\quad x \mapsto \frac{x}{2}[1+(\ln x)^2], D_f = \mathbb{R}^+$ 98-1

II. Infinitesimalrechnung $\quad f_k: x \mapsto \frac{1}{(kx+1)^2}$ 98-6

III. Wahrscheinlichkeitsrechnung/Statistik 98-11
IV. Wahrscheinlichkeitsrechnung/Statistik 98-16
V. Analytische Geometrie 98-20
VI. Analytische Geometrie 98-26

Abiturprüfung 1999

I. Infinitesimalrechnung $\quad f_k : x \mapsto -\frac{x^2}{x+k}$ 99-1

II. Infinitesimalrechnung $\quad f : x \mapsto \frac{1}{x(1-\ln x)}$ 99-7

III. Wahrscheinlichkeitsrechnung/Statistik 99-12

IV. Wahrscheinlichkeitsrechnung/Statistik 99-16

V. Analytische Geometrie 99-20

VI. Analytische Geometrie 99-26

Jeweils im Herbst erscheinen die neuen Ausgaben
der Abiturprüfungsaufgaben mit Lösungen.

Lösungen der Aufgaben:

bis Jg. 1995: Erwin Kunesch, OStR
ab Jg. 1996: Redaktion

Hinweise

1. Aufgaben

In Bayern werden alle schriftlichen Arbeiten vom Bayerischen Staatsministerium für Unterricht, Kultus, Wissenschaft und Kunst zentral gestellt. Die Abiturprüfung im Grundkurs Mathematik findet an allen bayerischen Gymnasien am selben Tag zur gleichen Zeit statt. Der Fachausschuss für Mathematik jedes Gymnasiums wählt am Morgen des Prüfungstages aus den Gebieten Infinitesimalrechnung, Wahrscheinlichkeitsrechnung und Analytische Geometrie je eine Aufgabe aus. Diese Aufgaben müssen dann von den Abiturienten in 180 Minuten bearbeitet werden. Die Fachausschüsse wählen nach unserer Erfahrung die Aufgaben, die von dem jeweiligen Grundkurs am besten gelöst werden können. Als Hilfsmittel bei der Prüfung dürfen eine Formelsammlung, z. B. „Mathematische Formeln und Definitionen" (Bayerischer Schulbuch-Verlag, I. Lindauer Verlag), stochastische Tabellen, ein Taschenrechner und Zeichengerät verwendet werden.

2. Korrektur und Bewertung

Das Kultusministerium legt den Prüfungsaufgaben auch Hinweise zur Korrektur und Bewertung der Abiturprüfungsarbeiten bei. In diesen Hinweisen ist die Verteilung der Bewertungseinheiten (BE) auf die einzelnen Teilaufgaben angegeben. Die BE stehen in der vorliegenden Aufgabensammlung bei jeder Teilaufgabe. Sie ergeben für die drei zu bearbeitenden Aufgaben zusammen 120 BE. Die Prüfungsarbeiten der Abiturienten werden von zwei Korrektoren des jeweiligen Gymnasiums korrigiert und benotet. Normalerweise ist der 1. Korrektor der Leiter des betreffenden Grundkurses. Die Korrektoren müssen sich bei der Bewertung der erbrachten Prüfungsleistung an der bei jeder Teilaufgabe maximal erreichbaren Zahl der BE orientieren. Die Umsetzung der vom Prüfling erbrachten BE in Noten und Notenpunkte erfolgt im Grundkursbereich nach folgender Skala:

BE	120–115	114–109	108–103	102–97	96–91	90–85	84–79	78–73	72–67	66–61	60–55	54–49	48–41	40–33	32–25	24–0
Notenpunkte	15	14	13	12	11	10	9	8	7	6	5	4	3	2	1	0
Note	+	1	−	+	2	−	+	3	−	+	4	−	+	5	−	6
Intervalle in %	15		15			15			15			20			20	

3. Lösungen und Stichwortverzeichnis

Wo es möglich und sinnvoll war, wurden mehrere Lösungswege ausgearbeitet. Die Ergebnisse der Lösungsvorschläge stimmen mit den Ergebnissen aus den Korrekturhinweisen des Ministeriums überein. Um dem Benützer dieser Aufgabensammlung die Möglichkeit zu geben, bestimmte Aufgabentypen (z. B. Bernoulli-Kette, Hessesche Normalenform usw.) zu üben, wurde ein Stichwortverzeichnis angelegt. Die Angabe hinter dem Stichwort verweist auf die Aufgabenstellung, nicht auf die Lösung; z. B. bedeutet 97 II 2a: Jahrgang 1997 Aufgabe II Teilaufgabe 2 a. Auf die Seitenangabe wurde verzichtet.

Stichwortverzeichnis

Infinitesimalrechnung

Ableitung	siehe Differenzieren
Achsenschnittpunkte	siehe Schnittpunkte
Asymptote	93 I 1b; 94 I 1b, 2b; 95 II 1b; 97 I 1b; 98 II 1a; 99 I 2a
Definitionsbereich	94 I 1a; 95 I 1a, 2a, II 3; 96 II 1a; 98 II 1a; 99 I 1a, II 1a
Definitionslücke	
– Verhalten bei einer –	96 II 1b; 98 II 1a; 99 I 1a, II 1a
Differenzieren mit	
– Kettenregel	93 II 1a, 2a; 94 I 1c, 2a, II 1b, 2a; 95 I 3a, II 2a; 96 I 1c, II 2a; 97 I 2a, II 1b, 2b; 98 I 1a, b, 3a, II 1c
– Produktregel	93 II 1b, 2a; 94 I 2a, II 1b, 2a; 97 II 1b, 2b; 98 I 1a, 3a; 99 II 1b
– Quotientenregel	93 I 1c, II 1a, b; 94 I 1c, d, 2a; 95 I 1b; 96 I 1c, II 1c; 97 I 1d; 98 II 1c, 3a; 99 I 1b, II 1b
Extrempunkte ermitteln	93 I 1c, II 1a; 94 II 1b, d, 2b; 95 I 1b; 96 II 1c; 97 I 1d, II 1b, 2b; 99 I 1b, II 1b
Flächeninhalt	93 I 3c, II 2b; 94 I 2c, II 1d, 2c; 95 I 3b, II 2b; 96 I 3c; 97 I 2b, II 3b; 98 I 3b, II 3c; 99 I 3b, II 3b
Grenzwert für	
– x gegen a	93 II 1c; 94 I 1b; 96 II 1b; 97 I 1a; 98 I 1c, 3b, II 1a; 99 I 1a, II 1a
– x gegen (+/–) unendlich	93 I 1c; 94 I 1b, 2a, c; 95 I 1a, II 1ab; 96 I 1a, b, II 1b; 97 I 1a, II 1a; 98 I 1c, II 1a, 3c; 99 I 1a, II 1a
Hochpunkt	siehe Extrempunkt
Integral	
– bestimmtes	93 I 3c, II 2b; 94 I 2c; 95 I 3b, II 2b; 96 I 3b; 98 II 3b; 99 I 3b, II 3b
– uneigentliches	94 II 2c
Integralfunktion	94 II 2a; 96 II 2
Integration	95 I 3b, II 2b
Krümmungsverhalten	94 I 1d; 95 II 1c; 98 I 1b
Limes	siehe Grenzwert
Monotonieeigenschaften	94 I 1c, II 1b; 95 I 1b, II 1c; 96 I 1c, II 1c; 98 II 1c; 99 I 1b, II 1b

Nullstellen	93 I 1a, II 1a; 94 I 1c, II 1a; 95 I 1a; 96 I 1a, II 1a, 2b; 97 I 1a; 99 I 1a
Schnittpunkte	
– mit den Koordinatenachsen	93 I 1a; 95 II 1a; 96 I 1a, II 1a; 97 II 1a
– zweier Graphen	94 I 2c; 95 I 2b; 97 II 2a; 98 I 1d, II 1d; 99 I 2a, II 2a
Stammfunktion	93 I 2, II 2a; 94 I 2a; 95 I 3a, II 2a; 96 I 3a; 97 I 2a; 98 I 3a, II 3a; 99 I 3a, II 3a
Symmetrie, Ermittlung	93 I 1a; 94 II 1a; 95 I 1c; 96 I 1b; 97 I 1c; 98 II 1b; 99 I 2c
Tangente	93 I 3a, II 1b; 98 II 1d
Terassenpunkt	98 I 1b
Umkehrfunktion	94 I 2b; 95 I 2a, II 3; 96 I 2; 98 I 4
Ungleichung	95 II 1b, d
Wendepunkt	93 II 1b; 94 II 2b
Wendetangente	93 II 1b; 96 I 1d
Wertemenge	93 II 1c; 95 I 2a, II 3; 96 I 1c; 97 II 1a; 98 I 1c

Analytische Geometrie

Abstand	
– Ebene/Ebene	96 VI 2a
– Gerade/Ebene	95 V 1b
– Punkt/Ebene	93 IV 3; 95 VI 3b; 96 V 3c; 97 VI 1d; 98 V 2c, VI 2a, b; 99 VI 2d
– Punkt/Gerade	97 V 2a; 98 V 2a
– Punkt/Punkt	93 III 2b; 94 III 2a, IV 1a, 2a; 95 VI 1b; 96 V 1a, VI 1a; 98 V 2c
Betrag eines Vektors	siehe Abstand Punkt/Punkt
Drachenviereck	99 V 1c
Dreieck	
– gleichschenkelig	94 IV 3b; 95 VI 1b; 96 V 1a, VI 1a; 98 VI 1d; 99 VI 1b
– rechtwinkelig	93 III 2; 95 V 2b, VI 1b; 96 V 1a, VI 1a; 97 V 1b, VI 2c; 98 V 1a; 99 V 1d
Durchstoßpunkt	siehe Schnittpunkt Gerade/Ebene
Ebenengleichung	
– Normalenform	93 III 3a, IV 1b; 94 III 1b, IV 1c; 95 V 1a, VI 1a; 96 V 1b, VI 1b; 97 V 1c, VI 2a; 98 V 1c, VI 1a; 99 V 2a, VI 1a, 2c
– Parameterform	93 IV 1b
Flächeninhalt	93 III 2c, 3c, IV, 2c; 94 III 2b; 98 V 1a; 99 V 1e, VI 1d, 2e
Geradengleichung	94 III 1a, IV 3a; 96 V 2c, 3b; 99 V 1a, 2b

Hessesche Normalenform	95 V 1b; 96 V 3c, VI 2a; 98 VI 2a, b; 99 VI 2d
Höhen	98 V 1b
Kegelvolumen	97 VI 2d
Kollineare Vektoren	93 IV 1a, 2a; 94 III 1a, IV 1a
Kugelgleichung	97 V 3a, b; 98 V 1d, VI 2c
Länge einer Strecke,	
– eines Vektors	siehe Abstand Punkt/Punkt
Lotebene	94 IV 1c; 96 V 3a; 97 VI 2a; 99 VI 2c
Lotfußpunkt	98 VI 1d; 99 VI 2a
Lotgerade	93 III 1b, 3b; 94 III 3a, IV 2b; 95 VI 2b
Lotvektor	93 III, 3 IV 3; 94 III 3; 95 V 1a, VI 1a; 96 V 1b, VI 1b; 97 V 1c; 98 V 2c
Normalenform einer Ebenengleichung	siehe Ebenengleichung
Orthogonal	siehe Lotvektor
Parallelität von	
– Ebene und Gerade	95 V 1b, 3b; 98 V 2b
– zwei Ebenen	96 VI 2a
– zwei Geraden	94 III 1a, IV 1a; 96 VI 2a
Pyramide	93 III 3c; 94 III 3b, e, IV 2b; 95 V 3a, VI 2c; 96 V 2b, 3c, VI 3a; 99 V 2c, d, VI 2b, e
Pyramidenvolumen	94 III 3b, e, IV 2b; 95 V 3a, VI 2c; 96 V 2b, 3c, VI 3a; 97 V 2d; 98 VI 1f; 99 V 2c
Quadrat	93 III 2a; 95 VI 1c, 3a; 96 V 2a, VI 1a; 97 V 2c
Raute	99 VI 1c
Schnittgerade	95 V 2a; 96 VI 1c, 2a; 97 VI 2b; 98 VI 1c
Schnittpunkt von	
– Ebene und Gerade	93 III 3b; 94 III 3a; 95 VI 2a; 96 V 3b; 97 V 1a, VI 1b; 98 V 2b, VI 1b
– zwei Geraden	93 III 1a; 95 VI 2b; 99 V 1a
Schnittwinkel von	
– zwei Geraden	93 IV 1a; 98 VI 1e
– Gerade und Ebene	96 V 2c; 97 V 2d, VI 1c
Schwerpunkt	98 V 1b
Spiegelung eines Punktes	97 V 2b; 98 VI 1f
Streckenlänge	siehe Abstand Punkt/Punkt
Teilung einer Strecke	93 IV 2b; 94 III 2b, 3c; 95 VI 3b; 98 V 1b; 99 V 1b
Umkreis	98 V 1b; 99 V 1d
Vektorraum	96 VI 2b
Winkel zwischen Vektoren	93 IV 1a; 97 VI 1c; 99 VI 1b

Wahrscheinlichkeitsrechnung

Abhängigkeit von Ereignissen	93 V 3; 94 V 2a, VI 2a; 96 III 3a; 97 III 1b, IV 3; 98 III 5b, IV 4
Baumdiagramm	siehe Ereignisbaum
Bernoulli-Kette	
– Bestimmung des Parameters k	98 IV 3b; 99 III 5
– mit genau k Treffern	93 V 4; 95 III 3a, b, 5; 96 IV 1a; 97 IV 4b; 98 III 4b; 99 III 6
– mit k1 bis k2 Treffern	93 V 1; 97 III 4, IV 4a
– mit mindestens k Treffern	95 III 1b, 2, IV 3, 4; 96 III 2, 4a, c, d, IV 1c, 3a, b; 98 III 1, IV 3a; 99 III 2a, IV 1a, b
– mit unbekannter Länge und mindestens einem Treffer	94 VI 1c; 96 III 4b, IV 1b; 97 III 2, IV 2; 99 III 2b
Binomialverteilung	siehe Bernoulli-Kette
Entscheidungsregel bestimmen	98 III 6, 5a; 99 III 5, IV 3c
Ereignisbaum	94 V 1a; 96 III 3a; 98 III 4a
Ereignisse verknüpfen	siehe Verknüpfung
Experiment, zusammengesetzt,	
– Wahrscheinlichkeitsberechn.	97 III 3a, b, IV 4b; 98 III 4a, 5a; 99 III 1a, b, IV 1b
Fehler	
– 1. Art	93 V 5, VI 4; 94 V 3a, VI 3a; 95 III 2; 96 III 4c; 99 IV 3b, c
– 2. Art	93 V 5, VI 4; 94 V 3b, VI 3b; 96 III 4d; 98 IV 5b; 99 IV 3a
Hypothesentest	siehe Test
Irrtumswahrscheinlichkeit	siehe Fehler 1. Art
Kombinatorik	93 V 1, 2, VI 1, 2; 94 V 2b, c, VI 1, 2; 95 III 4, IV 1, 2, 5a; 96 III 1a, b, 3b, IV 2a, b; 97 IV 1a; 98 III 2a, b, 3, IV 1a, b, 2a, b; 99 III 4, IV 2b
Laplace-Wahrscheinlichkeit	94 VI; 96 IV 2c; 97 III 1, IV 1b; 99 III 3, IV 2a
Produktregel	94 V 2a, VI 2a; 99 III 1a, b
Test	
– einseitig	93 V 5, VI 4; 94 V 3, VI 3; 96 III 4c, d, IV 3a; 97 IV 5; 98 III 6, IV 5a, b; 99 III 5, IV 3a, b, c
– zweiseitig	95 III 2
Unabhängigkeit von Ereignissen	siehe Abhängigkeit
Wahrscheinlichkeitsverteilung, Ereigniswahrscheinlichkeiten	93 V 2, 3, VI 1, 2, 3; 94 V 1a, b, 2b, c, VI 1b, 2b; 95 III, IV; 96 III, IV; 97 III 1a; 98 III 4a, IV 4; 99 III 3, IV 2c

Colloquiumsprüfung

1 Allgemeine Überlegungen

Nachdem die Abiturprüfung in Bayern in vier Fächern abzulegen und dabei auch das mathematisch-naturwissenschaftliche Feld abzudecken ist, fällt für viele Kollegiaten die Wahl des Colloquiums auf das Fach Mathematik. Für diesen Fall sollte man sich mit den Besonderheiten dieses Faches vertraut machen.

Um in der Colloquiumsprüfung erfolgreich abzuschneiden, sollte der Kollegiat als Grundvoraussetzung folgende Überlegungen anstellen:

- Obwohl im Gegensatz zu anderen Fächern der Lehrstoff auch aus dem verwendeten Lehrbuch nahezu lückenlos zu entnehmen ist, sollten die Aufzeichnungen aus dem Unterricht vollständig sein. Sie lassen nämlich bestimmte Vorlieben des Kursleiters erkennen, so z. B. Beweisführungen oder eher praktische Beispiele, ausführlichere oder knappere Darstellungen, bestimmte Schreibweisen usw.

- Eine Grundvoraussetzung für ein erfolgreiches Abschneiden ist eine intensive und kontinuierliche Mitarbeit im Unterricht von Anfang an, da es im Fach Mathematik mehr auf einen langjährigen Übungseffekt als auf ein fleißiges Einpauken des Lernstoffes „in letzter Minute" ankommt.

- Es ist unbedingt erforderlich, vorher im Unterricht zur Übung mindestens ein, wenn nicht sogar mehrere Referate zu halten. Dabei ist das Augenmerk vor allem darauf zu richten, daß im Vortrag nicht nervös und hektisch, sondern mit Bedacht gearbeitet wird. Ein einmal gemachter Fehler wirkt sich, falls er nicht sofort bemerkt wird, auf die nachfolgenden Aufgaben aus. Dieser Fehler steht dann deutlich im Raum und kann auch nicht so leicht wegdiskutiert werden.

- Besitzt ein Kollegiat neben den fachlichen Kenntnissen auch Qualitäten wie Sicherheit im Auftreten und im Ausdruck sowie eine Portion Selbstvertrauen, so ermöglicht ihm die Mathematik eine eindeutige Arbeitsweise, da ausschweifende Darstellungen nicht nötig und meist auch nicht möglich sind. Der Weg der Bearbeitung ist i. a. klar vorgegeben. Für das Fach Mathematik gilt darüber hinaus, daß man sich nicht herausreden kann.

2 Stoffbegrenzung

Im Gegensatz zu anderen Fächern, in denen die Lerninhalte aus dem 1. oder 2. Halbjahr der 12. Jahrgangsstufe ausgeschlossen werden können, gilt im Fach Mathematik eine Sonderregelung. Hier kann eines der Teilgebiete Infinitesimalrechnung, Analytische Geometrie oder Wahrscheinlichkeitsrechnung ausgeschlossen werden. Durch die Wahl des Themenbereiches aus einem der beiden verbleibenden Fachgebiete findet eine Schwerpunktbildung statt. Eine weitere Schwerpunktbildung bezüglich eines Ausbildungsabschnittes darf nicht stattfinden. Sie ist auch über eine „private Vereinbarung" mit dem Kursleiter nicht gestattet, und hätte in der Prüfung, in der noch mindestens eine weitere Lehrkraft sitzt, für den Prüfling schwerwiegende Folgen.

3 Themenbereiche

Auch im Grundkursfach Mathematik sind pro Ausbildungsabschnitt mindestens drei Themenbereiche zu benennen, d. h. allen vier Ausbildungsabschnitten zu entnehmen. Die Themenbereiche sind inhaltlich so weit gefaßt, daß aus jedem Themenbereich für das Referat mehrere Themen gestellt werden können. Aus der Benennung des Themenkreises soll noch kein eindeutiger Rückschluß auf das später daraus gestellte Thema möglich sein. Selbstverständlich gehören zu jedem Themenbereich Fragestellungen und Techniken, die zum Grundwissen gehören.

Die folgenden möglichen Themenbereiche sind nach den drei Fachgebieten gegliedert, in Klammern steht das zugehörige Halbjahr.

(1) Infinitesimalrechnung

- Das bestimmte Integral mit Anwendungen (12/1)
- Der Hauptsatz der Differential- und Integralrechnung (12/1)
- Exponentialfunktionen (12/1)
- Logarithmusfunktionen (12/1)
- Gebrochen rationale Funktionen (13/1)

(2) Analytische Geometrie

- Lineare Abhängigkeit und Unabhängigkeit (13/1)
- Gleichungssysteme (13/1)
- Geraden und Ebenen sowie ihre Lagebeziehungen (13/1)
- Skalarprodukt (13/1)
- Winkel- und Abstandsmessung (13/1)
- Projektionen und Spiegelungen (13/1)

(3) Wahrscheinlichkeitsrechnung

- Zufallsexperimente, Baumdiagramme und Pfadregeln (12/2)
- Kombinatorik und Laplace-Wahrscheinlichkeiten (12/2)
- Urnenmodelle und Wahrscheinlichkeitsverteilung (12/2)
- Unabhängigkeit, Bernoulli-Kette und Binomialverteilung (12/2)
- Testen von Hypothesen (12/2)

4 Begleitlektüre

In jedem Kurshalbjahr benennt der Kursleiter geeignete Texte (Buchabschnitte oder Aufsätze) von maximal 20 Seiten als Begleitlektüren, die jedoch nicht aus dem oder den im Unterricht verwendeten Lehrbüchern stammen dürfen. Nach den derzeitigen Bestimmungen der Schulordnung muß mindestens eine Begleitlektüre pro Halbjahr benannt werden und im 2. Teil der Colloquiumsprüfung muß jeder Schüler über mindestens eine der Begleitlektüren geprüft werden. Eine genaue Angabe der geforderten Zahlen wird von jeder Schule festegelegt. Dies muß jedem Prüfling vom Kollegstufenbetreuer rechtzeitig bekanntgegeben werden.

5 Thema des Kurzreferates

Aus dem von ihm gewählten Themenbereich wird dem Prüfling ein Thema gestellt, das ihm 30 Minuten vor der Prüfung schriftlich mitgeteilt wird, während die Fragen für den restlichen Ablauf der Prüfung noch nicht vorgelegt werden. Als Hilfsmittel stehen dem Prüfling dabei die mathematische Formelsammlung sowie der Taschenrechner zur Verfügung, allerdings nur, wenn das Thema diese Hilfsmittel erforderlich macht. Unter Aufsicht bereitet sich der Kollegiat nun ohne weitere Hilfestellung so auf das eigentliche Colloquium vor, daß er dann mit Hilfe seiner in diesen 30 Minuten erstellten Unterlagen, die er während der Prüfung benutzen darf, ein zehnminütiges Referat bestreiten kann.

Nachfolgend sollen zu den oben angeführten Themenbereichen einige mögliche Themen angegeben werden:

(1) Infinitesimalrechnung

Das bestimmte Integral mit Anwendungen
– Definition des bestimmten Integrals
– Anwendung des bestimmten Integrals auf die Flächenberechnung

Der Hauptsatz der Differential- und Integralrechnung
– Stammfunktion-Integralfunktion
– Lösung eines Integrals mit Fallunterscheidungen
– Beweis des Hauptsatzes

Exponentialfunktion
– Diskussion einer e-Funktion

Logarithmusfunktion
– Diskussion einer ln-Funktion

Gebrochen rationale Funktionen
– Diskussion einer gebrochen rationalen Funktion
– Diskussion einer gebrochen rationalen Funktionenschar

(2) Analytische Geometrie

LineareAbhängigkeit und Unabhängigkeit
– Beispiel zur linearen Unabhängigkeit als Beweisprinzip

Gleichungssysteme
– Lösbarkeit eines Gleichungssystems
– Gleichungssysteme und ihre geometrische Deutung

Geraden und Ebenen sowie ihre Lagebeziehungen
– Gegenseitige Lage einer Geradenschar zu einer Ebene allgemein und anhand eines Beispiels

- Gegenseitige Lage einer Ebenenschar zu einer Ebene allgemein und anhand eines Beispiels
- Beispiel zum Aufstellen von Geraden- und Ebenengleichung und Feststellen ihrer gegenseitigen Lage

Skalarprodukt
- Definition und Anwendung des Skalarprodukts

Winkel und Abstandsmessung
- Winkel an Geraden und Ebenen allgemein und im Beispiel
- Die Hesseform der Ebenengleichung und ihre Anwendung
- Abstände von Punkten zu Gerade und Ebene
- Windschiefe Geraden

Projektionen und Spiegelungen
- Projektionen auf Gerade und Ebenen allgemein und am Beispiel
- Spiegelungen an Geraden und Ebenen allgemein und am Beispiel
- Symmetrie allgemein und am Beispiel

(3) Wahrscheinlichkeitsrechnung

Zufallsexperimente, Baumdiagramm und Pfadregeln
- Beispiel mit Baumdiagramm und Anwendung der Pfadregeln

Kombinatorik und Laplace-Wachrscheinlichkeiten
- Die Formeln für Permutationen, Variationen und Kombinationen allgemein und am Beispiel
- Laplace-Wahrscheinlichkeiten allgemein und am Beispiel

Urnenmodelle und Wahrscheinlichkeitsverteilung
- Das Urnenmodell des Ziehens ohne Zurücklegen allgemein und am Beispiel
- Das Urnenmodell des Ziehens mit Zurücklegen allgemein und am Beispiel

Unabhängigkeit, Bernoulli-Kette und Binomialverteilung
- Unabhängigkeit und Vierfeldertafel allgemein und am Beispiel
- Definiton der Bernoulli-Kette und Anwendung auf ein Beispiel
- Die Binomialverteilung-Eigenschaften und Anwendungen
- Berechnungen von Wahrscheinlichkeitswerten mit Hilfe der Binomialverteilung allgemein und am Beispiel

Testen von Hypothesen
- Der Alternativtest – Aufbau, Anwendung und Fehlentscheidungen allgemein und am Beispiel
- Der Signifikanztest – Die Idee des Tests, seine Ausführung und seine Risiken allgemein und am Beispiel

Betrachtet man diese möglichen Themen, so zeigt sich deutlich, daß zur Vorbereitung des Colloquiums die Bearbeitung der Aufgaben aus der Mathematik als 3. Grundkursfach sehr hilfreich ist.

6   Ablauf der Prüfung

Das Colloquium gliedert sich in zwei Prüfungsteile von je 15 Minuten Dauer, die vor mindestens zwei Prüfern (Kursleiter, Schriftführer und ggf. weiteren Lehrkräften) zu absolvieren sind. Dabei können alle Prüfer Fragen stellen, jedoch wird im allgemeinen der Kursleiter das Prüfungsgespräch führen.

– Zunächst hält der Prüfling sein Kurzreferat von ca. 10 Minuten Dauer. Diese 10 Minuten sollten eingehalten werden. Deutlich kürzere oder längere Redezeiten gehen negativ in die Bewertung ein. Das Deponieren der Armbanduhr auf dem Tisch und ein gelegentlicher Blick darauf können dabei hilfreiche Dienste leisten. Vorsicht vor Versprechern und vorschnell gezogenen Schlüssen, sie kommen im Verlauf der weiteren Prüfung wie ein Bumerang auf den Prüfling zurück. Sollten sich ein oder mehrere Prüfer während des Referates Notizen machen, bedeutet dies zunächst keine Aussage über die Qualität des Referates. So ist z. B. der Schriftführer dazu verpflichtet, den Ablauf der Prüfung zu protokollieren. Auch ergeben sich während des Referates erste Anknüpfungspunkte für das weitere Prüfungsgespräch, was durchaus nicht negativ zu werten ist. Nach dem Referat findet ein direkt anschließendes Gespräch statt, und zwar über das Thema des Referates sowie über den Themenbereich, aus dem das Referat stammt. Häufig wird jetzt noch auf Unklarheiten, Unsauberkeiten und Fehlern einerseits und leichten Abänderungen des Referates andererseits eingegangen. Bildlich gesprochen werden um das Referat als Kern immer größer werdende Kreise gezogen.

– In den nächsten fünfzehn Minuten werden Fragen aus den beiden vom Prüfling nicht ausgeschlossenen Fachgebieten gestellt, wobei sicher das nicht durch das Kurzreferat abgedeckte Fachgebiet im Vordergrund stehen wird. Hier wird auch die Begleitlektüre abgeprüft. Dabei muß der Prüfling Fragen beantworten, die eindeutig zeigen, daß er die Begleitlektüre auch gelesen hat. Diese Fragen beziehen sich häufig darauf, wie in der Begleitlektüre ein bestimmtes fachliches Problem dargestellt ist.

Zusammengefaßt ergibt sich für den Ablauf der Prüfung folgender Plan:

Vorbereitungszeit	30 Min.	Schüler erarbeitet zu einem vorgegebenen Thema aus seinem Spezialgebiet ein Kurzreferat (10 Min.)
Prüfung	15 Min.	Kurzreferat und Aussprache dazu; Grundlage: Themenbereich
	15 Min.	Prüfungsgespräch über beide Fachgebiete unter Einbeziehung der Begleitlektüre

7 Bewertung

a) Die Bewertung jedes 15minütigen Prüfungsteils wird auf **zwei Beurteilungsbereiche** aufgeteilt. Konkret soll damit zwischen Gesprächsfähigkeit einerseits und fachlichen Kenntnissen andererseits unterschieden werden. Dabei werden Themenbereich und das daraus erstellte Referat einerseits sowie das Prüfungsgespräch bezüglich der beiden nicht ausgeschlossenen Fachgebiete andererseits getrennt bewertet. Beide Male werden im Hinblick auf die Beurteilungsbereiche 1 und 2 jeweils eigene Bewertungen verteilt.

Beurteilungbereich	Gesprächsfähigkeit	Fachliche Kenntnisse und Fähigkeiten
Prüfungsteile		
1. Teil zum Themenbereich	max. 15 Pkt.	max. 15 Pkt.
2. Teil zu den beiden Fachgebieten	max. 15 Pkt.	max. 15 Pkt.

Beurteilungsbereich 1 (Gesprächsfähigkeit)
- Art des Vortrages (insbesondere beim Referat)
- Gliederung/logischer Aufbau/Behandlung des Wesentlichen
- Argumentation
- Verhalten im Gespräch
- Textverständnis (bei vorgelegtem Text)
- Sprachrichtigkeit (vor allem bei Fremdsprachen)

Beurteilungsbereich 2 (fachliche Kenntnisse)
- Erfassen des Themas (insbesondere beim Referat)
- Problemerfassung
- Fachkenntnisse
- Transfer/Urteilsvermögen/eigener Standpunkt
- Fachmethoden/Fachsprache
- Umgang mit Texten
- Begleitlektüre

b) **Beispiele für die ungefähre Punktezuordnung:**

Art des Vortrages:
- (15) völlig frei – zusammenhängend – sehr flüssig
- (12) weitgehend frei – weitgehend zusammenhängend – fließend
- (9) im allgemeinen frei – Notizen oft herangezogen – noch zusammenhängend
- (6) nicht immer frei – zu sehr von Notizen abhängig – nicht immer zusammenhängend
- (3) an Notizen sehr gebunden – stockend – teilweise verworren – unbeholfen
- (0) unverständlich – ohne Zusammenhang

Gliederung/logischer Aufbau/Behandlung des Wesentlichen
- (15) klar – uneingeschränkt sach- und folgerichtig – übersichtlich – schlüssig
- (12) weitgehend sachgerecht und übersichtlich – meist überzeugend – weitgehend logisch – Mehrzahl des Wesentlichen erkannt
- (9) nur in Teilen klar und sachgerecht – Gliederung nicht streng durchgehalten – im allgemeinen überzeugend und Wesentliches erkannt
- (6) nicht konsequent gegliedert – wenig sachgerecht – nicht in allen Teilen überzeugend – viel Unwesentliches
- (3) ziemlich unklar – Gliederung kaum erkennbar – teilweise verworren – fast nur Unwesentliches – logische Mängel
- (0) ungegliedert – verworren – ohne Logik und Zusammenhang – das Wesentliche nicht erkannt

Argumentation
- (15) gewandt – anschaulich – differenziert – umfassend – voll überzeugend – schlüssig
- (12) weitgehend anschaulich – weitgehend differenziert – überwiegend überzeugend
- (9) im allgemeinen überzeugend und meist anschaulich – weit stimmig
- (6) nicht in allen Teilen verständlich – nicht immer überzeugend – fehlerhaft – dürftig – ungenau
- (0) fast unverständlich – phrasenhaft ohne Logik – inkonsequent

Verhalten im Gespräch

(15) sehr gewandt – geschickt – beweglich – sicheres Erfassen von Fragen
(12) weitgehend sicher und gewandt im Gespräch – Erfassen der Fragen
(9) einigermaßen geübt – kaum Hilfen erforderlich beim Erfassen der Fragen
(6) Hilfen notwendig – wenig beweglich im Gespräch
(3) schwerfällig beim Erfassen der Fragen – unsicher und schwerfällig im Gespräch
(0) sehr unsicher – unfähig zum themenbezogenen Gespräch

Textverständnis

(15) umfassendes Erkennen des Wesentlichen
(12) Mehrzahl der wichtigen Punkte erkannt
(9) im allgemeinen das Wesentliche erkannt
(6) einiges Wesentliche erkannt, aber auch viel Unwesentliches geäußert
(3) fast nur Unwesentliches geboten
(0) die wesentlichen Aussagen nicht erkannt – ohne Verständnis

Erfassen des Themas / Problemerfassung

(15) rasch – umfassend – genau – differenziert – kritisch
(12) meist umfassend und differenziert
(9) zögernd – nur teilweise differenziert, fast nur auf Schwerpunkte beschränkt – Hilfen notwendig – Teilaspekte
(6) oberflächlich – wenig differenziert und wenig kritisch – unsicher
(3) undifferenziert – unkritisch
(0) Problematik nicht erkannt – ohne Verständnis

Fachkenntnisse

(15) umfassend – fundiert – genau
(12) meist fundiert – meist genau
(9) fast nur Schwerpunktkenntnisse – nicht immer umfassend
(6) in Teilen ungenau und oberflächlich
(3) lückenhaft – sachlich nicht immer richtig
(0) sehr lückenhaft – fast keine Kenntnisse – ungenau

Transfer / Urteilsvermögen / eigener Standpunkt

(15) sicher in der Übertragung von Kenntnissen auf neue Problemstellungen
(12) weitgehend sicher
(9) Transfer wiederholt geleistet
(6) wenig Transfer – unsicher
(3) sehr unsicher
(0) unfähig bei der Übertragung von Kenntnissen – kein Transfer geleistet

Fachmethoden / Fachsprache

(15) sichere und geschickte Handhabung
(12) meist sichere und geschickte Handhabung
(9) im allgemeinen geübt
(6) einigermaßen geübt
(3) unsicher – schwerfällig
(0) sehr unsicher – nicht erkennbar

Umgang mit Texten
(15) gewandt – treffende Bezugnahme auf den Text
(12) weitgehend angemessene, textbezogene Aufgabenbearbeitung
(9) einige Schwierigkeiten bei der Aufgabenbearbeitung
(6) deutliche Schwierigkeiten bei der Aufgabenbearbeitung
(3) mangelnde Beherrschung der Arbeitsformen, unzulängliche Lösungsversuche
(0) steht der Aufgabenstellung hilflos gegenüber

Begleitlektüre
(15) sichere Kenntnis der Begleitlektüre
(12) weitgehend sichere Kenntnis der Begleitlektüre
(9) Begleitlektüre nur überblicksmäßig erfaßt
(6) geringe Kenntnis der Begleitlektüre
(3) nahezu keine Kenntnis der Begleitlektüre
(0) keine Kenntnis der Begleitlektüre

8 Beispiel: Kurzreferat aus der Infinitesimalrechnung

Rahmenbedingungen

Gehen wir von der Annahme aus, daß im Grundkurs Mathematik in K 12/1 Infinitesimalrechnung, in K 12/2 Stochastik unterrichtet wurde. Der Stoff des dritten Semesters (also in K 13/1) bestand ausschließlich aus der Analytischen Geometrie, im vierten Semester wurden weiterführende Probleme aus der Infinitesimalrechnung und der Analytischen Geometrie behandelt. In der Analytischen Geometrie sei die Determinantenrechnung nur kurz besprochen worden.

Auswahl durch den Kollegiaten

Ein Kollegiat entscheidet sich nun für Mathematik als Colloquiumsfach. Als Themenbereiche sind die unter Punkt 3 angegebenen aufgestellt. Nach reiflicher Überlegung schließt der Kollegiat das Teilgebiet der Wahrscheinlichkeitsrechnung aus. Somit verbleiben die beiden Teilgebiete Infinitesimalrechnung und Analytische Geometrie. Aus den noch übrigen Themenbereichen wählt der Kollegiat den Themenbereich „e-Funktionen" aus. Aus diesem Bereich wird dann das Thema des Prüfungsreferates bestimmt.

Persönliche Rahmenbedingungen des Kollegiaten

Zusammenfassend gesagt hat also der Kollegiat das Teilgebiet der Wahrscheinlichkeitsrechnung ausgeschlossen, wird also in Infinitesimalrechnung und Analytischer Geometrie geprüft. Sein Thema für das Kurzreferat kommt aus dem Themenbereich „e-Funktionen". Als Begleitlektüre wählt er z. B. eine Abhandlung über lineare Gleichungssysteme.

Häusliche Vorbereitung des Kollegiaten

Der Kollegiat muß sich also speziell mit den e-Funktionen beschäftigen. Darüber hinaus muß er sich auf die gesamte Infinitesimalrechnung und Analytische Geometrie des 1., 3. und 4. Kurshalbjahres vorbereiten. Außerdem hat er sich mit der Begleitlektüre auseinanderzusetzen. Es ist in diesem Zusammenhang anzuraten, die Begleitlektüre nicht nur durchzulesen, sondern eine schriftliche Inhaltsangabe zu erstellen. Auch wenn diese nicht unmittelbar in der Prüfung verwendet werden kann, so stellt diese Art der Vorbereitung die bestmögliche dar, da sie eine besonders intensive Beschäftigung mit dem Lernstoff garantiert.

Vorbereitung des Kollegiaten während der Prüfung

30 Minuten vor der eigentlichen Prüfung wird dem Kollegiaten das folgende Thema schriftlich gestellt:

„Diskutieren Sie die Funktion $f: x \mapsto \dfrac{e^x}{e^x - 1}$; $x \in \mathbb{D}_{max}$.

Zugelassene Hilfsmittel: Formelsammlung und Taschenrechner"

Nun hat der Kollegiat 30 Minuten Zeit, sich auf das Referat vorzubereiten. Das wird in diesem Fall am besten schriftlich sein. Die jetzt erarbeiteten Notizen können während des Vortrages verwendet werden. Der Vollständigkeit halber wird anschließend die Diskussion der Funktion in aller Ausführlichkeit dargestellt. In der Praxis wird man wohl die einzelnen Teilpunkte nur soweit schriftlich ausarbeiten, bis der weitere Weg klar vor Augen liegt. Im Extremfall kann sich diese schriftliche Ausarbeitung sogar nur auf kompliziertere mathematische Umformungen und die Bildung der Ableitungen beschränken. Es empfiehlt sich, hier mit aussagekräftigen Stichpunkten und strukturierenden Pfeilen zu arbeiten. Als Hilfe für die Gliederung des Themas kann die Formelsammlung zu Rate gezogen werden. Die schriftlichen Notizen werden weder nach Form noch nach Inhalt zur Bewertung herangezogen.

$$f: x \mapsto \dfrac{e^x}{e^x - 1} \; ; \; x \in \mathbb{D}_{max}$$

(1) $\mathbb{D}_{max}$: $e^x - 1 \neq 0 \Leftrightarrow e^x \neq 1 \Leftrightarrow x \neq 0$, also $\mathbb{D}_{max} = \mathbb{R}\setminus\{0\}$

(2) Symmetrie $\left.\begin{array}{l} f(x) = \dfrac{e^x}{e^x - 1} \\[6pt] f(-x) = \dfrac{e^{-x}}{e^{-x} - 1} \end{array}\right\}$ weder Achsensymmetrie zur y-Achse noch Punktsymmetrie zum Ursprung

(3) Verhalten an den Rändern des Definitionsbereiches:

$$\lim_{x \to -\infty} \dfrac{e^x}{e^x - 1} = \lim_{x \to -\infty} \dfrac{e^x}{e^x(1 - e^{-x})} = \lim_{x \to -\infty} \dfrac{1}{1 - e^{-x}} = 0_-$$

$$\lim_{x \to +\infty} \dfrac{e^x}{e^x - 1} = \lim_{x \to +\infty} \dfrac{e^x}{e^x(1 - e^{-x})} = \lim_{x \to +\infty} \dfrac{1}{1 - e^{-x}} = 1_+$$

Für $x \to \pm 0$ liegt ein Pol vor, da der Nenner des Funktionsterms gegen Null geht, ohne daß der Zähler ebenfalls gegen Null strebt.

Wegen $e^x < 1$ für $x < 0$ und $e^x > 1$ für $x > 0$ gilt:
$e^x - 1 < 0$ für $x < 0$ und $e^x - 1 > 0$ für $x > 0$.

Berücksichtigt man noch die immer gültige Beziehung: $e^x > 0$, so erhalten wir:

$$\lim_{x \to 0-} \dfrac{e^x}{e^x - 1} = -\infty \quad \text{und} \quad \lim_{x \to 0+} \dfrac{e^x}{e^x - 1} = +\infty$$

(4) Schnitt mit den Koordinatenachsen:
 – Schnitt mit der x-Achse: Nullstellen:
  Bedingung: $f(x) = 0$, d.h. $\dfrac{e^x}{e^x - 1} = 0$
  Wegen $e^x \neq 0$ für alle $x \in \mathbb{D}_{max}$ gibt es keine Nullstellen.

– Schnitt mit der y-Achse: $x = 0 \notin \mathbb{D}_{max}$,
daher gibt es auch keinen Schnittpunkt mit der y-Achse.

(5) Monotonieverhalten und Extrema

Aufschluß über das Monotonieverhalten gibt die erste Ableitung:

$$f'(x) = \frac{(e^x)' \cdot (e^x - 1) - (e^x - 1)' \cdot e^x}{(e^x - 1)^2} = \frac{e^x \cdot (e^x - 1) - e^x \cdot e^x}{(e^x - 1)^2}$$

$$= \frac{e^x \cdot e^x - e^x - e^x \cdot e^x}{(e^x - 1)^2} = \frac{-e^x}{(e^x - 1)^2}$$

Wegen $e^x > 0$ und $(e^x - 1)^2 > 0$ für alle $x \in \mathbb{D}_{max}$ gilt:
$f'(x) < 0$ für alle $x \in \mathbb{D}_{max}$.
Daher ist f sowohl in $]-\infty; 0[$ als auch in $]0; +\infty[$ streng monoton abnehmend, jedoch nicht in $\mathbb{D}_{max}$.
Wegen $e^x \neq 0$ ist auch $f'(x) \neq 0$ für alle $x \in \mathbb{D}_{max}$
Somit besitzt f keine Extrema.

(6) Krümmungsverhalten und Wendepunkte:

Aufschluß über das Krümmungsverhalten gibt die zweite Ableitung:

$$f''(x) = \frac{(-e^x)' \cdot (e^x - 1)^2 - \left[(e^x - 1)^2\right]' \cdot (-e^x)}{\left[(e^x - 1)^2\right]^2}$$

$$= \frac{(-e^x) \cdot (e^x - 1)^2 - 2 \cdot (e^x - 1) \cdot e^x \cdot (-e^x)}{(e^x - 1)^4}$$

$$= \frac{(-e^x) \cdot (e^x - 1) + 2e^x \cdot e^x}{(e^x - 1)^3}$$

$$= \frac{-e^x \cdot e^x + e^x + 2e^x \cdot e^x}{(e^x - 1)^3}$$

$$= \frac{e^x \cdot e^x + e^x}{(e^x - 1)^3}$$

$$= \frac{e^x(e^x + 1)}{(e^x - 1)^3}$$

Der Zähler ist für alle $x \in \mathbb{D}_{max}$ positiv;
der Nenner ist für $x < 0$ negativ, für $x > 0$ positiv.
Damit ist auch $f''(x) < 0$ für $x < 0$,
also ist in diesem Bereich der Graph von f rechtsgekrümmt.
Für $x > 0$ ist $f''(x) > 0$, also ist für $x > 0$ der Graph von f linksgekrümmt.
Da $f''(x) \neq 0$ für alle $x \in \mathbb{D}_{max}$, besitzt f keine Wendepunkte.

(7) Skizze des Graphen:

Wenn noch Zeit ist, könnte man unter Zuhilfenahme des Taschenrechners eine Wertetabelle erstellen. Unbedingt notwendig ist diese jedoch nicht, da die bisher ermittelten Ergebnisse für eine Skizze ausreichen.

Wertetabelle:

x	-5	-4	-3	-2	-1	0	1	2	3	4	5
f(x)	-0,01	-0,02	-0,05	-0,16	-0,58	n.d.	1,58	1,16	1,05	1,02	1,01

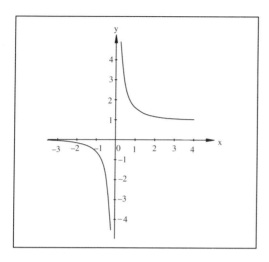

Erster Teil der Prüfung – Kurzreferat

Nun wird der Kollegiat in den Prüfungsraum gebeten, um sein Referat zu halten. Um auch dem Begriff Referat gerecht zu werden, soll die Thematik in lebendiger, flüssiger Form vorgetragen werden. Abläufe wie in einem Stummfilm oder zusammenhangloses Aneinanderreihen und Abhaken der einzelnen Teilpunkte können nicht Sinn und Zweck eines Vortrags sein. Andererseits soll das Gesagte nicht in selbstgefälliges „Geschwafel" ausarten. Im einzelnen ist anzuraten:
- Thema des Referates nennen, Überschrift formulieren
- Laut und deutlich sprechen; undeutliche Aussprache läßt Unsicherheit vermuten.
- Nicht an den Notizen kleben, möglichst freier Vortrag
- kurze, treffende, anschauliche Formulierungen
- exakte Ausdrucksweise, auf Fachsprache achten
- Schwieriges langsamer, Leichtverständliches schneller vortragen
- Ergebnisse herausstellen
- Zeitpuffer bereithalten: bei übriger Zeit Wertetabelle erstellen; bei Zeitknappheit keine Wertetabelle, nur Skizze des Graphen

Nach den 10 Minuten des Referates kommen, um nur einige wenige Möglichkeiten und Beispiele zu nennen, noch Fragen z. B. zu den Punkten
- Unsicherheiten aus dem Vortrag
- notwendige und hinreichende Bedingung bei Extremum und Wendepunkt
- geometrische Interpretationen bei der ersten Ableitung
- globale und lokale Extrema
- Monotonie der vorliegenden Funktionen im gesamten Definitionsbereich
- Umkehrbarkeit der vorliegenden Funktion usw.

Zweiter Teil der Prüfung

Nach insgesamt 15 Minuten werden nun andere Problemkreise aus den beiden Gebieten Infinitesimalrechnung und Analytische Geometrie abgefragt. Um sich überhaupt Vorstellungen über diese weiteren Prüfungsfragen machen zu können, betrachte man zur Groborientierung nur einmal alle unter 5 aufgeführten Themenbereiche zu diesen beiden Gebieten. Natürlich wird man hier vom Kollegiaten nicht auch ein vollständiges Referat verlangen. Für den Prüfer genügt es in der Mehrzahl der Fälle, ein solches Thema anzureißen, um zu erkennen, ob dort fachliche Substanz vorhanden ist.

Mit Sicherheit erfolgt in diesem Teil auch das Abfragen der Begleitlektüre. So wird in unserem Beispiel auf die Lösbarkeit linearer Gleichungssysteme unter Zuhilfenahme der Determinantenrechnung eingegangen. Dabei nimmt der Prüfer gerne auf Feinheiten in der speziellen Darstellung der Begleitlektüre Bezug, die von der Besprechung im Unterricht abweichen. So kann leicht ermittelt werden, ob die Begleitlektüre auch wirklich durchgearbeitet wurde.

9 Beispiel: Kurzreferat aus der Analytischen Geometrie

Rahmenbedingungen

Aufgrund des Lehrplans sind die Rahmenbedingungen die gleichen wie im Beispiel unter 8. Das bedeutet also, Infinitesimalrechnung in K 12/1, Stochastik in K 12/2, Analytische Geometrie in K 13/1, Weiterführung der Infinitesimalrechnung und der Analytischen Geometrie in K 13/2.

Auswahl durch den Kollegiaten

Auch für diesen Kollegiaten sind die unter Punkt 3 aufgeführten Themenbereiche aufgestellt. Er schließt die Infinitesimalrechnung aus, wird also in Stochastik und Analytische Geometrie geprüft. Sein Thema für das Kurzreferat soll nach seiner Wahl aus dem Themenbereich „Geraden und Ebenen sowie ihre Lagebeziehungen" kommen. Als Begleitlektüre wählt er hier einen Beitrag zu Permutationen, Kombinationen und Anwendungen des Binomialkoeffizienten in der Kombinatorik aus.

Persönliche Rahmenbedingungen des Kollegiaten

Prüfungsgebiete: – Analytische Geometrie
– Wahrscheinlichkeitsrechnung und Statistik

Themenbereich: Geraden und Ebenen sowie ihre Lagebeziehungen

Begleitlektüre: Kombinatorik, Binomialkoeffizienten

Häusliche Vorbereitung des Kollegiaten

Hier gelten die unter Punkt 8 gemachten Ausführungen analog.

Vorbereitung des Kollegiaten während der Prüfung

30 Minuten vor der eigentlichen Prüfung wird dem Kollegiaten das folgende Thema schriftlich gestellt:

„Gegeben sind die beiden Ebenen:

$$E: \vec{x} = \begin{pmatrix} 6 \\ 0 \\ 0 \end{pmatrix} + \lambda \cdot \begin{pmatrix} -1 \\ 1 \\ 0 \end{pmatrix} + \mu \cdot \begin{pmatrix} -1 \\ 0 \\ 1 \end{pmatrix} \text{ und}$$

$$F: \vec{x} = \begin{pmatrix} 21 \\ 0 \\ 0 \end{pmatrix} + \sigma \cdot \begin{pmatrix} -2 \\ 1 \\ 0 \end{pmatrix} + \tau \cdot \begin{pmatrix} -2 \\ 0 \\ 1 \end{pmatrix}$$

$(\lambda, \mu, \sigma, \tau \in \mathbb{R})$

Bestimmen Sie die Schnittgerade s durch Schnitt der beiden Ebenen in
a) Parameterform von E und F
b) Parameterform von E und Normalenform von F
c) Normalenform von E und F
Zugelassene Hilfsmittel: Formelsammlung und Taschenrechner."

Zur Taktik der Vorbereitung sei auf das in Punkt 8 Gesagte verwiesen. Nachfolgend ist der Lösungsweg aufgeführt:

$$E: \vec{x} = \begin{pmatrix} 6 \\ 0 \\ 0 \end{pmatrix} + \lambda \cdot \begin{pmatrix} -1 \\ 1 \\ 0 \end{pmatrix} + \mu \cdot \begin{pmatrix} -1 \\ 0 \\ 1 \end{pmatrix}; \quad F: \vec{x} = \begin{pmatrix} 21 \\ 0 \\ 0 \end{pmatrix} + \sigma \cdot \begin{pmatrix} -2 \\ 1 \\ 0 \end{pmatrix} + \tau \cdot \begin{pmatrix} -2 \\ 0 \\ 1 \end{pmatrix} \quad (\lambda, \mu, \sigma, \tau \in \mathbb{R})$$

a) Schnitt in Parameterform:
   Gleichsetzen der beiden Ebenengleichungen führt auf
   (1) $6 - \lambda - \mu = 21 - 2\sigma - 2\tau$
   (2) $\lambda = \sigma$
   (3) $\mu = \tau$

(2) und (3) in (1) $\Rightarrow 6 - \lambda - \mu = 21 - 2\lambda - 2\mu$
$$\lambda + \mu = 15$$
$$\mu = 15 - \lambda$$

in E eingesetzt: $\vec{x} = \begin{pmatrix} 6 \\ 0 \\ 0 \end{pmatrix} + \lambda \cdot \begin{pmatrix} -1 \\ 1 \\ 0 \end{pmatrix} + (15 - \lambda) \cdot \begin{pmatrix} -1 \\ 0 \\ 1 \end{pmatrix}$

s: $\vec{x} = \begin{pmatrix} -9 \\ 0 \\ 15 \end{pmatrix} + \lambda \cdot \begin{pmatrix} 0 \\ 1 \\ -1 \end{pmatrix}$

b) Normalenform von F:

$\begin{pmatrix} -2 \\ 1 \\ 0 \end{pmatrix} \circ \vec{n}_F = 0 \Leftrightarrow -2n_1 + n_2 = 0 \Leftrightarrow n_2 = 2n_1$

$\begin{pmatrix} -2 \\ 0 \\ 1 \end{pmatrix} \circ \vec{n}_F = 0 \Leftrightarrow -2n_1 + n_3 = 0 \Leftrightarrow n_3 = 2n_1$

Setzen wir z. B. $n_1 = 1$, so ist $n_2 = 2$ und $n_3 = 2$

Ein möglicher Normalenvektor ist somit $\vec{n}_F = \begin{pmatrix} 1 \\ 2 \\ 2 \end{pmatrix}$,

die zugehörige Normalenform lautet dann

$\begin{pmatrix} 1 \\ 2 \\ 2 \end{pmatrix} \circ \left[\vec{x} - \begin{pmatrix} 21 \\ 0 \\ 0 \end{pmatrix} \right] = 0 \Leftrightarrow x_1 + 2x_2 + 2x_3 - 21 = 0$.

Nun wird die Parameterform von E in die Normalenform von F eingesetzt:
$(6 - \lambda - \mu) + 2(0 + \lambda + 0) + 2(0 + 0 + \mu) - 21 = 0$
$6 - \lambda - \mu + 2\lambda + 2\mu - 21 = 0$
$\mu + \lambda = 15 \Leftrightarrow \mu = 15 - \lambda$

Setzt man nun $\mu = 15 - \lambda$ in die Gleichung von E ein, so ergibt sich aufgrund identischer Rechenschritte wie bei a das Ergebnis

s: $\vec{x} = \begin{pmatrix} -9 \\ 0 \\ 15 \end{pmatrix} + \lambda \cdot \begin{pmatrix} 0 \\ 1 \\ -1 \end{pmatrix}$.

c) Normalenform von E:

$\begin{pmatrix} -1 \\ 1 \\ 0 \end{pmatrix} \circ \vec{n}_E = 0 \Leftrightarrow -n_1 + n_2 = 0 \Leftrightarrow n_1 = n_2$

$\begin{pmatrix} -1 \\ 0 \\ 1 \end{pmatrix} \circ \vec{n}_E = 0 \Leftrightarrow -n_1 + n_3 = 0 \Leftrightarrow n_1 = n_3$

Setzen wir z. B. $n_1 = 1$, so ist $n_2 = 1$ und $n_3 = 1$.

Ein möglicher Normalenvektor ist somit $\vec{n}_E = \begin{pmatrix} 1 \\ 1 \\ 1 \end{pmatrix}$,
die zugehörige Normalenform lautet

$\begin{pmatrix} 1 \\ 1 \\ 1 \end{pmatrix} \cdot \left[\vec{x} - \begin{pmatrix} 6 \\ 0 \\ 0 \end{pmatrix} \right] = 0 \Leftrightarrow x_1 + x_2 + x_3 - 6 = 0$

Die Spurgeraden von E und F in der $x_1 x_3$-Ebene erhält man für $x_2 = 0$
(1) $x_1 + x_3 - 6 = 0$
(2) $x_1 + 2x_3 - 21 = 0$

$\left. \begin{array}{l} (2) - (1) \Rightarrow x_3 = 15 \\ (2) + (1) \Rightarrow 2x_1 + 3x_3 - 27 = 0 \end{array} \right\} 2x_1 + 3 \cdot 15 - 27 = 0 \Leftrightarrow x_1 = -9$

Diese Rechnung führt auf den gemeinsamen Spurpunkt S(–9 / 0 / 15).
Der Richtungsvektor der Schnittgeraden s muß auf den beiden Normalenvektoren $\vec{n}_E$ und $\vec{n}_F$ senkrecht stehen:

$$\begin{pmatrix} 1 \\ 1 \\ 1 \end{pmatrix} \circ \vec{n}_s = 0 \iff n_1 + n_2 + n_3 = 0 \qquad (I)$$

$$\begin{pmatrix} 1 \\ 2 \\ 2 \end{pmatrix} \circ \vec{n}_s = 0 \iff n_1 + 2n_2 + 2n_3 = 0 \qquad (II)$$

$(II) - (I) \implies n_2 + n_3 = 0 \iff n_2 = -n_3$, z. B. $n_2 = 1 \implies n_3 = -1$
in$(I) \implies n_1 = 0$,

also ist $\vec{n}_s = \begin{pmatrix} 0 \\ 1 \\ -1 \end{pmatrix}$ und es gilt:

s: $\vec{x} = \begin{pmatrix} -9 \\ 0 \\ 15 \end{pmatrix} + \lambda \cdot \begin{pmatrix} 0 \\ 1 \\ -1 \end{pmatrix}$.

Erster Teil der Prüfung – Kurzreferat

Zusätzlich zu dem bereits in Punkt 8 Gesagten seien hier noch folgende Anmerkungen aufgeführt:

– Da das Referat in der 30minütigen Vorbereitung bereits durchgerechnet werden sollte, genügt es im allgemeinen, ermittelte Zwischenergebnisse bekanntzugeben. So wird man z. B. bei der Erstellung der Normalvektoren einmal den Rechenweg vorführen, bei weiteren die Vorgehensweise nur skizzieren und das Ergebnis bekanntgeben. Sollte ein Prüfer trotzdem an der expliziten Rechnung interessiert sein, wird er dies im anschließenden Prüfungsgespräch äußern.

– Obwohl im Lehrplan nicht vorgesehen, wird aufgrund seiner praktischen Verwendbarkeit das Vektorprodukt häufig im Unterricht besprochen. Mit Hilfe dieses Vektorproduktes läßt sich ein Normalenvektor schnell ermitteln. So ergibt sich z. B. der Normalenvektor $\vec{n}_s$ der Schnittgeraden s zu:

$$\vec{n}_s = \vec{n}_F \times \vec{n}_E = \begin{pmatrix} 1 \\ 2 \\ 2 \end{pmatrix} \times \begin{pmatrix} 1 \\ 1 \\ 1 \end{pmatrix} = \begin{pmatrix} 2 \cdot 1 - 1 \cdot 2 \\ 2 \cdot 1 - 1 \cdot 1 \\ 1 \cdot 1 - 1 \cdot 2 \end{pmatrix} = \begin{pmatrix} 0 \\ 1 \\ -1 \end{pmatrix}$$

Analoges gilt bei der Erstellung der Normalenform einer Ebene.

– Nach den 10 Minuten des Referates kommen z. B. noch Fragen zu den Punkten
  • Bestimmung einer Spurgeraden
  • Parallelität bzw. Identität von Ebenen und die Auswirkungen auf die rechnerische Darstellung
  • Ebenenbüschel

Zweiter Teil der Prüfung

Auch hier dienen die unter Punkt 5 aufgeführten Themenbereiche als Groborientierung. Das unter Punkt 8 Gesagte gilt analog.
Zur Begleitlektüre ergeben sich möglicherweise Fragen folgenden Inhalts:
– Definition und Berechnung von Binomialkoeffizienten
– Permutationen
– Kombinationen mit und ohne Wiederholung

10 Beispiel: Kurzreferat aus der Wahrscheinlichkeitsrechnung/Statistik

Rahmenbedingungen

Aufgrund des Lehrplans sind die Rahmenbedingungen die gleichen wie in den Beispielen unter 8 und 9, d. h. Infinitesimalrechnung in K 12/1, Stochastik in K 12/2, Analytische Geometrie in K 13/1, Weiterführung der Infinitesimalrechnung und der Analytischen Geometrie in K 13/2.

Auswahl durch den Kollegiaten

Auch für diesen Kollegiaten gelten die unter Punkt 3 aufgeführten Themenbereiche. Er schließt das Fachgebiet Analytische Geometrie aus, wird also in Wahrscheinlichkeitsrechnung/Statistik und in Infinitesimalrechnung geprüft. Sein Thema für das Kurzreferat soll nach seiner Wahl aus dem Themenbereich „Urnenmodelle und Wahrscheinlichkeitsverteilung" kommen. Als Begleitlektüre wählt er z. B. einen Beitrag zu gebrochen rationalen Funktionen.

Persönliche Rahmenbedingungen des Kollegiaten

Prüfungsgebiete: – Wahrscheinlichkeitsrechnung/Statistik
– Infinitesimalrechnung

Themenbereich: Urnenmodelle und Wahrscheinlichkeitsverteilung

Begleitlektüre: Gebrochen rationale Funktionen

Häusliche Vorbereitung des Kollegiaten

Hier gelten die unter Punkt 8 gemachten Ausführungen analog.

Vorbereitung des Kollegiaten während der Prüfung

30 Minuten vor Beginn der eigentlichen Prüfung wird dem Kollegiaten das folgende Thema schriftlich gestellt:

„Vor einem Weinkenner stehen 20 Probiergläser mit Wein, die sich äußerlich nicht unterscheiden lassen. Es handelt sich dabei um zehn Gläser Qualitätswein mit Prädikat (M), um sechs Gläser Qualitätswein (Q) und um vier Gläser Tafelwein (T).

1. Der Weinkenner probiert zwei Gläser hintereinander.
   Verschaffen Sie sich auf geeignete Weise einen Überblick über die Wahrscheinlichkeiten aller Elementarereignisse und geben Sie insbesondere die Wahrscheinlichkeit des Ereignisses A: „Beide Gläser enthalten Wein der gleichen Qualität."

2. a) Ändern Sie die Fragestellung so ab, daß ein Bernoulli-Experiment entsteht.

   b) Leiten Sie dann aus dem Urnenmodell des „Ziehens ohne Zurücklegen" die Wahrscheinlichkeit P(Z = k) für k „Treffer" (bei n Versuchen) her, falls N Gläser bereitstehen, unter denen sich K mit der „Treffereigenschaft" befinden. Bestätigen Sie mit dieser Formel ein Ergebnis aus 1.

   c) Erläutern Sie ihr Vorgehen und geben Sie die notwendigen Voraussetzungen an, damit Sie folgende Aufgabe lösen können:
   Wie viele Gläser muß man mindestens probieren, um mit einer Wahrscheinlichkeit von mehr als 95 % wenigstens ein Glas Tafelwein zu erhalten.
   (Verwenden Sie zur Berechnung P(T) = 0,2.)

   Zugelassene Hilfsmittel: Taschenrechner, Formelsammlung, Tabellenwerte."

Zur Taktik der Vorbereitung sei auf das in Punkt 8 Gesagte hingewiesen.

Nachfolgend ist der Lösungsweg aufgeführt:

1. Einen Überblick über die Wahrscheinlichkeiten aller Elementarereignisse verschafft man sich am einfachsten mit Hilfe eines Baumdiagramms. Da es sich eindeutig um ein „Ziehen ohne Zurücklegen" handelt, muß der jeweilige Urneninhalt angegeben werden.
Die Wahrscheinlichkeiten der Elementarereignisse bestimmt man sich mit Hilfe der 1. Pfadregel.

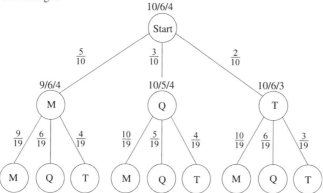

Die Wahrscheinlichkeiten der Elementarereignisse können der folgenden Tabelle entnommen werden:

ω	MM	MQ	MT	QM	QQ	QT	TM	TQ	TT
$P(\{\omega\})$	$\frac{45}{190}$	$\frac{30}{190}$	$\frac{20}{190}$	$\frac{30}{190}$	$\frac{15}{190}$	$\frac{12}{190}$	$\frac{20}{190}$	$\frac{12}{190}$	$\frac{6}{190}$

Mit Hilfe der 2. Pfadregel ergibt sich die Wahrscheinlichkeit der Ereignisses A:

$$P(A) = P(\{MM, QQ, TT\}) = \frac{45}{190} + \frac{15}{190} + \frac{6}{190} = \frac{66}{190} = 34{,}74\%$$

2. a) Aus dem Zufallsexperiment wird ein Bernoulli-Experiment, wenn nur danach gefragt wird, ob eine bestimmte Qualitätsstufe vorliegt oder nicht, z. B. „Tafelwein" oder „Nicht-Tafelwein".

   b) Urnenmodell:
   Eine Urne enthalte N Kugeln, darunter K schwarze. Es werden n (n ≤ N) Kugeln ohne Zurücklegen gezogen. Mit welcher Wahrscheinlichkeit befinden sich unter den n gezogenen Kugeln genau k schwarze?

   Da n aus den N Kugeln gezogen werden, gilt $|\Omega| = \binom{N}{n}$.

   Wenn sich unter den n gezogenen Kugeln genau k schwarze befinden sollen, dann müssen k aus den K schwarzen und n−k aus den N−K nicht schwarzen Kugeln gezogen worden sein, d. h. für das Ereignis „Z = k" ergibt sich die Wahrscheinlichkeit nach Laplace:

$$P(Z=k) = \frac{\binom{K}{k} \cdot \binom{N-K}{n-k}}{\binom{N}{n}}$$

Anwendung auf das Beispiel:
„Mit welcher Wahrscheinlichkeit erhält der Weinkenner genau ein Glas Tafelwein?"
Es gilt also: $N = 20$; $K = 4$; $n = 2$; $k = 1$

$$P(Z=1) = \frac{\binom{4}{1} \cdot \binom{16}{1}}{\binom{20}{2}} = \frac{4 \cdot 16}{190} = \frac{64}{190} = 33{,}68\%$$

$$P(\{MT, QT, TM, TQ\}) = \frac{20}{190} + \frac{12}{190} + \frac{20}{190} + \frac{12}{190} = \frac{64}{190} = 33{,}68\%$$

Die Ergebnisse stimmen überein

c) Die Aufgabe ist nur dann lösbar, wenn das „Ziehen ohne Zurücklegen" durch das „Ziehen mit Zurücklegen" ersetzt werden kann. Das ist aber nur dann der Fall, wenn sehr viele Probiergläser vorhanden sind, so daß sich der Artikel von Zug zu Zug (fast) nicht ändert.
Dann gilt:
P(mindestens einmal T) = 1 − P(kein T) > 0,95

$$1 - (1 - 0{,}2)^n > 0{,}95$$
$$1 - 0{,}8^n > 0{,}95$$
$$0{,}8^n < 0{,}05$$
$$n \cdot \ln 0{,}8 < \ln 0{,}05 \quad |: \ln 0{,}8 < 0!$$
$$n > \frac{\ln 0{,}05}{\ln 0{,}8} = 13{,}43 \quad \Rightarrow \quad n \geq 14$$

Man muß mindestens 14 Gläser probieren.

Erster Teil der Prüfung – Kurzreferat

Beachte die allgemeinen Hinweise unter Punkt 8.
Nach den 10 Minuten des Kurzreferats kommen z. B. noch Fragen zu den Punkten
– Wahrscheinlichkeitsverteilung
– Urnenmodelle für diverse Zufallsexperimente, z. B. Zahlenlotto, Werfen eines Würfels etc.

Zweiter Teil der Prüfung

Die unter Punkt 5 aufgeführten Themenbereiche gelten als Groborientierung. Das unter Punkt 8 Gesagte gilt hier analog.
Zur Begleitlektüre ergeben sich möglicherweise Fragen folgenden Inhalts:
– Stetig behebbare Definitionslücke und stetige Fortsetzung einer Funktion
– Polstellen mit bzw. ohne Vorzeichenwechsel
– Asymptoten
– Integration gebrochen rationaler Funktionen

Grundkurs Mathematik: Abiturprüfung 1993
Infinitesimalrechnung I

Gegeben ist für $a \in \mathbb{R}^+$ die Schar von Funktionen

$$f_a: x \mapsto \frac{2x^2 - 4a^2}{x^2 - a^2} \quad \text{mit } D_{f_a} = \mathbb{R} \setminus \{-a; +a\}.$$

Die Graphen der Schar werden mit G_a bezeichnet.

1. a) Untersuchen Sie G_a auf Symmetrie, und ermitteln Sie die Schnittpunkte von G_a mit den Koordinatenachsen. (4 BE)

   b) Geben Sie die Gleichungen sämtlicher Asymptoten von G_a an.
   Zeigen Sie, daß die Graphen G_a für $x > a$ unterhalb der horizontalen Asymptote verlaufen. (6 BE)

   c) Zeigen Sie, daß alle Graphen G_a denselben Extrempunkt besitzen, und bestimmen Sie dessen Art und Lage. (6 BE)

2. Weisen Sie nach, daß $F_a : x \mapsto 2x + a \, [\ln (x + a) - \ln (x - a)]$ für $x > a$ Stammfunktion von f_a ist. (4 BE)

3. Im folgenden sei immer $a = \sqrt{2}$.

   a) Ermitteln Sie die Gleichung der Tangente t an $G_{\sqrt{2}}$ im Schnittpunkt mit der positiven x-Achse. (3 BE)

   b) Berechnen Sie $f_{\sqrt{2}}(1), f_{\sqrt{2}}(3)$, und zeichnen Sie $G_{\sqrt{2}}$ unter Verwendung der bisherigen Ergebnisse im Bereich $-6 \leq x \leq +6$ (Längeneinheit 1 cm).
   Tragen Sie auch die Tangente t ein. (8 BE)

   c) Zeigen Sie, daß die in Teilaufgabe 3a berechnete Tangente t die horizontale Asymptote von $G_{\sqrt{2}}$ an der Stelle $x_0 = 2{,}5$ schneidet.
   Berechnen Sie den Inhalt A des Flächenstücks, das $G_{\sqrt{2}}$ mit seiner horizontalen Asymptote, der Tangente t und der Geraden $x = 6$ einschließt.
   Geben Sie A auf zwei Dezimalen gerundet an. (9 BE)
   (40 BE)

Lösungen

1. a) $f_a(-x) = \dfrac{2(-x)^2 - 4a^2}{(-x)^2 - a^2} = \dfrac{2x^2 - 4a^2}{x^2 - a^2} = f_a(x)$,

   d. h. G_a ist symmetrisch zur y-Achse.

   Schnittpunkt mit der y-Achse: $x = 0$

   $f(0) = \dfrac{2 \cdot 0^2 - 4a^2}{0^2 - a^2} = \dfrac{-4a^2}{-a^2} = 4 \Rightarrow S_y(0 | 4)$

   Schnittpunkte mit der x-Achse: $f(x) = 0$

   $\dfrac{2x^2 - 4a^2}{x^2 - a^2} = 0 \Leftrightarrow (2x^2 - 4a^2 = 0 \wedge x^2 - a^2 \neq 0)$

   $2x^2 - 4a^2 = 0 \Leftrightarrow 2x^2 = 4a^2 \Leftrightarrow x = -a\sqrt{2} \vee x = a\sqrt{2}$

   $\Rightarrow N_1\left(-a\sqrt{2} \mid 0\right);\ N_2\left(a\sqrt{2} \mid 0\right)$

b) Da Zähler und Nenner keine gemeinsamen Nullstellen besitzen, liegen für $x = -a$ und $x = +a$ Pole vor.

   Damit lauten die Gleichungen der senkrechten Asymptoten:
   $x = -a;\ x = +a$

   Wegen $\lim\limits_{x \to \pm\infty} f(x) = 2$ hat die waagrechte Asymptote die Gleichung: $y = 2$.

   Da G_a laut Angabe unterhalb der Geraden $y = 2$ verläuft, gilt:

   $\dfrac{2x^2 - 4a^2}{x^2 - a^2} < 2$

   $\Leftrightarrow\ 2x^2 - 4a^2 < 2(x^2 - a^2)$ (Wegen $x > a$ gilt $x^2 - a^2 > 0$)

   $\Leftrightarrow\ 2x^2 - 4a^2 < 2x^2 - 2a^2$

   $\Leftrightarrow\ -4a^2 < -2a^2$ (Umkehrung des Ungleichheitszeichens bei

   $\Leftrightarrow\ 2a^2 > a^2$ Division durch -2)

   $\Leftrightarrow\ 2 > 1$

   Wegen der Umkehrbarkeit der Schlußfolgerungen ("$\Leftrightarrow$") ist die Behauptung bewiesen.

c) Notwendige Bedingung für den Extrempunkt: $f'(x) = 0$.
   Die Quotientenregel liefert:

   $f'(x) = \dfrac{4x \cdot (x^2 - a^2) - 2x \cdot (2x^2 - 4a^2)}{(x^2 - a^2)^2}$ (nur nach x differenzieren, a ist Konstante)

   $= \dfrac{4x^3 - 4a^2 x - 4x^3 + 8a^2 x}{(x^2 - a^2)^2}$

   $= \dfrac{4a^2 x}{(x^2 - a^2)^2}$

   $f'(x) = 0$ für $x = 0$

Betrachten wir das Verhalten des Graphen in der Umgebung der Stelle x = 0, so gilt, falls h > 0 und h → 0:

$$f'(0-h) = \frac{4a^2(-h)}{((-h)^2 - a^2)^2} = \frac{-4a^2h}{(h^2 - a^2)^2} < 0$$

$$f'(0+h) = \frac{4a^2h}{(h^2 - a^2)^2} > 0.$$

Also fällt G_a links von x = 0 streng monoton, während er rechts von x = 0 streng monoton steigt. Somit liegt ein Tiefpunkt vor.
Setzen wir x = 0 in f(x) ein, so erhalten wir die y-Koordinate:
f(0) = 4 (vgl. 1. a)) $\Rightarrow$ T(0 | 4).

2. Zu zeigen: $F_a'(x) = f_a(x)$

$$F_a'(x) = 2 + a \cdot \left[\frac{1}{x+a} - \frac{1}{x-a}\right] = 2 + a \cdot \frac{x - a - (x+a)}{(x+a)(x-a)}$$

$$= 2 + \frac{-2a^2}{x^2 - a^2} = \frac{2(x^2 - a^2) - 2a^2}{x^2 - a^2} = \frac{2x^2 - 4a^2}{x^2 - a^2} = f_a(x)$$

3. a) Schnittpunkt mit der positiven x-Achse:
$x = a\sqrt{2}$ mit $a = \sqrt{2} \Rightarrow x = 2 \Rightarrow N(2 | 0)$
Gleichung der Tangente:

$$t: y = f'_{\sqrt{2}}(2) \cdot (x-2) + f_{\sqrt{2}}(2)$$

$$y = \frac{4 \cdot (\sqrt{2})^2 \cdot 2}{\left(2^2 - (\sqrt{2})^2\right)^2} \cdot (x-2) + 0$$

$$y = 4x - 8$$

b) $f_{\sqrt{2}}(1) = \dfrac{2 \cdot 1^2 - 4 \cdot (\sqrt{2})^2}{1^2 - (\sqrt{2})^2} = \dfrac{-6}{-1} = 6$

$f_{\sqrt{2}}(3) = \dfrac{2 \cdot 3^2 - 4 \cdot (\sqrt{2})^2}{3^2 - (\sqrt{2})^2} = \dfrac{10}{7} \approx 1{,}43$

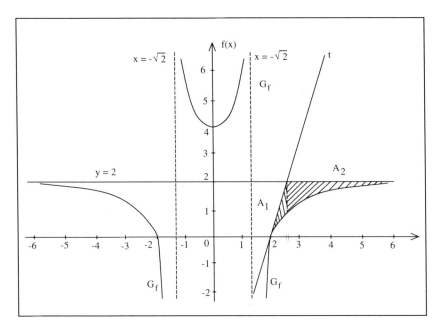

c) Die Tangente t wird mit der Asymptoten $y_A = 2$ geschnitten, dabei werden die entsprechenden Gleichungen gleichgesetzt:

$t(x) = y_A \Leftrightarrow 4x_0 - 8 = 2 \Leftrightarrow x_0 = 2{,}5$

Der obigen Abbildung entnehmen wir:

$$A = [A_1]_2^{2,5} + [A_2]_{2,5}^6 = \int_2^{2,5} \left(t(x) - f_{\sqrt{2}}(x)\right)dx + \int_{2,5}^6 \left(y_A - f_{\sqrt{2}}(x)\right)dx$$

$$= \int_2^{2,5} \left[(4x-8) - \frac{2x^2-8}{x^2-2}\right]dx + \int_{2,5}^6 \left(2 - \frac{2x^2-8}{x^2-2}\right)dx$$

$$= \int_2^{2,5} (4x-8)dx - \int_2^{2,5} \frac{2x^2-8}{x^2-2}dx + \int_{2,5}^6 2\,dx - \int_{2,5}^6 \frac{2x^2-8}{x^2-2}dx$$

$$= \int_2^{2,5} (4x-8)dx + \int_{2,5}^6 2\,dx - \int_2^6 \frac{2x^2-8}{x^2-2}dx$$

$$= [2x^2 - 8x]_2^{2,5} + [2x]_{2,5}^6 - [2x + \sqrt{2}(\ln(x+\sqrt{2}) - \ln(x-\sqrt{2}))]_2^6$$

$$= [2 \cdot 2{,}5^2 - 8 \cdot 2{,}5 - 2 \cdot 2^2 + 8 \cdot 2] + [2 \cdot 6 - 2 \cdot 2{,}5] -$$
$$\quad - [2 \cdot 6 + \sqrt{2} \cdot (\ln(6+\sqrt{2}) - \ln(6-\sqrt{2})) - 2 \cdot 2 - \sqrt{2} \cdot (\ln(2+\sqrt{2}) - \ln(2-\sqrt{2}))]$$

$$= 0{,}5 + 7 - [8 + \sqrt{2}(\ln(6+\sqrt{2}) - \ln(6-\sqrt{2}) - \ln(2+\sqrt{2}) + \ln(2-\sqrt{2}))]$$

$$\approx -0{,}5 - \sqrt{2} \cdot (2{,}00340 - 1{,}52296 - 1{,}22795 + (-0{,}53480)) \approx 1{,}31$$

Grundkurs Mathematik: Abiturprüfung 1993
Infinitesimalrechnung II

Gegeben ist die Funktion f: $x \mapsto x \cdot (1 - \ln x)^2$ mit $D_f = \mathbb{R}^+$.
Ihr Graph wird mit G_f bezeichnet.

1. a) Bestimmen Sie die Nullstelle von f. Ermitteln Sie Art und Lage der Extrempunkte von G_f.
[Zur Kontrolle: $f'(x) = (\ln x)^2 - 1$] (9 BE)

   b) Zeigen Sie, daß G_f genau einen Wendepunkt hat und daß die Wendetangente die Gleichung $y = 2 - x$ besitzt. (5 BE)

   c) Untersuchen Sie das Verhalten von f(x) und f'(x) für $x \to 0$ und $x \to \infty$.
Geben Sie die Wertemenge W_f der Funktion f an.
(Hinweis: $\lim_{x \to 0} x(\ln x)^n = 0$ für $n \in \mathbb{N}$ darf ohne Beweis verwendet werden). (6 BE)

   d) Berechnen Sie f(2) und f(4) auf 2 Dezimalen genau. Zeichnen Sie G_f unter Verwendung der bisherigen Ergebnisse im Bereich $0 < x \leq 4$ (Längeneinheit 2 cm).
Tragen Sie auch die Wendetangente ein. (8 BE)

2. a) Zeigen Sie, daß $F: x \mapsto \dfrac{x^2}{2} \cdot \left[\dfrac{5}{2} - 3\ln x + (\ln x)^2\right]$ mit $x \in D_f$ eine Stammfunktion von f ist. (5 BE)

   b) Berechnen Sie den Inhalt des endlichen Flächenstücks, das G_f, die Wendetangente und die x-Achse im Bereich $x \geq 1$ begrenzen. (7 BE)
(40 BE)

Lösungen

1. a) Bedingung für Nullstellen: $f(x) = 0$
$x \cdot (1 - \ln x)^2 = 0 \Leftrightarrow (x = 0 \lor 1 - \ln x = 0)$
Wegen $0 \notin D_f$ bleibt nur $\ln x = 1 \Leftrightarrow x = e$.
Notwendige Bedingung für Extrempunkte: $f'(x) = 0$
Produkt- und Kettenregel liefern:

$f'(x) = 1 \cdot (1 - \ln x)^2 + x \cdot 2 \cdot (1 - \ln x) \cdot \left(-\frac{1}{x}\right)$

$= (1 - \ln x)^2 - 2(1 - \ln x) = (1 - \ln x)(1 - \ln x - 2)$

$= (1 - \ln x) \cdot (-1 - \ln x)$

$f'(x) = 0 \Leftrightarrow (1 - \ln x = 0 \quad \lor \quad -1 - \ln x = 0)$

$\Leftrightarrow (\ln x = 1 \quad \lor \quad \ln x = -1)$

$\Leftrightarrow \left(x = e \quad \lor \quad x = e^{-1} = \frac{1}{e}\right)$

Um die Art der Extrempunkte zu ermitteln, verwenden wir die 2. Ableitung:
Wegen $f'(x) = (1 - \ln x) \cdot (-1) \cdot (1 + \ln x) = -\left(1 - (\ln x)^2\right) = (\ln x)^2 - 1$
liefert die Kettenregel:

$f''(x) = 2 \cdot \ln x \cdot \frac{1}{x} = \frac{2 \ln x}{x}$

Für $x = e$ ergibt sich $f''(e) = \frac{2 \cdot \ln e}{e} = \frac{2}{e} > 0 \Rightarrow$ Tiefpunkt,

für $x = \frac{1}{e}$ ergibt sich $f''(e^{-1}) = \frac{2 \ln e^{-1}}{e^{-1}} = \frac{-2}{e^{-1}} = -2e < 0 \Rightarrow$ Hochpunkt.

Um die y-Koordinaten zu erhalten, setzen wir die beiden x-Werte in die Funktionsgleichung $f(x)$ ein.

$f(e) = e \cdot (1 - \ln e)^2 = 0$ und

$f(e^{-1}) = \frac{1}{e}(1 - \ln e^{-1})^2 = \frac{1}{e}(1 + \ln e)^2 = \frac{4}{e}$

$\Rightarrow$ Hochpunkt $H\left(\frac{1}{e} \mid \frac{4}{e}\right)$; Tiefpunkt $T(e \mid 0)$

b) notwendige Bedingung für einen Wendepunkt: $f''(x) = 0$

$f''(x_w) = \frac{2 \ln x_w}{x_w} = 0 \Leftrightarrow (2 \ln x_w = 0 \land x_w \neq 0) \Leftrightarrow x_w = 1$,

eingesetzt in $f(x)$: $f(1) = 1 \cdot (1 - \ln 1)^2 = 1$;
hinreichende Bedingung für den Wendepunkt: $f'''(x_w) \neq 0$.

Die Quotientenregel liefert:

$$f'''(x) = \frac{2 \cdot \frac{1}{x} \cdot x - 1 \cdot 2 \cdot \ln x}{x^2} = \frac{2 - 2\ln x}{x^2}$$

$$f'''(x_w) = f'''(1) = \frac{2 - 2 \cdot \ln 1}{1} = 2 \neq 0 \Rightarrow \text{Wendepunkt ist } W(1|1)$$

Gleichung der Wendetangente:

w: $y = f'(x_w) \cdot (x - x_w) + f(x_w)$

$y = ((\ln 1)^2 - 1) \cdot (x - 1) + 1$

$y = -x + 1 + 1 = 2 - x$

c) $\lim_{x \to 0} f(x) = \lim_{x \to 0} \left[x \cdot (1 - 2\ln x + (\ln x)^2) \right]$

$\qquad = \lim_{x \to 0} \left(x - 2x \ln x + x \cdot (\ln x)^2 \right) = 0$ (Hinweis der Angabe beachten!)

$\lim_{x \to 0} f'(x) = \lim_{x \to 0} \left[(\ln x)^2 - 1 \right] \to \infty$ ($\ln x \to -\infty$ für $x \to 0$)

$\lim_{x \to \infty} f(x) = \lim_{x \to \infty} \left[x \cdot (1 - \ln x)^2 \right] \to \infty$ ($\ln x \to \infty$ für $x \to \infty$)

$\lim_{x \to \infty} f'(x) = \lim_{x \to \infty} \left[(\ln x)^2 - 1 \right] \to \infty$

Faßt man diese Ergebnisse über das Verhalten der Funktion und ihrer 1. Ableitung (Monotonieverhalten!) an den Rändern von $\mathbb{D}_f$ zusammen und berücksichtigt man noch den Tiefpunkt T (Abszisse ist Nullstelle!), so gilt für die Wertemenge $\mathbb{W}_f = \mathbb{R}_0^+$.

d) $f(2) = 2 \cdot (1 - \ln 2)^2 \approx 0{,}19$
$f(4) = 4 \cdot (1 - \ln 4)^2 \approx 0{,}60$

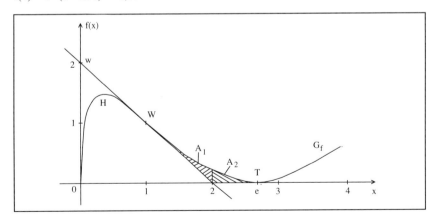

2. a) Zu zeigen: $F'(x) = f(x)$ in $\mathbb{D}_f$
   Produkt- und Kettenregel liefern:

$$F'(x) = x \cdot \left[\frac{5}{2} - 3\ln x + (\ln x)^2\right] + \frac{x^2}{2} \cdot \left[-\frac{3}{x} + 2 \cdot \ln x \cdot \frac{1}{x}\right]$$

$$= \frac{5}{2}x - 3x\ln x + x \cdot (\ln x)^2 - \frac{3}{2}x + x \cdot \ln x$$

$$= x - x \cdot 2\ln x + x \cdot (\ln x)^2 = x \cdot \left(1 - 2\ln x + (\ln x)^2\right)$$

$$= x \cdot (1 - \ln x)^2 = f(x)$$

b) A_1 sei die Fläche zwischen G_f und der Wendetangenten für $1 \le x \le 2$ ($x = 2$ ist Nullstelle der Wendetangente).
A_2 sei die Fläche zwischen G_f und der x-Achse für $2 \le x \le e$.

$$A = \left[A_1\right]_1^2 + \left[A_2\right]_2^e$$

$$= \int_1^2 (f(x) - w(x))dx + \int_2^e f(x)dx = \int_1^2 f(x)dx - \int_1^2 w(x)dx + \int_2^e f(x)dx$$

$$= \int_1^e f(x)dx - \int_1^2 w(x)dx = \int_1^e \left[x \cdot (1 - \ln x)^2\right]dx - \int_1^2 (2-x)dx$$

$$= \left[\frac{x^2}{2} \cdot \left(\frac{5}{2} - 3\ln x + (\ln x)^2\right)\right]_1^e - \left[2x - \frac{x^2}{2}\right]_1^2$$

$$= \left[\frac{e^2}{2} \cdot \left(\frac{5}{2} - 3\ln e + (\ln e)^2\right) - \frac{1^2}{2} \cdot \left(\frac{5}{2} - 3 \cdot \ln 1 + (\ln 1)^2\right)\right] - \left[\left(2 \cdot 2 - \frac{2^2}{2}\right) - \left(2 \cdot 1 - \frac{1^2}{2}\right)\right]$$

$$= \left[\frac{e^2}{2} \cdot \left(\frac{5}{2} - 3 \cdot 1 + 1^2\right) - \frac{1}{2} \cdot \left(\frac{5}{2} - 0 + 0\right)\right] - \left[(4-2) - \left(2 - \frac{1}{2}\right)\right]$$

$$= \frac{e^2}{4} - \frac{5}{4} - \frac{1}{2} = \frac{e^2}{4} - \frac{7}{4} = \frac{1}{4}(e^2 - 7)$$

Grundkurs Mathematik: Abiturprüfung 1993
Analytische Geometrie III

In einem kartesischen Koordinatensystem sind die Gerade

$$g: \vec{x} = \begin{pmatrix} -1 \\ 0 \\ 0 \end{pmatrix} + \mu \cdot \begin{pmatrix} 1 \\ 1 \\ 0 \end{pmatrix} \text{ mit } \mu \in \mathbb{R}$$

sowie die beiden Punkte A(1 | 0 | –4) und C(–1 | 2 | 4) gegeben.
A und C bestimmen die Gerade h.

1. a) Begründen Sie, daß der Mittelpunkt M der Strecke [AC] Schnittpunkt der Geraden g und h ist. (4 BE)
   b) Zeigen Sie, daß die Geraden g und h zueinander senkrecht sind. (3 BE)

2. Auf g liegen zwei Punkte B und D so, daß die beiden Dreiecke ABC und ACD bei B bzw. bei D rechtwinklig sind.
   a) Geben Sie mit Begründung an, welches besondere Viereck die Punkte A, B, C und D bestimmen. (3 BE)
   b) Berechnen Sie die Koordinaten von B und D.
   [Mögliches Ergebnis: B(3 | 4 | 0); D(–3 | –2 | 0)] (8 BE)
   c) Berechnen Sie den Flächeninhalt des Vierecks ABCD. (3 BE)

3. Die Geraden g und h bestimmen die Ebene E.
   a) Geben Sie eine Gleichung der Ebene E in Normalenform an.
   [Mögliches Ergebnis: $2x_1 - 2x_2 + x_3 + 2 = 0$] (5 BE)
   b) Vom Punkt S(0 | –5 | 1,5) aus wird das Lot auf die Ebene E gefällt.
   Berechnen Sie die Koordinaten des Lotfußpunktes F.
   [Ergebnis: F(–3 | –2 | 0), Eckpunkt des Vierecks ABCD] (6 BE)
   c) Berechnen Sie den Oberflächeninhalt der Pyramide ABCDS mit Grundfläche ABCD und Spitze S.
   (Hinweis: Ohne Begründung darf verwendet werden, daß alle Seitendreiecke rechtwinklig sind). (8 BE)
   (40 BE)

Lösungen

1. a) $h: \vec{x} = \vec{a} + \lambda \cdot (\vec{c} - \vec{a}) = \begin{pmatrix} 1 \\ 0 \\ -4 \end{pmatrix} + \lambda \begin{pmatrix} -1-1 \\ 2-0 \\ 4-(-4) \end{pmatrix}$

$h: \vec{x} = \begin{pmatrix} 1 \\ 0 \\ -4 \end{pmatrix} + \lambda \cdot \begin{pmatrix} -2 \\ 2 \\ 8 \end{pmatrix}$ oder $\vec{x} = \begin{pmatrix} 1 \\ 0 \\ -4 \end{pmatrix} + \lambda \begin{pmatrix} -1 \\ 1 \\ 4 \end{pmatrix}$

Wir bestimmen den Schnittpunkt der Geraden g und h durch Gleichsetzen der beiden Geradengleichungen:

$\begin{pmatrix} -1 \\ 0 \\ 0 \end{pmatrix} + \mu \cdot \begin{pmatrix} 1 \\ 1 \\ 0 \end{pmatrix} = \begin{pmatrix} 1 \\ 0 \\ -4 \end{pmatrix} + \lambda \begin{pmatrix} -1 \\ 1 \\ 4 \end{pmatrix}$

Dies führt auf das Gleichungssystem
(1) $-1 + \mu = 1 - \lambda$
(2) $\mu = \lambda$
(3) $0 = 0$
(2) in (1): $-1 + \mu = 1 - \mu \Leftrightarrow 2\mu = 2 \Leftrightarrow \mu = 1$
in (2): $\lambda = 1$

Setzen wir $\mu = 1$ in die Gleichung von g ein, erhalten wir den Schnittpunkt S:

$\vec{s} = \begin{pmatrix} -1 \\ 0 \\ 0 \end{pmatrix} + 1 \cdot \begin{pmatrix} 1 \\ 1 \\ 0 \end{pmatrix} = \begin{pmatrix} 0 \\ 1 \\ 0 \end{pmatrix} \Rightarrow S\,(0\,|\,1\,|\,0)$

Mittelpunkt M der Strecke [AC]:

$\vec{m} = \dfrac{\vec{a} + \vec{c}}{2} = \dfrac{1}{2} \cdot \left[\begin{pmatrix} 1 \\ 0 \\ -4 \end{pmatrix} + \begin{pmatrix} -1 \\ 2 \\ 4 \end{pmatrix} \right] = \dfrac{1}{2} \cdot \begin{pmatrix} 0 \\ 2 \\ 0 \end{pmatrix} = \begin{pmatrix} 0 \\ 1 \\ 0 \end{pmatrix} \Rightarrow M\,(0\,|\,1\,|\,0)$

Der Vergleich der Koordinaten von S und M zeigt $S \equiv M$.

b) Es ist zu zeigen, daß die Richtungsvektoren von g und h aufeinander senkrecht stehen, d. h. ihr Skalarprodukt muß Null sein.

$\begin{pmatrix} 1 \\ 1 \\ 0 \end{pmatrix} \cdot \begin{pmatrix} -1 \\ 1 \\ 4 \end{pmatrix} = 1 \cdot (-1) + 1 \cdot 1 + 0 \cdot 4 = -1 + 1 + 0 = 0.$

2. a) (1) Da sowohl bei B als auch bei D ein rechter Winkel auftritt, muß $\overline{MD} = \overline{MB}$ sein; die Summe der beiden Winkel ergibt $2 \cdot 90° = 180°$.

(2) Da $\overline{AM} = \overline{CM}$ ist, müssen auch die Winkel bei A und C gleich groß sein und wegen der Winkelsumme im Viereck jeweils 90° betragen.

(3) Damit liegt ein Rechteck ABCD mit zueinander senkrechten Diagonalen [AC] und [BD] vor, was ABCD als Quadrat ausweist.

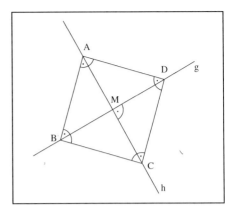

b) Da ein Quadrat kongruente Diagonalen besitzt, gilt auch $\overline{AM} = \overline{BM} = \overline{CM} = \overline{DM}$ mit $\overline{AM} = \sqrt{(0-1)^2 + (1-0)^2 + (0+4)^2} = \sqrt{18} = 3\sqrt{2}$. B und D liegen auf g, $3\sqrt{2}$ Längeneinheiten von M entfernt.

Stellt man die Gerade g mit dem Anfangspunkt M dar und verwendet man zur Angabe der Richtung den Einheitsvektor, so erhält man:

$$g: \vec{x} = \begin{pmatrix} 0 \\ 1 \\ 0 \end{pmatrix} + \mu \cdot \frac{1}{\sqrt{2}} \begin{pmatrix} 1 \\ 1 \\ 0 \end{pmatrix}$$

Setzen wir $\mu = \pm 3\sqrt{2}$, so ergibt sich:

$$\vec{b} = \begin{pmatrix} 0 \\ 1 \\ 0 \end{pmatrix} + \frac{3\sqrt{2}}{\sqrt{2}} \begin{pmatrix} 1 \\ 1 \\ 0 \end{pmatrix} = \begin{pmatrix} 3 \\ 4 \\ 0 \end{pmatrix} \Rightarrow \text{B (3 | 4 | 0) und}$$

$$\vec{d} = \begin{pmatrix} 0 \\ 1 \\ 0 \end{pmatrix} - \frac{3\sqrt{2}}{\sqrt{2}} \begin{pmatrix} 1 \\ 1 \\ 0 \end{pmatrix} = \begin{pmatrix} -3 \\ -2 \\ 0 \end{pmatrix} \Rightarrow \text{D (−3 | −2 | 0)}$$

c) Wir nehmen im rechtwinkligen Dreieck AMD die Seite [AM] als Grundlinie und [DM] als Höhe und berücksichtigen, daß das Quadrat ABCD aus 4 kongruenten Dreiecken besteht. Dann gilt:

$$A = 4 \cdot \frac{1}{2} \cdot \overline{AM} \cdot \overline{DM} = 4 \cdot \frac{1}{2} \cdot 3\sqrt{2} \cdot 3\sqrt{2} = 36$$

3. a) Um die Normalenform der Ebenengleichung von E aufstellen zu können, werden die Richtungsvektoren der beiden Geraden g und h benötigt. Für den Normalenvektor $\vec{n}$ der Ebene E muß gelten:

$$\begin{pmatrix} n_1 \\ n_2 \\ n_3 \end{pmatrix} \cdot \begin{pmatrix} 1 \\ 1 \\ 0 \end{pmatrix} = 0 \Leftrightarrow n_1 + n_2 = 0 \Leftrightarrow n_1 = -n_2 \qquad (I)$$

und zugleich

$$\begin{pmatrix} n_1 \\ n_2 \\ n_3 \end{pmatrix} \cdot \begin{pmatrix} -1 \\ 1 \\ 4 \end{pmatrix} = 0 \Leftrightarrow -n_1 + n_2 + 4n_3 = 0 \qquad (II)$$

Wählt man z. B. $n_3 = 1$, so ergeben sich $n_1 = 2$ und $n_2 = -2$.

Ein möglicher Normalenvektor ist damit $\vec{n} = \begin{pmatrix} 2 \\ -2 \\ 1 \end{pmatrix}$, die zugehörige Normelenform lautet:

$$\begin{pmatrix} 2 \\ -2 \\ 1 \end{pmatrix} \cdot \left[\begin{pmatrix} x_1 \\ x_2 \\ x_3 \end{pmatrix} - \begin{pmatrix} -1 \\ 0 \\ 0 \end{pmatrix} \right] = 0 \text{ oder } 2x_1 - 2x_2 + x_3 + 2 = 0$$

b) Zur Bestimmung des Lotfußpunktes F wird die Gerade mit dem Anfangspunkt S und $\vec{n}$ als Richtungsvektor mit der Ebene E geschnitten. Dazu wird die Parametergleichung dieser Geraden $\vec{x} = \begin{pmatrix} 0 \\ -5 \\ 1,5 \end{pmatrix} + \tau \cdot \begin{pmatrix} 2 \\ -2 \\ 1 \end{pmatrix}$ in die Normalengleichung von

E: $2x_1 - 2x_2 + x_3 + 2 = 0$ eingesetzt:

$2(0 + 2\tau) - 2(-5 - 2\tau) + (1,5 + \tau) + 2 = 0$
$4\tau + 10 + 4\tau + 1,5 + \tau + 2 = 0$
$9\tau + 13,5 = 0$
$9\tau = -13,5$
$\tau = -1,5$

τ wird wieder in die Geradengleichung eingesetzt:

$$\vec{f} = \begin{pmatrix} 0 \\ -5 \\ 1,5 \end{pmatrix} - 1,5 \cdot \begin{pmatrix} 2 \\ -2 \\ 1 \end{pmatrix} = \begin{pmatrix} -3 \\ -2 \\ 0 \end{pmatrix} \Rightarrow F(-3 \mid -2 \mid 0)$$

Dieser Punkt F ist identisch mit dem Eckpunkt D des Vierecks ABCD.

c) $0 = A(\square ABCD) + A(\Delta SCD) + A(\Delta ADS) + A(\Delta ABS) + A(\Delta BCS)$

Der nebenstehenden Abbildung entnehmen wir, daß

$\Delta CDS \cong \Delta ADS$
und $\Delta ABS \cong \Delta BCS$

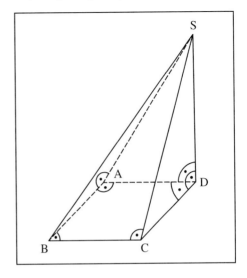

Wegen $\overline{SD} = \sqrt{(-3-0)^2 + (-2+5)^2 + (0-1,5)^2} = \sqrt{9+9+2,25} = 4,5$

und $\overline{CD} = \sqrt{(-3+1)^2 + (-2-2)^2 + (0-4)^2} = \sqrt{4+16+16} = 6$

ist $A(\Delta CDS) = \frac{1}{2} \cdot 4,5 \cdot 6 = 13,5 = A(\Delta ADS)$

Wegen $\overline{CD} = \overline{BC} = 6$ (Quadrat!)

und $\overline{SC} = \sqrt{(-1-0)^2 + (2+5)^2 + (4-1,5)^2} = \sqrt{1+49+6,25} = 7,5$

ist $A(\Delta BDS) = \frac{1}{2} \cdot 6 \cdot 7,5 = 22,5 = A(\Delta ABS)$

Dann gilt für den Oberflächeninhalt I der Pyramide:
$I = 36 + 2 \cdot 13,5 + 2 \cdot 22,5 = 108$.

Grundkurs Mathematik: Abiturprüfung 1993
Analytische Geometrie IV

In einem kartesischen Koordinatensystem sind die Punkte $A(1\mid 1\mid 1)$, $B(10\mid -2\mid 4)$, $C(4\mid 4\mid 1)$ und $P(7\mid 3\mid 2)$ gegeben.

1. a) Zeigen Sie, daß die drei Punkte A, B und C nicht auf einer Geraden liegen, und berechnen Sie den Winkel α zwischen den beiden Halbgeraden [AB und [AC (auf Grad gerundet). (5 BE)

   b) Die Geraden AB und AC spannen eine Ebene E auf. Bestimmen Sie je eine Gleichung für E in Parameter- und in Normalenform.
   [Mögliches Teilergebnis: $x_1 - x_2 - 4x_3 + 4 = 0$] (6 BE)

2. a) Gegeben ist die Gleichung $\overrightarrow{AP} = \lambda \cdot \overrightarrow{AB} + \mu \cdot \overrightarrow{AC}$ mit geeigneten λ und μ.
   Berechnen Sie λ und μ.
   Was folgt aus dieser Gleichung für die Lage des Punktes P sowie für Länge und Richtung des Vektors $\overrightarrow{CP}$?
   Verdeutlichen Sie Ihre Ergebnisse durch eine geeignete Zeichnung.
   $\left[\text{Zur Kontrolle: } \lambda = \dfrac{1}{3}; \mu = 1\right]$ (10 BE)

   b) In welchem Verhältnis teilt der Schnittpunkt T der Geraden AP und BC die Strecke [AP]?
   Berechnen Sie die Koordinaten des Punktes T. (6 BE)

   c) In welchem Verhältnis stehen die Flächeninhalte der Dreiecke CPT und ABT? (3 BE)

3. Die Lotgerade zur Ebene E im Punkt P werde mit s bezeichnet.
   Bestimmen Sie diejenigen Punkte auf s, die von A die Entfernung 13 (Längeneinheiten) haben. (10 BE)
   (40 BE)

Lösungen

1. a) Zu zeigen: $\overrightarrow{AB}$ und $\overrightarrow{AC}$ sind nicht kollinear.

$$\overrightarrow{AB} = \begin{pmatrix} 10-1 \\ -2-1 \\ 4-1 \end{pmatrix} = \begin{pmatrix} 9 \\ -3 \\ 3 \end{pmatrix} = 3 \cdot \begin{pmatrix} 3 \\ -1 \\ 1 \end{pmatrix}; \quad \overrightarrow{AC} = \begin{pmatrix} 4-1 \\ 4-1 \\ 1-1 \end{pmatrix} = \begin{pmatrix} 3 \\ 3 \\ 0 \end{pmatrix} = 3 \cdot \begin{pmatrix} 1 \\ 1 \\ 0 \end{pmatrix}$$

$$\overrightarrow{AB} = \sigma \cdot \overrightarrow{AC} \Leftrightarrow \begin{pmatrix} 3 \\ -1 \\ 1 \end{pmatrix} = \sigma \begin{pmatrix} 1 \\ 1 \\ 0 \end{pmatrix} \Leftrightarrow \begin{cases} 3 = \sigma \\ -1 = \sigma \\ 1 = 0 \end{cases} \Rightarrow \text{Widerspruch,}$$

d. h. $\overrightarrow{AB}$ und $\overrightarrow{AC}$ sind nicht kollinear
$\Rightarrow$ A, B, C liegen nicht auf einer Geraden.

$$\cos \alpha = \frac{\overrightarrow{AB} \cdot \overrightarrow{AC}}{|\overrightarrow{AB}| \cdot |\overrightarrow{AC}|} = \frac{\begin{pmatrix} 3 \\ -1 \\ 1 \end{pmatrix} \cdot \begin{pmatrix} 1 \\ 1 \\ 0 \end{pmatrix}}{\sqrt{11} \cdot \sqrt{2}} = \frac{3-1+0}{\sqrt{22}} = \frac{2}{\sqrt{22}} \Rightarrow \alpha \approx 65°$$

b) Parameterform der Ebenengleichung durch A, B, C:

$$E: \vec{x} = \vec{a} + \lambda \cdot \overrightarrow{AB} + \mu \cdot \overrightarrow{AC};$$

$$E: \vec{x} = \begin{pmatrix} 1 \\ 1 \\ 1 \end{pmatrix} + \lambda \cdot \begin{pmatrix} 3 \\ -1 \\ 1 \end{pmatrix} + \mu \begin{pmatrix} 1 \\ 1 \\ 0 \end{pmatrix}$$

Um die Normalenform der Ebenengleichung zu bestimmen, benötigen wir die beiden Richtungsvektoren $\overrightarrow{AB}$ und $\overrightarrow{AC}$. Für einen Normalenvektor $\vec{n}$ muß gelten:

$\vec{n} \cdot \overrightarrow{AB} = 0$ und zugleich $\vec{n} \cdot \overrightarrow{AC} = 0$

$$\begin{pmatrix} n_1 \\ n_2 \\ n_3 \end{pmatrix} \cdot \begin{pmatrix} 3 \\ -1 \\ 1 \end{pmatrix} = 0 \Leftrightarrow 3n_1 - n_2 + n_3 = 0 \quad \text{(I)}$$

und zugleich

$$\begin{pmatrix} n_1 \\ n_2 \\ n_3 \end{pmatrix} \cdot \begin{pmatrix} 1 \\ 1 \\ 0 \end{pmatrix} = 0 \Leftrightarrow n_1 + n_2 = 0 \Leftrightarrow n_1 = -n_2 \quad \text{(II)}$$

(II) in (I): $4n_1 + n_3 = 0$
Wählt man z. B. $n_1 = 1$, so gilt: $n_2 = -1$ und $n_3 = -4$.

Ein möglicher Normalenvektor ist somit $\vec{n} = \begin{pmatrix} 1 \\ -1 \\ -4 \end{pmatrix}$,

die zugehörige Normalenform lautet dann:

$\begin{pmatrix} 1 \\ -1 \\ -4 \end{pmatrix} \cdot \left[\begin{pmatrix} x_1 \\ x_2 \\ x_3 \end{pmatrix} - \begin{pmatrix} 1 \\ 1 \\ 1 \end{pmatrix} \right] = 0$ oder $x_1 - x_2 - 4x_3 + 4 = 0$

2. a) Der Ansatz $\overrightarrow{AP} = \lambda \cdot \overrightarrow{AB} + \mu \cdot \overrightarrow{AC}$ mit $\overrightarrow{AP} = \vec{p} - \vec{a}$ führt auf das Gleichungssystem:
   (1) $6 = 9\lambda + 3\mu$
   (2) $2 = -3\lambda + 3\mu$
   (3) $1 = 3\lambda$

   aus (3): $\lambda = \dfrac{1}{3}$

   in (2): $2 = -1 + 3\mu \Leftrightarrow 3 = 3\mu \Leftrightarrow \mu = 1$

Da $A \in E$ ist, liegt damit auch P in E.
$\overrightarrow{AB}$ und $\overrightarrow{AC}$ spannen die Ebene E
auf und bilden somit eine Basis, in
der $\overrightarrow{CP}$ eine Komponente darstellt:
$\Rightarrow \overrightarrow{CP} \parallel \overrightarrow{AB}$

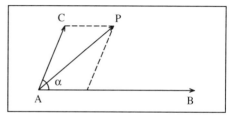

Rechnerisch überprüfen wir auf Kollinearität:

$\overrightarrow{CP} = \beta \cdot \overrightarrow{AB}$ oder $\begin{pmatrix} 7-4 \\ 3-4 \\ 2-1 \end{pmatrix} = \beta \cdot \begin{pmatrix} 9 \\ -3 \\ 3 \end{pmatrix}$ oder

(1) $3 = 9\beta \Leftrightarrow \beta = \dfrac{1}{3}$
(2) $-1 = -3\beta \Leftrightarrow \beta = \dfrac{1}{3}$ $\Rightarrow \overrightarrow{CP} \parallel \overrightarrow{AP}$
(3) $1 = 3\beta \Leftrightarrow \beta = \dfrac{1}{3}$

$\overline{CP} = \sqrt{3^2 + (-1) + 1^2} = \sqrt{9+1+1} = \sqrt{11}$
$\overline{AB} = \sqrt{9^2 + 3^2 + 3^2} = \sqrt{81+9+9} = 3\sqrt{11}$ $\Rightarrow \overrightarrow{CP} = \dfrac{1}{3} \overrightarrow{AB}$

b) $g(AP): \vec{x} = \vec{a} + (\vec{p} - \vec{a}); \quad \vec{x} = \begin{pmatrix} 1 \\ 1 \\ 1 \end{pmatrix} + \tau \cdot \begin{pmatrix} 7-1 \\ 3-1 \\ 2-1 \end{pmatrix} = \begin{pmatrix} 1 \\ 1 \\ 1 \end{pmatrix} + \tau \cdot \begin{pmatrix} 6 \\ 2 \\ 1 \end{pmatrix}$

$g(BC): \vec{x} = \vec{b} + (\vec{c} - \vec{b}); \quad \vec{x} = \begin{pmatrix} 10 \\ -2 \\ 4 \end{pmatrix} + \gamma \cdot \begin{pmatrix} 4-10 \\ 4-(-2) \\ 1-4 \end{pmatrix} = \begin{pmatrix} 10 \\ -2 \\ 4 \end{pmatrix} + \gamma \cdot \begin{pmatrix} -6 \\ 6 \\ -3 \end{pmatrix}$

oder $\vec{x} = \begin{pmatrix} 10 \\ -2 \\ 4 \end{pmatrix} + \gamma \cdot \begin{pmatrix} -2 \\ 2 \\ -1 \end{pmatrix}$

Wir schneiden g(AP) und g(BC); dazu setzen wir die beiden Geradengleichungen gleich:

$\begin{pmatrix} 1 \\ 1 \\ 1 \end{pmatrix} + \tau \cdot \begin{pmatrix} 6 \\ 2 \\ 1 \end{pmatrix} = \begin{pmatrix} 10 \\ -2 \\ 4 \end{pmatrix} + \gamma \cdot \begin{pmatrix} -2 \\ 2 \\ -1 \end{pmatrix}$

Das führt auf das Gleichungssystem:

(1) $1 + 6\tau = 10 - 2\gamma$
(2) $1 + 2\tau = -2 + 2\gamma$
(3) $1 + \tau = 4 - \gamma$

$(1) + (2): \Rightarrow 2 + 8\tau = 8 \Leftrightarrow 8\tau = 6 \Leftrightarrow \tau = \dfrac{3}{4}$

in (3): $\quad 1 + \dfrac{3}{4} = 4 - \gamma \Leftrightarrow \gamma = 4 - 1 - \dfrac{3}{4} = 2\dfrac{1}{4}$

τ in g(AP) eingesetzt:

$\vec{t} = \begin{pmatrix} 1 \\ 1 \\ 1 \end{pmatrix} + \dfrac{3}{4} \cdot \begin{pmatrix} 6 \\ 2 \\ 1 \end{pmatrix} = \begin{pmatrix} 5,5 \\ 2,5 \\ 1,75 \end{pmatrix} \Rightarrow T(5,5 \mid 2,5 \mid 1,75)$ oder $T\left(\dfrac{11}{2} \mid \dfrac{5}{2} \mid \dfrac{7}{4}\right)$

Wegen $\vec{t} = \vec{a} + \dfrac{3}{4} \overrightarrow{AP}$ gilt: $\overline{AT} : \overline{TP} = 3 : 1$

c) Nach dem Strahlensatz gilt (vgl. nebenstehende Abbildung):

$\overline{AT} : \overline{TP} = 3 : 1$
$\phantom{\overline{AT} : \overline{TP}} = \overline{XT} : \overline{YT}$
$\phantom{\overline{AT} : \overline{TP}} = \overline{AB} : \overline{CP}$

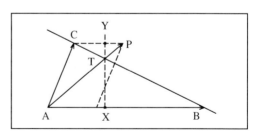

Somit ist $\overline{XT} = 3 \cdot \overline{YT}$ und $\overline{AB} = 3 \cdot \overline{CP}$

$$\Rightarrow \frac{A(\Delta ABT)}{A(\Delta CPT)} = \frac{\frac{1}{2} \cdot \overline{AB} \cdot \overline{XT}}{\frac{1}{2} \cdot \overline{CP} \cdot \overline{YT}} = \frac{3 \cdot \overline{CP} \cdot 3 \cdot \overline{YT}}{\overline{CP} \cdot \overline{YT}} = 9 : 1$$

3. $s: \vec{x} = \vec{p} + \delta \cdot \vec{n};\ \vec{x} = \begin{pmatrix} 7 \\ 3 \\ 2 \end{pmatrix} + \delta \begin{pmatrix} 1 \\ -1 \\ -4 \end{pmatrix}$

Bezeichnen wir die gesuchten Punkte mit Q, so gilt für den Abstand $\overline{QA}$:

$d(Q;A) = \overline{QA} = \sqrt{(a_1 - q_1)^2 + (a_2 - q_2)^2 + (a_3 - q_3)^2} = 13$

Für den Punkt Q setzen wir die Geradengleichung von s ein:

$\sqrt{[1-(7+\delta)]^2 + [1-(3-\delta)]^2 + [1-(2-4\delta)]^2} = 13$

$(-6-\delta)^2 + (-2+\delta)^2 + (-1+4\delta)^2 = 169$

$36 + 12\delta + \delta^2 + 4 - 4\delta + \delta^2 + 1 - 8\delta + 16\delta^2 = 169$

$18\delta^2 + 41 = 169$

$\quad\quad 18\delta^2 = 128$

$\quad\quad\quad \delta^2 = \frac{64}{9}$

$\quad\quad\quad \delta = \frac{8}{3} \lor \delta = -\frac{8}{3}$

in s eingesetzt:

$\vec{q}_1 = \begin{pmatrix} 7 \\ 3 \\ 2 \end{pmatrix} + \frac{8}{3} \cdot \begin{pmatrix} 1 \\ -1 \\ -4 \end{pmatrix} \Rightarrow Q_1\left(\frac{29}{3} \Big| \frac{1}{3} \Big| -\frac{26}{3}\right)$

$\vec{q}_2 = \begin{pmatrix} 7 \\ 3 \\ 2 \end{pmatrix} - \frac{8}{3} \cdot \begin{pmatrix} 1 \\ -1 \\ -4 \end{pmatrix} \Rightarrow Q_2\left(\frac{13}{3} \Big| \frac{17}{3} \Big| \frac{38}{3}\right)$

Grundkurs Mathematik: Abiturprüfung 1993
Wahrscheinlichkeitsrechnung / Statistik V

Der Abfüllautomat einer Getränkefirma füllt die Flaschen mit einer Ausschußwahrscheinlichkeit von 5 % ab.

1. Die auf Ausschuß nicht kontrollierten Flaschen werden in Kästen zu je 20 Flaschen abgepackt.
 Wie groß ist die Wahrscheinlichkeit dafür, daß in einem Kasten mehr als einmal, aber höchstens viermal Ausschuß auftritt? (5 BE)

2. Ein Kasten mit 20 abgefüllten Flaschen enthält genau viermal Ausschuß.
 a) Jemand entnimmt diesem Kasten nacheinander 2 Flaschen, ohne diese zurückzustellen. Mit welcher Wahrscheinlichkeit ist die erste Flasche Ausschuß und zugleich die zweite nicht? (4 BE)
 b) Eine andere Person entnimmt dem vollen Kasten gleichzeitig 6 Flaschen. Mit welcher Wahrscheinlichkeit befindet sich darunter genau zweimal Ausschuß? (5 BE)

3. Der Ausschuß von 5 % wird durch zwei voneinander unabhängige Fehler verursacht:
 F_1:"In die Flasche wird zuwenig eingefüllt."
 F_2:"Die Flasche wird beschädigt."
 Der Fehler F_1 tritt mit der Wahrscheinlichkeit 1 % ein.
 Berechnen Sie die Wahrscheinlichkeit dafür, daß eine Flasche
 a) beschädigt ist, (6 BE)
 $$\left[\text{Ergebnis: } P(F_2) = \frac{4}{99}\right]$$
 b) korrekt abgefüllt, aber beschädigt ist. (3 BE)

4. Wie viele Flaschen dürfen vom Automaten höchstens abgefüllt werden, damit mit einer Wahrscheinlichkeit von mehr als 50 % kein Ausschuß auftritt? (6 BE)

5. Der Betreiber der Abfüllanlage vermutet, daß sich die Ausschußwahrscheinlichkeit vergrößert hat. Um dies zu testen, werden 100 zufällig ausgewählte Flaschen untersucht. Befindet sich darunter mehr als siebenmal Ausschuß, so wird die Vermutung angenommen.
 a) Mit welcher Wahrscheinlichkeit entscheidet man sich irrtümlicherweise für eine größere Ausschußwahrscheinlichkeit, obwohl sie sich nicht erhöht hat? (6 BE)
 b) Mit welcher Wahrscheinlichkeit wird die Vergrößerung nicht entdeckt, obwohl sich die Ausschußwahrscheinlichkeit verdoppelt hat? (5 BE)
 (40 BE)

Lösungen

1. Es handelt sich um eine Bernoulli-Kette der Länge 20 mit $1 < i \leq 4$ Treffern. Da sich in einem Kasten 20 Flaschen befinden, beträgt die Wahrscheinlichkeit der Zufallsgröße Z $\frac{1}{20} = 0{,}05$.

$$P_{0,05}^{20}(1 < Z \leq 4) = P_{0,05}^{20}(Z=2) + P_{0,05}^{20}(Z=3) + P_{0,05}^{20}(Z=4)$$

$$= \binom{20}{2} \cdot 0{,}05^2 \cdot 0{,}95^{18} + \binom{20}{3} \cdot 0{,}05^3 \cdot 0{,}95^{17} + \binom{20}{4} \cdot 0{,}05^4 \cdot 0{,}95^{16}$$

$$= \frac{20!}{2!18!} \cdot 0{,}05^2 \cdot 0{,}95^{18} + \frac{20!}{3!17!} \cdot 0{,}05^3 \cdot 0{,}95^{17} + \frac{29!}{4!16!} \cdot 0{,}05^4 \cdot 0{,}95^{16}$$

$$= 0{,}2615\ldots \approx 26{,}2\,\%$$

2. a) Die Wahrscheinlichkeit, daß die erste Flasche Ausschuß ist, beträgt $\frac{4}{20}$. Bei Entnahme der zweiten Flasche befinden sich 19 Flaschen im Kasten, davon sind 16 in Ordnung.

$$\Rightarrow P = \frac{4}{20} \cdot \frac{16}{19} = 0{,}1684\ldots \approx 16{,}8\,\%$$

b) Da die Anordnung der 6 entnommenen Flaschen nicht berücksichtigt wird, bestehen insgesamt $\binom{20}{6}$ Möglichkeiten, diese 6 Flaschen zu entnehmen. Die Anzahl der Möglichkeiten, aus 4 Flaschen Ausschuß 2 auszuwählen, ist $\binom{4}{2}$; die Anzahl der Möglichkeiten, die 4 guten Flaschen aus den 16 guten Flaschen herauszuholen, ist $\binom{16}{4}$.

$$\Rightarrow P = \frac{\binom{4}{2} \cdot \binom{16}{4}}{\binom{20}{6}} = 0{,}2817\ldots \approx 28{,}2\,\%$$

3. a) Wegen der Unabhängigkeit der beiden Ereignisse F_1 und F_2 ist $P(F_1 \cap F_2) = P(F_1) \cdot P(F_2)$. Dann gilt:

$$P(F_1 \cup F_2) = P(F_1) + P(F_2) - P(F_1 \cap F_2)$$
$$= P(F_1) + P(F_2) - P(F_1) \cdot P(F_2) = \frac{5}{100}$$

$$\frac{1}{100} + P(F_2) - \frac{1}{100} \cdot P(F_2) = \frac{5}{100} \Leftrightarrow$$
$$P(F_2) \cdot \left(1 - \frac{1}{100}\right) = \frac{4}{100} \Leftrightarrow P(F_2) \cdot \frac{99}{100} = \frac{4}{100} \Leftrightarrow$$
$$P(F_2) = \frac{4}{100} \cdot \frac{100}{99} = \frac{4}{99}$$

b) $P(\overline{F_1} \cap F_2) = P(\overline{F_1}) \cdot P(F_2) = \frac{99}{100} \cdot \frac{4}{99} = \frac{4}{100} = 0,04 = 4\,\%$

4. Es handelt sich um eine Bernoulli-Kette unbekannter Länge mit keinem Treffer und dem Parameter p = 0,05

$$P(Z = 0) > 0,50 \Leftrightarrow \binom{n}{0} \cdot 0,05^0 \cdot 0,95^n > 0,50$$
$$1 \cdot 1 \cdot 0,95^n > 0,50$$
$$n \cdot \ln 0,95 > \ln 0,50$$
$$n < \frac{\ln 0,50}{\ln 0,95} \quad \text{(Umkehrung des Ungleichheits-}$$
$$\text{zeichens wegen } \ln 0,95 < 0)$$
$$n < 13,51... \Rightarrow \text{ höchstens 13 Flaschen.}$$

5. a) Wir fragen, wie groß bei einer Stichprobenlänge von 100 die Wahrscheinlichkeit für Z > 7 ist, obwohl p nach wie vor 0,05 beträgt:

$$P(Z > 7) = 1 - P(Z \leq 7) = 1 - \sum_{i=0}^{7} B(100; 0,05; i)$$
$$\approx 12,8\,\% \quad \text{(Tabelle, kumulativ)}$$

b) Wir fragen, wie groß bei einer Stichprobenlänge von 100 die Wahrscheinlichkeit für Z ≤ 7 ist, obwohl sich p auf 0,1 erhöht hat:

$$P(Z \leq 7) = \sum_{i=0}^{7} B(100; 0,1; i) \approx 20,6\,\% \text{ (Tabelle, kumulativ)}$$

Grundkurs Mathematik: Abiturprüfung 1993
Wahrscheinlichkeitsrechnung / Statistik VI

Ein Spielautomat (Typ I) hat zwei verdeckt nebeneinander angeordnete Walzen, deren Mantelflächen jeweils in gleich große, farbige Felder unterteilt sind. Die Felder sind rechteckig und nehmen die ganze Walzenbreite ein; durch zwei benachbarte Fenster sind die jeweils vorne liegenden Farbfelder sichtbar. Die erste Walze trägt 1 rotes, 4 grüne und 5 weiße Felder, während die zweite Walze 2 rote, 3 grüne und 5 schwarze Felder aufweist.
Bei einem Spiel werden die Walzen in Bewegung gesetzt. Sie werden unabhängig voneinander angehalten, und je ein Farbfeld erscheint.

1. a) Bestimmen Sie alle Ergebnisse eines Spiels mit den dazugehörigen Wahrscheinlichkeiten. (6 BE)

   b) Mit welcher Wahrscheinlichkeit erscheinen bei einem Spiel zwei verschiedene Farben? (3 BE)

2. Es wird 10mal gespielt. Wie groß sind die Wahrscheinlichkeiten der Ereignisse:
   E_1: "Die Farbkombination Rot/Schwarz erscheint mindestens zwei-, aber höchstens viermal".
   E_2: "Die Farbkombination Weiß/Grün erscheint genau beim 4. und 6. Spiel".
   E_3: "Die zweite Walze zeigt genau dreimal Rot". (10 BE)

3. Durch Einwerfen von 1 DM setzt sich der Automat in Bewegung. Erscheinen nach dem Stillstand zwei gleiche Farben, so werden 8 DM ausgeschüttet; erscheint jedoch in einem Feld Rot und im anderen Grün, so wird der Einsatz für das nächste Spiel erlasssen. In allen anderen Fällen geschieht nichts. Mit welcher Wahrscheinlichkeit hat ein Spieler nach 2 Spielen einen ausgezahlten Reingewinn von 6 DM und mit welcher einen von 7 DM? (9 BE)

4. Neben dem Gerät des Typs I werden vom Hersteller auch Automaten geliefert, die auf der zweiten Walze 4 rote, 3 grüne und 3 schwarze Felder aufweisen (Typ II). Um Betrug zu verhindern, wurden die Geräte verplombt. Ein Besitzer eines Typ-I-Gerätes vermutet, daß nach einer Reparatur sein Gerät mit einem Typ-II-Gerät vertauscht worden ist. Er will deshalb mit 50 Spielen sein Gerät testen. Erscheint dabei höchstens k-mal die Farbe Schwarz, so sieht er seine Vermutung bestätigt.

   a) Mit welcher Wahrscheinlichkeit hält der Besitzer ein Typ-II-Gerät irrtümlich für sein Typ-I-Gerät, falls k = 20 ist? (6 BE)

   b) Bestimmen Sie das größtmögliche k so, daß ein Typ-I-Gerät mit einer Wahrscheinlichkeit von mehr als 98 % nicht irrtümlich für ein Typ-II-Gerät gehalten wird. (6 BE)

(40 BE)

Lösungen

1. a) 1. Walze: $P_1(\{r\}) = 0{,}1$; $\quad P_1(\{g\}) = 0{,}4$; $\quad P_1(\{w\}) = 0{,}5$
   2. Walze: $P_2(\{r\}) = 0{,}2$; $\quad P_2(\{g\}) = 0{,}3$; $\quad P_2(\{s\}) = 0{,}5$

   In der folgenden Tabelle sind sämtliche Kombinationsmöglichkeiten aufgeführt; die zugehörigen Wahrscheinlichkeiten ergeben sich durch Multiplikation der jeweiligen Einzelwahrscheinlichkeiten miteinander:

rr	rg	rs	gr	gg	gs	wr	wg	ws
0,02	0,03	0,05	0,08	0,12	0,20	0,10	0,15	0,25

   b) Bei diesen 9 Kombinationen treten 7 mit verschiedenen Farben auf. Die Summe dieser 7 Wahrscheinlichkeiten ergibt:
   $P(\{rg\}) + P(\{rs\}) + P(\{gr\}) + P(\{gs\}) + P(\{wr\}) + P(\{wg\}) + P(\{ws\}) =$
   $0{,}03 \; + \; 0{,}05 \; + \; 0{,}08 \; + \; 0{,}20 \; + \; 0{,}10 \; + \; 0{,}15 \; + \; 0{,}25 \; = 0{,}86$

2. $P^{10}_{0{,}05}(E_1) = P^{10}_{0{,}05}(2 \leq Z \leq 4)$
   $= P^{10}_{0{,}05}(Z=2) + P^{10}_{0{,}05}(Z=3) + P^{10}_{0{,}05}(Z=4)$
   $= \binom{10}{2} \cdot 0{,}05^2 \cdot 0{,}95^8 + \binom{10}{3} \cdot 0{,}05^3 \cdot 0{,}95^7 + \binom{10}{4} \cdot 0{,}05^4 \cdot 0{,}95^6 = 0{,}0860 \approx 8{,}6\,\%$

   $P(E_2) = [P(Z=0)]^8 \cdot [P(Z=1)]^2 =$
   $= [1 - P(Z=1)]^8 \cdot [P(Z=1)]^2 = 0{,}85^8 \cdot 0{,}15^2 = 0{,}0061\ldots \approx 0{,}6\,\%$

   Wir berechnen die Wahrscheinlichkeit für "rot" für die ersten drei Spiele und multiplizieren mit der Anzahl der Möglichkeiten, 3mal "rot" auf 10 Spiele zu verteilen.

   $P(E_3) = \binom{10}{3} \cdot [P(Z=0)]^7 \cdot [P(Z=1)]^3 = \binom{10}{3} \cdot 0{,}8^7 \cdot 0{,}2^3 = 20{,}13\ldots \approx 20{,}1\,\%$

3. $P(\{\text{gleiche Farben}\}) = P(\{rr\}) + P(\{gg\}) = 0{,}02 + 0{,}12 = 0{,}14$ (vgl. 1. b))
   $P(\{\text{rot und grün}\}) = P(\{rg\}) + P(\{gr\}) = 0{,}03 + 0{,}08 = 0{,}11$
   $P(\{\text{andere Fälle}\}) = 1 - (0{,}14 + 0{,}11) = 0{,}75$

   Ein Reingewinn von 6 DM kann auf 2 Arten erzielt werden:

   1. Möglichkeit:
   1. Spiel: anderer Fall
   2. Spiel: gleiche Farben $\Big\}$ $0{,}75 \cdot 0{,}14 = 0{,}105$

   2. Möglichkeit:
   1. Spiel: gleiche Farben
   2. Spiel: anderer Fall oder rot / grün $\Big\}$ $0{,}14 \cdot 0{,}86 = 0{,}1204$

   $P = 0{,}105 + 0{,}1204 = 0{,}2254 \approx 22{,}5\,\%$

   Für einen Reingewinn von 7 DM gilt:
   1. Spiel: rg bzw. gr
   2. Spiel: gleiche Farben $\Big\}$ $0{,}11 \cdot 0{,}14 = 0{,}0154 \approx 1{,}5\,\%$

4. a) Der Besitzer vermutet bei mehr als 20mal "schwarz" ein Typ-I-Gerät. Wir fragen, wie groß bei einer Stichprobenlänge von 50 die Wahrscheinlichkeit für Z > 20 ist, obwohl p nicht mehr 0,5, sondern 0,3 beträgt.

$$P_{0,3}^{50}(Z > 20) = 1 - P_{0,3}^{50}(Z \leq 20) = 1 - \sum_{i=0}^{20} B(50; 0,3; i)$$
$$\approx 4,8\,\% \quad \text{(Tabelle, kumulativ)}$$

b) $P_{0,5}^{50}(Z > k) = 1 - p_{0,5}^{50}(Z \leq k) > 0,98$

$P_{0,5}^{50}(Z \leq k) < 0,02 \Rightarrow \sum_{i=0}^{k} B(50; 0,5; i) < 0,02$

Tabelle, kumulativ $\Rightarrow$ k = 17

Grundkurs Mathematik: Abiturprüfung 1994
Infinitesimalrechnung I

Gegeben ist die Funktion

$$f : x \mapsto \ln \frac{x-3}{2x} \text{ mit maximalem Definitionsbereich } D_f.$$

Ihr Graph wird mit G_f bezeichnet.

1. a) Zeigen Sie: $D_f = \mathbb{R} \setminus [0;3]$. (5 BE)
   b) Untersuchen Sie das Verhalten von f an den Grenzen von D_f, und geben Sie die Gleichungen aller Geraden an, die Asymptoten von G_f sind. (5 BE)
   c) Bestimmen Sie die Nullstelle und das Monotonieverhalten von f.

   $\left[\text{zur Kontrolle: } f'(x) = \frac{3}{x^2 - 3x} \right]$ (6 BE)

   d) Untersuchen Sie das Krümmungsverhalten von G_f. (4 BE)
   e) Berechnen Sie $f(-5)$, $f(-1)$, $f(4)$ und $f(7)$ auf 2 Dezimalen gerundet, und zeichnen Sie G_f unter Verwendung der bisherigen Ergebnisse im Bereich $-5 \leq x \leq 7$ (Längeneinheit 1 cm). (5 BE)

2. a) Zeigen Sie, daß $F(x) = x \cdot \ln \frac{x-3}{2x} - 3\ln(3-x)$ im Bereich $x < 0$ eine Stammfunktion von f ist. (4 BE)
   b) Die Einschränkung von f auf $]-\infty; 0[$ ist umkehrbar. Zeichnen Sie den Graphen der zugehörigen Umkehrfunktion g in das Koordinatensystem von Teilaufgabe 1e ein. Geben Sie die Definitionsmenge von g an. (4 BE)
   c) Berechnen Sie mit Hilfe der Teilaufgaben 2a und 2b das vom Graphen von g, den Koordinatenachsen und der Geraden mit der Gleichung $x = \ln 2$ begrenzte Flächenstück. (7 BE)

   (40 BE)

Lösungen

1. a) Der Term $\ln \frac{x-3}{2x}$ ist genau dann definiert, wenn $\frac{x-3}{2x} > 0$ gilt. Dafür müssen aber Zähler und Nenner gleiche Vorzeichen aufweisen:

$$(x-3 > 0 \wedge 2x > 0) \vee (x-3 < 0 \wedge 2x < 0)$$
$$(x > 3 \wedge x > 0) \vee (x < 3 \wedge x < 0)$$
$$x > 3 \quad \vee \quad x < 0 \quad \Rightarrow \mathbb{D} = \mathbb{R} \setminus [0;3]$$

b) $\lim\limits_{x \to \pm\infty} \dfrac{x-3}{2x} = \lim\limits_{x \to \pm\infty} \dfrac{1-\frac{3}{x}}{2} = \dfrac{1}{2} \Rightarrow \lim\limits_{x \to \pm\infty} \ln\dfrac{x-3}{2x} = \ln\dfrac{1}{2} = -\ln 2$

$x \to 0_{-} \Rightarrow (x-3 \to -3 \wedge 2x \to -0) \Rightarrow \dfrac{x-3}{2x} \to +\infty \Rightarrow \lim\limits_{x \to 0_{-}} \ln\dfrac{x-3}{2x} = +\infty$

$x \to 3_{+} \Rightarrow (x-3 \to +0 \wedge 2x \to 6) \Rightarrow \dfrac{x-3}{2x} \to +0 \Rightarrow \lim\limits_{x \to 3+} \ln\dfrac{x-3}{2x} = -\infty$

Diesen Grenzwertbetrachtungen sind die Gleichungen der Asymptoten zu entnehmen:
waagrechte Asymptote: $y = -\ln 2$
senkrechte Asymptote: $x = 0$ sowie $x = 3$

c) Bedingung für die Nullstelle: $f(x) = 0$

$\ln\dfrac{x-3}{2x} = 0 \Leftrightarrow \dfrac{x-3}{2x} = 1 \Leftrightarrow x - 3 = 2x \Leftrightarrow x = -3$

Die 1. Ableitung gibt Aufschluß über das Monotonieverhalten.
Ketten- und Quotientenregel liefern:

$f'(x) = \dfrac{1}{\frac{x-3}{2x}} \cdot \dfrac{1 \cdot 2x - 2 \cdot (x-3)}{(2x)^2} = \dfrac{2x}{x-3} \cdot \dfrac{2x - 2x + 6}{4x^2}$

$= \dfrac{12x}{4x^2(x-3)} = \dfrac{3}{x(x-3)} = \dfrac{3}{x^2 - 3x}$

Die Funktion $f'(x)$ besitzt für $x = 0$ und $x = 3$ jeweils eine Unendlichkeitsstelle.
Wegen $\mathbb{D}_f = \mathbb{R} \setminus [0; 3]$ sind jetzt nur die Bereiche $]-\infty; 0[$ und $]3; \infty[$ zu betrachten.
Da im Zähler keine Veränderliche x auftritt, kann $f'(x)$ niemals den Wert Null annehmen, und daher kann sich auch das Monotonieverhalten von f innerhalb der betrachteten Bereiche nicht ändern.

Somit genügt es, jeweils einen x-Wert aus den beiden Bereichen in $f'(x)$ einzusetzen:

$]-\infty; 0[$: z. B. $f'(-1) = \dfrac{3}{(-1)^2 - 3 \cdot (-1)} = \dfrac{3}{4} > 0 \Rightarrow$ f ist streng monoton zunehmend.

$]3; \infty[$: z. B. $f'(4) = \dfrac{3}{4^2 - 3 \cdot 4} = \dfrac{3}{4} > 0 \Rightarrow$ f ist streng monoton zunehmend.

Somit wächst f streng monoton in $]-\infty; 0[$ und in $]3; \infty[$.

Es wäre jedoch falsch, zu behaupten, f wachse in $\mathbb{D}_f$ streng monoton. Wie den Grenzwertbetrachtungen zu entnehmen ist, geht f für $x \to 0_{-}$ bereits gegen $+\infty$, um dann für $x \to 3+$ von $-\infty$ zu kommen.
Die Angabe der strengen Monotonie gilt also nur für die beiden Teilbereiche, jedoch nicht für $\mathbb{D}_f$ insgesamt.

d) Zur Untersuchung des Krümmungsverhaltens dient die 2. Ableitung, die mit Hilfe der Quotientenregel ermittelt wird.

$f''(x) = \dfrac{0 \cdot (x^2 - 3x) - (2x - 3) \cdot 3}{[x(x-3)]^2} = \dfrac{-3(2x-3)}{x^2(x-3)^2} = \dfrac{9 - 6x}{x^4 - 6x^3 + 9x^2}$

$f''(x) = 0$ für $-3(2x-3) = 0 \Leftrightarrow 2x - 3 = 0 \Leftrightarrow x = 1{,}5$

Da $x = 1{,}5 \notin \mathbb{D}_f$, kann sich das Krümmungsverhalten von G_f innerhalb der Bereiche $]-\infty;\,0[$ bzw. $]3;\,\infty[$ nicht ändern.

Somit genügt es auch hier, jeweils einen x-Wert aus den beiden Bereichen in $f''(x)$ einzusetzen:

$-\infty < x < 0$: z. B. $f''(-1) = \dfrac{-3(2\cdot(-1)-3)}{(-1)^2((-1)-3)^2} = \dfrac{15}{16} > 0 \Rightarrow G_f$ ist linksgekrümmt.

$3 < x < \infty$: z. B. $f''(4) = \dfrac{-3(2\cdot 4 - 3)}{4^2(4-3)^2} = -\dfrac{15}{16} < 0 \Rightarrow G_f$ ist rechtsgekrümmt.

e) $f(-5) = \ln\dfrac{(-5)-3}{2\cdot(-5)} = \ln\dfrac{8}{10} = -0{,}2231\ldots \approx -0{,}22$

$f(-1) = \ln\dfrac{(-1)-3}{2\cdot(-1)} = \ln\dfrac{4}{2} = 0{,}6931\ldots \approx 0{,}69$

$f(4) = \ln\dfrac{4-3}{2\cdot 4} = \ln\dfrac{1}{8} = -2{,}0794\ldots \approx -2{,}08$

$f(7) = \ln\dfrac{7-3}{2\cdot 7} = \ln\dfrac{4}{14} = -1{,}2527\ldots \approx -1{,}25$

Zeichnung von G_f vgl. Aufgabe 2b.

2. a) Zu zeigen: $F'(x) = f(x)$

Mit Hilfe von Produkt-, Quotienten- und Kettenregel wird

$F(x) = x \cdot \ln\dfrac{x-3}{2x} - 3\ln(3-x)$ differenziert.

Dabei wird das Ergebnis von Aufgabe 1c $\left(f'(x) = \dfrac{3}{x^2 - 3x}\right)$ mitverwendet.

$F'(x) = 1 \cdot \ln\dfrac{x-3}{2x} + x \cdot \dfrac{3}{x^2 - 3x} - 3 \cdot \dfrac{1}{3-x}\cdot(-1)$

$= \ln\dfrac{x-3}{2x} + \dfrac{3x}{x(x-3)} - \dfrac{3}{(3-x)\cdot(-1)}$

$= \ln\dfrac{x-3}{2x} + \dfrac{3}{x-3} - \dfrac{3}{x-3} = \ln\dfrac{x-3}{2x} = f(x)$

b) Rechnerisch ergibt sich:

(1) $\mathbb{D}_f^* = \,]-\infty;\,0[\, = \mathbb{W}_g$ und $\mathbb{W}_f^* = \,]-\ln 2;\,+\infty[\, = \mathbb{D}_g$

(2) $f: y = \ln\dfrac{x-3}{2x} \Rightarrow g: x = \ln\dfrac{y-3}{2y}$

$\Leftrightarrow e^x = \dfrac{y-3}{2y} \quad \Leftrightarrow 2y\cdot e^x = y - 3$

$\Leftrightarrow 2y\cdot e^x - y = -3 \Leftrightarrow y(2e^x - 1) = -3$

$\Leftrightarrow y = \dfrac{-3}{2e^x - 1} \quad \Leftrightarrow y = \dfrac{3}{1 - 2e^x}$

Grafisch (und nur das ist hier gefordert!) ergibt sich der Graph von g durch Spiegelung des linken Astes von G_f an der Winkelhalbierenden des 1. und 3. Quadranten.

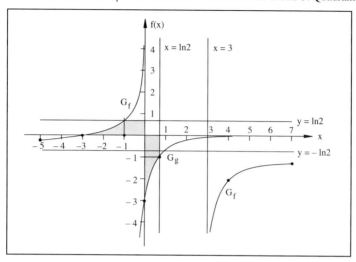

c) Da der Graph der Umkehrfunktion durch Spiegelung an der Geraden $y = x$ hervorgeht, spiegelt man das betrachtete Flächenstück wieder zurück. So läßt sich das Ergebnis von Aufgabe 2a verwenden. Dabei geht die Gerade $x = \ln 2$ über in die Gerade $y = \ln 2$. Zunächst wird jetzt der Schnittpunkt von G_f mit der Geraden $y = \ln 2$ bestimmt:

$\ln \dfrac{x-3}{2x} = \ln 2$ und damit $\dfrac{x-3}{2x} = 2$

$x - 3 = 4x \Leftrightarrow -1 = x$

Das betrachtete Flächenstück wird nun aufgeteilt in zwei Teilflächen, und zwar von $x = -3$ (Nullstelle) bis $x = -1$ und dann weiter bis $x = 0$.

$A = A_1 + A_2 = \displaystyle\int_{-3}^{-1} \ln \dfrac{x-3}{2x}\, dx + \ln 2 \cdot (0 - (-1))$

$= \left[x \cdot \ln \dfrac{x-3}{2x} - 3\ln(3-x) \right]_{-3}^{-1} + \ln 2$

$= (-1) \cdot \ln \dfrac{(-1)-3}{2 \cdot (-1)} - 3 \cdot \ln(3-(-1)) - (-3) \cdot \ln \dfrac{(-3)-3}{2 \cdot (-3)} + 3\ln(3-(-3)) + \ln 2$

$= -\ln 2 - 3\ln 4 + 3\ln 1 + 3\ln 6 + \ln 2 = -3\ln 2^2 + 3 \cdot 0 + 3 \cdot \ln(2 \cdot 3)$

$= -6\ln 2 + 3(\ln 2 + \ln 3) = -6\ln 2 + 3\ln 2 + 3\ln 3$

$= -3\ln 2 + 3\ln 3 = 3(\ln 3 - \ln 2) = 3 \cdot \ln \dfrac{3}{2}$

Grundkurs Mathematik: Abiturprüfung 1994
Infinitesimalrechnung II

Gegeben ist die Funktion
$$f: x \mapsto (1-x^2) e^{\frac{1}{2}(3-x^2)} \text{ mit } D_f = \mathbb{R}.$$
Ihr Graph wird mit G_f bezeichnet.

1. a) Untersuchen Sie G_f auf Symmetrie, ermitteln Sie die Nullstellen von f, und bestimmen Sie das Verhalten von f für $|x| \to \infty$.
   (Hinweis: $\lim_{x \to \infty} x^n \cdot e^{-\frac{1}{2}x^2} = 0$ für $n \in \mathbb{N}$ darf ohne Beweis verwendet werden.) (5 BE)

   b) Ermitteln Sie das Monotonieverhalten von f, und geben Sie Art und Lage der Extrempunkte von G_f an.
   $\left[\text{zur Kontrolle: } f'(x) = (x^3 - 3x) e^{\frac{1}{2}(3-x^2)} \right]$ (10 BE)

   c) Zeichnen Sie G_f unter Verwendung der bisherigen Ergebnisse und der Funktionswerte f(3) und f(4) im Bereich $-4 \le x \le 4$ (Längeneinheit 2 cm). (6 BE)

   d) Die Schnittpunkte von G_f mit der x-Achse und ein weiterer, beliebiger Punkt P des Graphen von f bestimmen ein Dreieck. Ermitteln Sie unter Verwendung der bisherigen Ergebnisse den Punkt P, für den das Dreieck maximalen Flächeninhalt besitzt. Geben Sie auch diesen Inhalt an. (4 BE)

2. a) Weisen Sie nach, daß die Funktion $F: x \mapsto xe^{\frac{1}{2}(3-x^2)}$ mit $D_F = \mathbb{R}$ die integralfreie Darstellung von $\int_0^x f(t)\, dt$ ist. (4 BE)

   b) Bestimmen Sie unter Verwendung bisheriger Ergebnisse die Koordinaten der Extrem- und Wendepunkte von F. (5 BE)

   c) Bestimmen Sie $\lim_{x \to \infty} F(x)$.
   Was bedeutet das Ergebnis geometrisch-anschaulich? (6 BE)
   (40 BE)

Lösungen

1. a) $f(x) = (1-x^2) \cdot e^{\frac{1}{2}(3-x^2)}$

$f(-x) = (1-(-x)^2) \cdot e^{\frac{1}{2}(3-(-x)^2)} = (1-x^2) \cdot e^{\frac{1}{2}(3-x^2)} \Bigg\} \Rightarrow$

$\Rightarrow f(x) = f(-x) \Rightarrow G_f$ ist achsensymmetrisch

Bedingung für die Nullstellen: $f(x) = 0$, also

$(1-x^2) \cdot e^{\frac{1}{2}(3-x^2)} = 0$

Wegen $e^{\frac{1}{2}(3-x^2)} \neq 0$ ist $f(x) = 0$, wenn $(1-x^2) = 0$.
Das ist für $x = -1$ oder $x = 1$ der Fall.

Aus $f(x) = e^{\frac{1}{2}(3-x^2)} - x^2 \cdot e^{\frac{1}{2}\cdot 3} \cdot e^{-\frac{1}{2}x^2} = e^{\frac{1}{2}(3-x^2)} - e^{\frac{3}{2}} \cdot \left(x^2 \cdot e^{-\frac{1}{2}x^2}\right)$ folgt

$\lim\limits_{|x| \to \infty} f(x) = \lim\limits_{|x| \to \infty} e^{\frac{1}{2}(3-x^2)} - \lim\limits_{|x| \to \infty} e^{\frac{3}{2}} \cdot \lim\limits_{|x| \to \infty} x^2 e^{-\frac{x^2}{2}}$

$\qquad\qquad = \quad 0 \quad - \quad e^{\frac{3}{2}} \cdot \quad 0 \quad = 0$

b) Aufschluß über das Monotonieverhalten gibt die 1. Ableitung.
Produkt- und Kettenregel liefern:

$f'(x) = (-2x) \cdot e^{\frac{1}{2}(3-x^2)} + (1-x^2) \cdot (-x) \cdot e^{\frac{1}{2}(3-x^2)}$

$\qquad = -2x \cdot e^{\frac{1}{2}(3-x^2)} - x \cdot e^{\frac{1}{2}(3-x^2)} + x^3 \cdot e^{\frac{1}{2}(3-x^2)}$

$\qquad = (x^3 - 3x) \cdot e^{\frac{1}{2}(3-x^2)}$

Da die Exponentialfunktion nicht Null werden kann, gilt $f'(x) = 0$ genau dann, wenn $x^3 - 3x = 0$.

$x^3 - 3x = x(x^2 - 3) = x(x + \sqrt{3})(x - \sqrt{3}) = 0$ für $x = -\sqrt{3} \lor x = 0 \lor x = +\sqrt{3}$

Damit sind folgende Intervalle zu betrachten, wobei aus jedem Intervall ein beliebiger Wert in f'(x) eingesetzt wird:

$-\infty < x < -\sqrt{3}$: $f'(-2) = ((-2)^3 - 3\cdot(-2)) \cdot e^{\frac{1}{2}(3-(-2)^2)} \approx -1,21 < 0$

$\Rightarrow$ f ist streng monoton abnehmend

$-\sqrt{3} < x < 0$: $f'(-1) = ((-1)^3 - 3\cdot(-1)) \cdot e^{\frac{1}{2}(3-(-1)^2)} \approx 5,44 > 0$

$\Rightarrow$ f ist streng monoton zunehmend

$0 < x < \sqrt{3}$: $f'(1) = (1^3 - 3\cdot 1) \cdot e^{\frac{1}{2}(3-1^2)} \approx -5,44 < 0$

$\Rightarrow$ f ist streng monoton abnehmend

$\sqrt{3} < x < +\infty$: $f'(2) = (2^3 - 3\cdot 2) \cdot e^{\frac{1}{2}(3-2^2)} \approx 1,21 > 0$

$\Rightarrow$ f ist streng monoton zunehmend

Aus dem Wechsel der Monotonie ergeben sich dann auch die Arten der Extrempunkte.
Setzt man die x-Werte noch in f(x) ein, so erhält man die y-Koordinaten:

$\left(-\sqrt{3}; -2\right)$ Tiefpunkt

$\left(0; e^{1,5}\right)$ Hochpunkt

$\left(\sqrt{3}; -2\right)$ Tiefpunkt

c) $f(3) = (1-3^2) \cdot e^{\frac{1}{2}(3-3^2)} \approx -0,40$

$f(4) = (1-4^2) \cdot e^{\frac{1}{2}(3-4^2)} \approx -0,02$

(Hinweis: Aus Platzgründen wurden die Längeneinheiten in der nebenstehenden Abbildung verkürzt.)

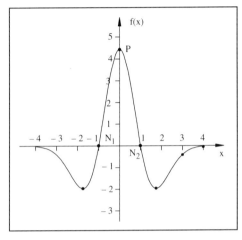

d) Aus der Elementargeometrie ist bekannt, daß Dreiecke mit gemeinsamer Grundlinie und gleicher Höhe gleichen Flächeninhalt besitzen. Also hat das Dreieck mit der größtmöglichen Höhe auch den größten Flächeninhalt. Dieses Dreieck hat dann seine Spitze im Hochpunkt.

Daher gilt:

$A = \frac{1}{2} \overline{N_1 N_2} \cdot y_0 = \frac{1}{2} \cdot 2 \cdot e^{1,5} = e^{1,5}$

2. a) Zu zeigen: $F'(x) = f(x)$

Mit Hilfe von Produkt- und Kettenregel wird $F(x) = x \cdot e^{\frac{1}{2}(3-x^2)}$ differenziert:

$F'(x) = 1 \cdot e^{\frac{1}{2}(3-x^2)} + x \cdot (-x) \cdot e^{\frac{1}{2}(3-x^2)} = (1-x^2) \cdot e^{\frac{1}{2}(3-x^2)} = f(x)$

Somit ist F(x) eine Stammfunktion von f(x) und daher nur bis auf eine additive Konstante bestimmt. Um sicherzustellen, daß F(x) auch Integralfunktion ist, muß noch überprüft werden:

da $\int_0^0 f(t)\,dt = 0$ ist, muß auch $F(0) = 0$ sein:

$F(0) = 0 \cdot e^{\frac{1}{2}(3-0^2)} = 0.$

b) Die x-Koordinaten der Extrempunkte von F(x) müssen einfache (genauer: ungeradzahlig vielfache) Nullstellen von F'(x) = f(x) sein, also x = −1 oder x = 1.
Einsetzen dieser beiden Werte in F(x), also F(−1) = −e und F(1) = e liefert die beiden Extrempunkte (−1; −e) bzw. (1; e).
Die x-Werte der Wendepunkte von F(x) müssen die Nullstellen von F''(x) = f'(x) sein und x-Werte der Extrempunkte von G_f, also

$x = -\sqrt{3}$ oder $x = 0$ oder $x = \sqrt{3}$.

Einsetzen dieser Werte in F(x), also $F(-\sqrt{3}) = -\sqrt{3}$, $F(0) = 0$ und $F(\sqrt{3}) = \sqrt{3}$
liefert die gesuchten Wendepunkte $(-\sqrt{3}; -\sqrt{3})$ bzw. (0; 0) bzw. $(\sqrt{3}; \sqrt{3})$.

c) $\lim\limits_{x \to \infty} F(x) = \lim\limits_{x \to \infty} \left[x \cdot e^{\frac{1}{2}(3-x^2)} \right]$

$= \lim\limits_{x \to \infty} \left[x \cdot e^{\frac{3}{2}} \cdot e^{-\frac{x^2}{2}} \right] = \lim\limits_{x \to \infty} e^{\frac{3}{2}} \cdot \lim\limits_{x \to \infty} x \cdot e^{-\frac{x^2}{2}} = e^{\frac{3}{2}} \cdot 0 = 0$

Wegen $\lim\limits_{x \to \infty} F(x) = \lim\limits_{x \to \infty} \int_0^x f(t)\,dt = 0$ sind die beiden Flächenstücke von 0 bis N_2 und von N_2 bis ∞ gleich groß.

Ihr Inhalt beträgt $I = \int_0^1 f(x)\,dx = F(1) = e$.

Grundkurs Mathematik: Abiturprüfung 1994
Analytische Geometrie III

In einem kartesischen Koordinatensystem sind die Gerade g durch den Punkt

A(–1 | 1 | 1) und den Richtungsvektor $\vec{v} = \begin{pmatrix} 2 \\ -1 \\ 2 \end{pmatrix}$

sowie die Gerade h durch die Punkte B(0 | 3 | 3) und C(2 | 2 | 5) gegeben.

1. a) Zeigen Sie, daß die Geraden g und h eine Ebene E eindeutig bestimmen. (3 BE)
   b) Ermitteln Sie eine Gleichung dieser Ebene in Normalenform.
   [mögliches Ergebnis: E: $6x_1 + 2x_2 - 5x_3 + 9 = 0$] (5 BE)

2. a) Bestimmen Sie die Punkte auf g, die von A die Entfernung 3 besitzen. (4 BE)
   b) Begründen Sie, daß das Viereck ABCD mit D(1 | 0 | 3) eine Raute ist, und berechnen Sie dessen Flächeninhalt I.
   (Hinweis: Die Diagonalen einer Raute stehen aufeinander senkrecht und halbieren sich gegenseitig.)
   $\left[\text{zur Kontrolle: } I = \sqrt{65}\right]$ (7 BE)

3. a) Vom Punkt S(11 | 5 | 4) wird das Lot auf E gefällt, es trifft E im Punkt F. Berechnen Sie die Koordinaten von F.
   [zur Kontrolle: F(5 | 3 | 9)] (5 BE)
   b) Berechnen Sie das Volumen der Pyramide ABCDS. (3 BE)
   c) Zeigen Sie, daß F auf der Geraden AC liegt. In welchem Verhältnis teilt F die Strecke [AC]? (4 BE)
   d) Fertigen Sie eine Skizze an, aus der die Lagebeziehungen aller vorkommenden geometrischen Elemente hervorgehen. (5 BE)
   e) Begründen Sie, daß die Pyramide ABFDS den doppelten Rauminhalt wie die Pyramide ABCDS aus Teilaufgabe 3 b besitzt. (4 BE)
   (40 BE)

Lösungen

1. a) Die Geraden g und h haben die Gleichungen:

$$g: \vec{x} = \vec{a} + \lambda \cdot \vec{v} = \begin{pmatrix} -1 \\ 1 \\ 1 \end{pmatrix} + \lambda \cdot \begin{pmatrix} 2 \\ -1 \\ 2 \end{pmatrix}$$

$$h: \vec{x} = \vec{b} + \mu \cdot (\vec{c} - \vec{b}) = \begin{pmatrix} 0 \\ 3 \\ 3 \end{pmatrix} + \mu \cdot \begin{pmatrix} 2-0 \\ 2-3 \\ 5-3 \end{pmatrix} = \begin{pmatrix} 0 \\ 3 \\ 3 \end{pmatrix} + \mu \cdot \begin{pmatrix} 2 \\ -1 \\ 2 \end{pmatrix}$$

Da die beiden Geraden gleiche Richtungsvektoren besitzen, sind sie entweder parallel oder identisch.
Damit bleibt noch zu zeigen: z. B. B $\notin$ g, d. h., die Koordinaten von B werden in die Geradengleichung von g eingesetzt:

$$\left. \begin{array}{l} 0 = -1 + 2\lambda \Leftrightarrow \lambda = \dfrac{1}{2} \\ 3 = 1 - \lambda \Leftrightarrow \lambda = -2 \\ 3 = 1 + 2\lambda \Leftrightarrow \lambda = +1 \end{array} \right\} \Rightarrow \text{Widerspruch} \Rightarrow B \notin g.$$

Damit sind g und h parallel, bestimmen also eindeutig eine Ebene E.

b) Der Normalenvektor $\vec{n}$ der Ebene E muß auf zwei Vektoren, die in E liegen, senkrecht stehen, so z. B. auf dem Richtungsvektor $\vec{v}$ der Geraden g bzw. h und dem Vektor

$\overrightarrow{AB} = \begin{pmatrix} 0 \\ 3 \\ 3 \end{pmatrix} - \begin{pmatrix} -1 \\ 1 \\ 1 \end{pmatrix} = \begin{pmatrix} 1 \\ 2 \\ 2 \end{pmatrix}$. Damit muß gelten: $\vec{n} \cdot \vec{v} = 0$ und $\vec{n} \cdot \overrightarrow{AB} = 0$.

$$\begin{pmatrix} n_1 \\ n_2 \\ n_3 \end{pmatrix} \cdot \begin{pmatrix} 2 \\ -1 \\ 2 \end{pmatrix} = 0 \Leftrightarrow 2n_1 - n_2 + 2n_3 = 0 \quad \text{(I)}$$

$$\begin{pmatrix} n_1 \\ n_2 \\ n_3 \end{pmatrix} \cdot \begin{pmatrix} 1 \\ 2 \\ 2 \end{pmatrix} = 0 \Leftrightarrow n_1 + 2n_2 + 2n_3 = 0 \quad \text{(II)}$$

(I) − (II): $n_1 - 3n_2 = 0 \Leftrightarrow n_1 = 3n_2$

in (I): $2 \cdot (3n_2) - n_2 + 2n_3 = 0$

$5n_2 + 2n_3 = 0 \Leftrightarrow n_2 = -\dfrac{2}{5}n_3$ und $n_1 = 3n_2 = -\dfrac{6}{5}n_3$

Wählen wir jetzt für $n_3 = -5$, so erhalten wir $n_2 = 2$ und $n_1 = 6$.

Ein möglicher Normalenvektor ist damit $\vec{n} = \begin{pmatrix} 6 \\ 2 \\ -5 \end{pmatrix}$,

die zugehörige Normalform lautet damit:

$$\begin{pmatrix} 6 \\ 2 \\ -5 \end{pmatrix} \cdot \left[\begin{pmatrix} x_1 \\ x_2 \\ x_3 \end{pmatrix} - \begin{pmatrix} -1 \\ 1 \\ 1 \end{pmatrix} \right] = 0 \text{ oder: } 6x_1 + 2x_2 - 5x_3 + 9 = 0$$

2. a) Um die beiden Punkte P und Q auf g mit der Entfernung 3 von A zu erhalten, setzen wir für $\lambda = \pm 3$ und benutzen den Richtungseinheitsvektor:

$$P: \vec{p} = \begin{pmatrix} -1 \\ 1 \\ 1 \end{pmatrix} + 3 \cdot \frac{1}{3} \cdot \begin{pmatrix} 2 \\ -1 \\ 2 \end{pmatrix} = \begin{pmatrix} 1 \\ 0 \\ 3 \end{pmatrix} \Rightarrow P(1 \mid 0 \mid 3)$$

$$Q: \vec{q} = \begin{pmatrix} -1 \\ 1 \\ 1 \end{pmatrix} - 3 \cdot \frac{1}{3} \cdot \begin{pmatrix} 2 \\ -1 \\ 2 \end{pmatrix} = \begin{pmatrix} -3 \\ 2 \\ -1 \end{pmatrix} \Rightarrow Q(-3 \mid 2 \mid -1)$$

b) Bezugnehmend auf den in der Aufgabenstellung gegebenen Hinweis bilden wir die Diagonalvektoren $\overrightarrow{AC}$ und $\overrightarrow{BD}$ und weisen zunächst nach, daß sie aufeinander senkrecht stehen: $\overrightarrow{AC} \cdot \overrightarrow{BD} = 0$

$$\overrightarrow{AC} = \begin{pmatrix} 2-(-1) \\ 2-1 \\ 5-1 \end{pmatrix} = \begin{pmatrix} 3 \\ 1 \\ 4 \end{pmatrix} \text{ und } \overrightarrow{BD} = \begin{pmatrix} 1-0 \\ 0-3 \\ 3-3 \end{pmatrix} = \begin{pmatrix} 1 \\ -3 \\ 0 \end{pmatrix}$$

$$\overrightarrow{AC} \cdot \overrightarrow{BD} = 3 \cdot 1 + 1 \cdot (-3) + 4 \cdot 0 = 0$$

Nun vergleichen wir die Mittelpunkte der Strecken [AC] und [BD] miteinander:

$$\frac{\vec{a}+\vec{c}}{2} \overset{?}{=} \frac{\vec{b}+\vec{d}}{2}$$

$$\frac{\begin{pmatrix} -1 \\ 1 \\ 1 \end{pmatrix} + \begin{pmatrix} 2 \\ 2 \\ 5 \end{pmatrix}}{2} = \begin{pmatrix} 0,5 \\ 1,5 \\ 3 \end{pmatrix} = \frac{\begin{pmatrix} 0 \\ 3 \\ 3 \end{pmatrix} + \begin{pmatrix} 1 \\ 0 \\ 3 \end{pmatrix}}{2}$$

Damit ist gezeigt, daß sich die Diagonalen gegenseitig halbieren. Da sie, wie oben nachgewiesen, auch aufeinander senkrecht stehen, ist also das Viereck ABCD eine Raute. Die Raute hat vier gleich lange Seiten; daher besteht ihre Fläche aus vier kongruenten rechtwinkligen Dreiecken. Die Fläche eines solchen Dreiecks errechnet sich daher aus:

$$I_\Delta = \frac{1}{2} \cdot \frac{|\overrightarrow{AC}|}{2} \cdot \frac{|\overrightarrow{BD}|}{2}$$

$$I_{Raute} = 4 \cdot I_\Delta = 4 \cdot \frac{1}{2} \cdot \frac{|\overrightarrow{AC}|}{2} \cdot \frac{|\overrightarrow{BD}|}{2} = \frac{1}{2}|\overrightarrow{AC}| \cdot |\overrightarrow{BD}|$$

$$= \frac{1}{2} \cdot \left|\begin{pmatrix} 2-(-1) \\ 2-1 \\ 5-1 \end{pmatrix}\right| \cdot \left|\begin{pmatrix} 1-0 \\ 0-3 \\ 3-3 \end{pmatrix}\right| = \frac{1}{2} \cdot \sqrt{3^2 + 1^2 + 4^2} \cdot \sqrt{1^2 + (-3)^2 + 0^2}$$

$$= \frac{1}{2} \cdot \sqrt{26} \cdot \sqrt{10} = \sqrt{65}$$

3. a) Um den Lotfußpunkt zu bestimmen, stellen wir zunächst die Lotgerade l zu E durch S auf.

$$l: \vec{x} = \vec{s} + \sigma \cdot \vec{n} = \begin{pmatrix} 11 \\ 5 \\ 4 \end{pmatrix} + \sigma \cdot \begin{pmatrix} 6 \\ 2 \\ -5 \end{pmatrix}$$

Diese Lotgerade l schneiden wir mit der Ebene E, indem wir die Geradengleichung von l in die Normalenform von E einsetzen:

$$6 \cdot (11 + 6\sigma) + 2 \cdot (5 + 2\sigma) - 5 \cdot (4 - 5\sigma) + 9 = 0$$
$$66 + 36\sigma + 10 + 4\sigma - 20 + 25\sigma + 9 = 0$$
$$65 + 65\sigma = 0$$
$$65\sigma = -65$$
$$\sigma = -1$$

in l eingesetzt:

$$l: \vec{f} = \begin{pmatrix} 11 \\ 5 \\ 4 \end{pmatrix} + (-1) \cdot \begin{pmatrix} 6 \\ 2 \\ -5 \end{pmatrix} = \begin{pmatrix} 5 \\ 3 \\ 9 \end{pmatrix} \Rightarrow F(5|3|9)$$

b) $V = \frac{1}{3} \cdot G \cdot h$

Dabei ist G die Fläche der Raute als Grundfläche, h ist der Abstand $\overline{SF}$.

$$\overrightarrow{SF} = \begin{pmatrix} 5-11 \\ 3-5 \\ 9-4 \end{pmatrix} = \begin{pmatrix} -6 \\ -2 \\ 5 \end{pmatrix} \Rightarrow |\overrightarrow{SF}| = \sqrt{(-6)^2 + (-2)^2 + 5^2} = \sqrt{65} = \overline{SF}$$

$$V = \frac{1}{3} \cdot \sqrt{65} \cdot \sqrt{65} = \frac{65}{3} = 21\frac{2}{3}$$

c) Die Gerade s durch A und C ergibt sich zu

$$s: \vec{x} = \vec{a} + \rho(\vec{c} - \vec{a}) = \begin{pmatrix} -1 \\ 1 \\ 1 \end{pmatrix} + \rho \begin{pmatrix} 2-(-1) \\ 2-1 \\ 5-1 \end{pmatrix} = \begin{pmatrix} -1 \\ 1 \\ 1 \end{pmatrix} + \rho \begin{pmatrix} 3 \\ 1 \\ 4 \end{pmatrix}$$

Zu zeigen: F ∈ s (AC)
Dazu setzen wir die Koordinaten von F in die Geradengleichung von s ein.

$$s: \begin{pmatrix} 5 \\ 3 \\ 9 \end{pmatrix} = \begin{pmatrix} -1 \\ 1 \\ 1 \end{pmatrix} + \rho \cdot \begin{pmatrix} 3 \\ 1 \\ 4 \end{pmatrix} \Leftrightarrow \begin{cases} 5 = -1 + 3\rho & \Leftrightarrow \rho = 2 \\ 3 = 1 + \rho & \Leftrightarrow \rho = 2 \\ 9 = 1 + 4\rho & \Leftrightarrow \rho = 2 \end{cases} \Rightarrow F \in s\,(AC)$$

Für das Teilverhältnis τ gilt: $\overrightarrow{AF} = \tau \cdot \overrightarrow{FC}$.

Daraus ergibt sich koordinatenweise:

$$\tau = \frac{f_1 - a_1}{c_1 - f_1} = \frac{f_2 - a_2}{c_2 - f_2} = \frac{f_3 - a_3}{c_3 - f_3}$$

$$\tau = \frac{5-(-1)}{2-5} = \frac{3-1}{2-3} = \frac{9-1}{5-9} = -2$$

Geometrisch bedeutet dies, daß F wegen $\tau < 0$ äußerer Teilpunkt und $\overline{AF} = 2 \cdot \overline{AC}$, d. h.: $\overrightarrow{AF} = 2 \cdot \overrightarrow{AC}$ ist.

d)

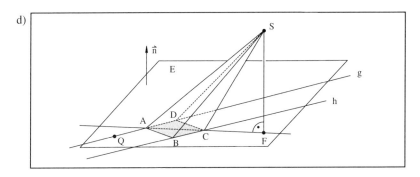

e) V_{ABFDS} errechnet sich zu $\frac{1}{3} \cdot G' \cdot h$.

h ist $\overline{FS}$. Die Grundfläche G' besteht aus zwei kongruenten Dreiecken. Eines davon ist ΔABF, dessen Flächeninhalt sich aus $\frac{1}{2} \cdot \overline{AF} \cdot \frac{\overline{BD}}{2} = \frac{1}{4} \overline{AF} \cdot \overline{BD}$ errechnet.

Wegen $\overline{AF} = 2 \cdot \overline{AC}$ gilt: $I_\Delta = \frac{1}{4} \cdot 2 \cdot \overline{AC} \cdot \overline{BD}$.

Damit ergibt sich für die Grundfläche $G' = 2 \cdot I_\Delta = \overline{AC} \cdot \overline{BD}$

Das ist aber die doppelte Fläche der Raute.

Da die Höhe beider Pyramiden gleich ist, gilt

$$V_{ABFDS} = \frac{1}{3} G' \cdot h = \frac{1}{3} \cdot 2 I_{Raute} \cdot h = 2 \cdot \frac{1}{3} \cdot I_{Raute} \cdot h = 2 \cdot V_{ABCDS}$$

Grundkurs Mathematik: Abiturprüfung 1994
Analytische Geometrie IV

In einem kartesischen Koordinatensystem bestimmen die Punkte A(–5 | –5 | –1) und B(–2 | –9 | –1) die Gerade g und die Punkte C(0 | 5 | 3) und D(–3 | 9 | 3) die Gerade h.

1. a) Zeigen Sie, daß die Punkte A, B, C und D die Ecken eines Parallelogramms sind. (3 BE)
   b) Weisen Sie nach, daß das Parallelogramm ABCD kein Rechteck ist. (2 BE)
   c) Berechnen Sie eine Normalform der Ebene E, die auf der Geraden g senkrecht steht und den Punkt D enthält.
   [mögliches Ergebnis: E: $3x_1 - 4x_2 + 45 = 0$] (4 BE)
   d) Bestimmen Sie den Schnittpunkt P der Geraden g mit der Ebene E aus Teilaufgabe 1c. Begründen Sie, ob P auf Strecke [AB] liegt.
   [zur Kontrolle: P(–11 | 3 | –1)] (6 BE)
   e) Legen Sie eine Skizze an, aus der die Lagebeziehungen der gegebenen Punkte und der Ebene E hervorgehen. (4 BE)

2. a) Berechnen Sie den Abstand der Geraden g und h. (3 BE)
   b) Zeigen Sie, daß das Lot vom Punkt S(3 | 1 | –26) auf die durch das Parallelogramm ABCD festgelegte Ebene den Punkt A enthält.
   Berechnen Sie das Volumen der Pyramide ABCDS. (7 BE)

3. Durch die Punkte B und C wird eine weitere Gerade k festgelegt. k' ist diejenige Gerade, die zur Geraden k spiegelbildlich bezüglich der Ebene E aus Teilaufgabe 1c liegt.

   a) Ergänzen Sie die Skizze von Teilaufgabe 1e entsprechend, und bestimmen Sie eine Gleichung der Geraden k'. (6 BE)
   b) Berechnen Sie den Flächeninhalt des Dreiecks, das von den Geraden g, k und k' begrenzt wird. (5 BE)

   (40 BE)

Lösungen

1. a) Zu zeigen: $\vec{AB} = \vec{DC}$ und $\vec{AB} \neq \vec{AD}$

$$\vec{AB} = \begin{pmatrix} -2-(-5) \\ -9-(-5) \\ -1-(-1) \end{pmatrix} = \begin{pmatrix} 3 \\ -4 \\ 0 \end{pmatrix} = \begin{pmatrix} 0-(-3) \\ 5-9 \\ 3-3 \end{pmatrix} = \vec{DC}$$

$$\vec{AD} = \begin{pmatrix} -3-(-5) \\ 9-(-5) \\ 3-(-1) \end{pmatrix} = \begin{pmatrix} 2 \\ 14 \\ 4 \end{pmatrix} \neq \vec{AB}$$

b) $\overrightarrow{AB} \cdot \overrightarrow{AD} = \begin{pmatrix} 3 \\ -4 \\ 0 \end{pmatrix} \cdot \begin{pmatrix} 2 \\ 14 \\ 4 \end{pmatrix} = 3 \cdot 2 - 4 \cdot 14 + 0 \cdot 4 = -50 \neq 0$

$\overrightarrow{AB}$ und $\overrightarrow{AD}$ stehen somit nicht aufeinander senkrecht, also ist das Paralellogramm ABCD kein Rechteck.

c) Zunächst bestimmen wir die Gleichung der Geraden g.

$g: \vec{x} = \vec{a} + \lambda \cdot \overrightarrow{AB} = \begin{pmatrix} -5 \\ -5 \\ -1 \end{pmatrix} + \lambda \cdot \begin{pmatrix} 3 \\ -4 \\ 0 \end{pmatrix}$

Der Richtungsvektor von g ist der Normalenvektor $\vec{u}$ von E.
Dann lautet eine Normalenform von E:

$\vec{u} \cdot (\vec{x} - \vec{d}) = 0$, also $\begin{pmatrix} 3 \\ -4 \\ 0 \end{pmatrix} \cdot \left[\begin{pmatrix} x_1 \\ x_2 \\ x_3 \end{pmatrix} - \begin{pmatrix} -3 \\ 9 \\ 3 \end{pmatrix} \right] = 0$ oder $3x_1 - 4x_2 + 45 = 0$

d) Um den Schnittpunkt P zu bestimmen, setzen wir die Geradengleichung von g in die Normalenform von E ein.

$3(-5 + 3\lambda) - 4 \cdot ((-5) - 4\lambda) + 45 = 0$
$-15 + 9\lambda + 20 + 16\lambda + 45 = 0$
$50 + 25\lambda = 0$
$25\lambda = -50$
$\lambda = -2$

in die Geradengleichung von g eingesetzt:

$g: \vec{p} = \begin{pmatrix} -5 \\ -5 \\ -1 \end{pmatrix} + (-2) \cdot \begin{pmatrix} 3 \\ -4 \\ 0 \end{pmatrix} = \begin{pmatrix} -11 \\ 3 \\ -1 \end{pmatrix} \Rightarrow P(-11 \mid 3 \mid -1)$

Die Strecke [AB] wird beschrieben durch
$[AB]: \vec{x} = \vec{a} + \lambda \cdot \overrightarrow{AB}; \quad 0 \leq \lambda \leq 1$

Wir setzen P in die Geradengleichung von g ein und untersuchen, ob λ zwischen 0 und 1 liegt.

$\begin{pmatrix} -11 \\ 3 \\ -1 \end{pmatrix} = \begin{pmatrix} -5 \\ -5 \\ -1 \end{pmatrix} + \lambda \begin{pmatrix} 3 \\ -4 \\ 0 \end{pmatrix} \Leftrightarrow \left\{ \begin{array}{l} -11 = -5 + 3\lambda \Leftrightarrow \lambda = -2 \\ 3 = -5 - 4\lambda \Leftrightarrow \lambda = -2 \\ -1 = -1 \end{array} \right\} \Rightarrow P \notin [AB]$

Auch von der Berechnung der Koordinaten des Punktes P wissen wir, daß $\lambda = -2$ ist.

e) Siehe Aufgabe 3a.

2. a) Da g ∥ h und g ⊥ E gilt, ist auch h ⊥ E.
Die Punkte D und P sind die jeweiligen Durchstoßpunkte, so daß $\overline{PD}$ den Abstand der beiden Geraden g und h bedeutet.

$|\overrightarrow{PD}| = \left| \begin{pmatrix} -3 \\ 9 \\ 3 \end{pmatrix} - \begin{pmatrix} -11 \\ 3 \\ -1 \end{pmatrix} \right| = \left| \begin{pmatrix} 8 \\ 6 \\ 4 \end{pmatrix} \right| = \sqrt{8^2 + 6^2 + 4^2} = \sqrt{116} = 2\sqrt{29}$

b) Die Ebene des Parallelogramms ABCD enthält die Richtungsvektoren

$$\overrightarrow{AB} = \begin{pmatrix} 3 \\ -4 \\ 0 \end{pmatrix} \text{ und } \overrightarrow{AD} = \begin{pmatrix} 2 \\ 14 \\ 4 \end{pmatrix} = 2 \cdot \begin{pmatrix} 1 \\ 7 \\ 2 \end{pmatrix}$$

Der zu dieser Ebene gehörende Normalenvektor $\bar{n}$ muß die Bedingungen erfüllen:

$\bar{n} \cdot \overrightarrow{AB} = 0$ und $\bar{n} \cdot \overrightarrow{AD} = 0$

$$\begin{pmatrix} n_1 \\ n_2 \\ n_3 \end{pmatrix} \cdot \begin{pmatrix} 3 \\ -4 \\ 0 \end{pmatrix} = 0 \Leftrightarrow 3n_1 - 4n_2 = 0 \Leftrightarrow n_1 = \frac{4}{3} n_2 \quad \text{(I)}$$

$$\begin{pmatrix} n_1 \\ n_2 \\ n_3 \end{pmatrix} \cdot \begin{pmatrix} 1 \\ 7 \\ 2 \end{pmatrix} = 0 \Leftrightarrow n_1 + 7n_2 + 2n_3 = 0 \quad \text{(II)}$$

Setzen wir in (I) $n_2 = 3$, so ergibt sich $n_1 = 4$.
Aus (II) folgt dann $n_3 = -12{,}5$.

Ein möglicher Normalenvektor ist somit $\bar{n} = \begin{pmatrix} 4 \\ 3 \\ -12{,}5 \end{pmatrix}$

Die Lotgerade l durch S auf die Ebene von ABCD heißt dann:

$$l: \bar{x} = \bar{s} + \sigma \cdot \bar{n} = \begin{pmatrix} 3 \\ 1 \\ -26 \end{pmatrix} + \sigma \cdot \begin{pmatrix} 4 \\ 3 \\ -12{,}5 \end{pmatrix}$$

Um zu ermitteln, ob A auf l liegt, setzen wir die Koordinaten von A in die Gleichung von l ein:

$$\begin{pmatrix} -5 \\ -5 \\ -1 \end{pmatrix} = \begin{pmatrix} 3 \\ 1 \\ -26 \end{pmatrix} + \sigma \cdot \begin{pmatrix} 4 \\ 3 \\ -12{,}5 \end{pmatrix} \Leftrightarrow \begin{cases} -5 = 3 + 4\sigma & \Leftrightarrow \sigma = -2 \\ -5 = 1 + 3\sigma & \Leftrightarrow \sigma = -2 \\ -1 = -26 - 12{,}5\sigma & \Leftrightarrow \sigma = -2 \end{cases} \Rightarrow A \in l$$

Das Volumen der Pyramide ABCDS errechnet sich aus der Formel $V = \frac{1}{3} \cdot G \cdot h$.

Die Höhe h ist der Abstand zwischen A und S.

$$h = \overrightarrow{AS} = |\overrightarrow{AS}| = \left| \begin{pmatrix} 3 \\ 1 \\ -26 \end{pmatrix} - \begin{pmatrix} -5 \\ -5 \\ -1 \end{pmatrix} \right| = \left| \begin{pmatrix} 8 \\ 6 \\ -25 \end{pmatrix} \right| = \sqrt{8^2 + 6^2 + (-25)^2} = 5\sqrt{29}$$

Die Grundfläche G ist das Parallelogramm ABCD, dessen Höhe durch $\overline{PD} = 2\sqrt{29}$ dargestellt wird.
Damit ergibt sich

$$V = \frac{1}{3} \cdot \overline{PD} \cdot \overline{AB} \cdot \overline{AS} = \frac{1}{3} \cdot 2\sqrt{29} \cdot 5 \cdot 5\sqrt{29} = \frac{1450}{3} = 483\frac{1}{3}$$

3. a)

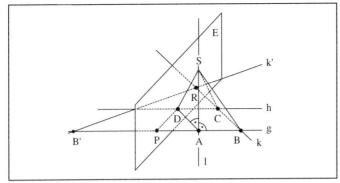

Zunächst stellen wir die Gleichung der Geraden k durch B und C auf.

$$k: \vec{x} = \vec{b} + \beta^* \cdot \overrightarrow{BC} = \begin{pmatrix} -2 \\ -9 \\ -1 \end{pmatrix} + \beta^* \cdot \begin{pmatrix} 0-(-2) \\ 5-(-9) \\ -3-(-1) \end{pmatrix} = \begin{pmatrix} -2 \\ -9 \\ -1 \end{pmatrix} + \beta^* \cdot \begin{pmatrix} 2 \\ 14 \\ 4 \end{pmatrix} = \begin{pmatrix} -2 \\ -9 \\ -1 \end{pmatrix} + \beta \cdot \begin{pmatrix} 1 \\ 7 \\ 2 \end{pmatrix} \text{ mit } \beta = 2\beta^*$$

Jetzt schneiden wir k mit der Ebene E, indem wir die Geradengleichung von k in die Normalenform von E einsetzen.

$$3 \cdot (-2 + \beta) - 4(-9 + 7\beta) + 45 = 0$$
$$-6 + 3\beta + 36 - 28\beta + 45 = 0$$
$$-25\beta + 75 = 0$$
$$25\beta = 75$$
$$\beta = 3$$

In die Gleichung von k eingesetzt, ergibt sich der Schnittpunkt R von k mit E:

$$\vec{r} = \begin{pmatrix} -2 \\ -9 \\ -1 \end{pmatrix} + 3 \cdot \begin{pmatrix} 1 \\ 7 \\ 2 \end{pmatrix} = \begin{pmatrix} 1 \\ 12 \\ 5 \end{pmatrix} \Rightarrow R(1|12|5)$$

Dieser Punkt R gehört auch der Geraden k' an. Nun muß noch der zu B gespiegelte Punkt B' ermittelt werden. Dazu stellen wir die Gerade g durch die Punkte P und B dar.

$$g: \vec{x} = \vec{p} + \tau \cdot \overrightarrow{PB} = \begin{pmatrix} -11 \\ 3 \\ -1 \end{pmatrix} + \tau \cdot \begin{pmatrix} -2-(-11) \\ -9-3 \\ -1-(-1) \end{pmatrix} = \begin{pmatrix} -11 \\ 3 \\ -1 \end{pmatrix} + \tau \cdot \begin{pmatrix} 9 \\ -12 \\ 0 \end{pmatrix}$$

Für $\tau = 1$ erhalten wir den Punkt B, für $\tau = -1$ den Punkt B'.

$$\vec{b}' = \begin{pmatrix} -11 \\ 3 \\ -1 \end{pmatrix} + (-1) \cdot \begin{pmatrix} 9 \\ -12 \\ 0 \end{pmatrix} = \begin{pmatrix} -20 \\ 15 \\ -1 \end{pmatrix} \Rightarrow B'(-20|15|-1)$$

Damit läßt sich die Gleichung der Geraden k' durch R und B' aufstellen:

$$k': \vec{x} = \vec{r} + \overrightarrow{RB'} = \begin{pmatrix} 1 \\ 12 \\ 5 \end{pmatrix} + \gamma^* \cdot \begin{pmatrix} -20-1 \\ 15-12 \\ -1-5 \end{pmatrix} = \begin{pmatrix} 1 \\ 12 \\ 5 \end{pmatrix} + \gamma^* \cdot \begin{pmatrix} -21 \\ 3 \\ -6 \end{pmatrix} = \begin{pmatrix} 1 \\ 12 \\ 5 \end{pmatrix} + \gamma \cdot \begin{pmatrix} 7 \\ -1 \\ 2 \end{pmatrix} \text{ mit } \gamma = (-3) \cdot \gamma^*$$

b) Das gesuchte Dreieck hat die Eckpunkte B, B' und P.
Die Länge der Grundlinie ist $\overline{BB'}$, die der Höhe $\overline{PR}$.

$$\overline{BB'} = |\overrightarrow{BB'}| = \left|\begin{pmatrix} -20-(-2) \\ 15-(-9) \\ -1-(-1) \end{pmatrix}\right| = \left|\begin{pmatrix} -18 \\ 24 \\ 0 \end{pmatrix}\right| = \sqrt{(-18)^2 + 24^2 + 0^2} = \sqrt{900} = 30$$

$$\overline{PR} = |\overrightarrow{PR}| = \left|\begin{pmatrix} 1-(-11) \\ 12-3 \\ 5-(-1) \end{pmatrix}\right| = \left|\begin{pmatrix} 12 \\ 9 \\ 6 \end{pmatrix}\right| = \sqrt{12^2 + 9^2 + 6^2} = \sqrt{261} = 3\sqrt{29}$$

$$I_\Delta = \frac{1}{2} \cdot \overline{BB'} \cdot \overline{PR} = \frac{1}{2} \cdot 30 \cdot 3\sqrt{29} = 45\sqrt{29}$$

Grundkurs Mathematik: Abiturprüfung 1994
Wahrscheinlichkeitsrechnung / Statistik V

Ein Glücksrad ist in drei Sektoren mit den Farben Rot (R), Grün (G) und Blau (B) unterteilt. Es ist so konstruiert, daß der Pfeil nicht auf der Trennlinie zwischen zwei Sektoren anhält. Die Farbe, auf die der Pfeil nach Stillstand des Rades zeigt, gilt als gezogen. Die Farbe Rot erscheint mit der Wahrscheinlichkeit $r (0 < r < \frac{1}{3})$, die Farbe Grün mit der Wahrscheinlichkeit $g = 2r$.

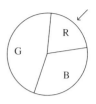

1. Das Rad wird zweimal gedreht. Die Ereignisse E_1 und E_2 werden durch E_1: "Mindestens einmal Rot" und E_2: "Genau einmal Grün" definiert.
   a) Berechnen Sie (z. B. mit Hilfe eines Baumdiagramms) die Wahrscheinlichkeiten $P(E_1)$ und $P(E_2)$ in Abhängigkeit von r.
   [Teilergebnis: $P(E_2) = 4r - 8r^2$] (9 BE)
   b) Begründen Sie, für welchen Wert von r $P(E_2)$ maximal wird. (4 BE)

2. Nun sei $r = \frac{1}{4}$.
   a) Untersuchen Sie, ob die Ereignisse E_1 und E_2 aus Aufgabe 1 unabhängig sind. (4 BE)
   b) Das Glücksrad wird viermal gedreht. Mit welcher Wahrscheinlichkeit erscheint dabei jede Farbe mindestens einmal? (8 BE)
   c) Mit welcher Wahrscheinlichkeit erscheint bei zwölfmaligem Drehen des Glücksrads die Farbe Rot mindestens dreimal? (6 BE)

3. Jemand vermutet, daß die Wahrscheinlichkeit r für die Farbe Rot kleiner als $\frac{1}{4}$ ist. Um diese Vermutung zu testen, dreht er das Glücksrad 200mal. Erscheint höchstens 40mal die Farbe Rot, nimmt er seine Vermutung an.
   a) Mit welcher Wahrscheinlichkeit bleibt er bei seiner Vermutung, obwohl $r = \frac{1}{4}$ ist? (4 BE)
   b) Mit welcher Wahrscheinlichkeit verwirft er seine Vermutung, obwohl $r = \frac{1}{5}$ gilt? (5 BE)
   (40 BE)

Lösungen

1. a) $P(R) = r; \quad P(G) = 2r$
   $P(B) = 1 - (P(R) + P(G))$
   $ = 1 - (r + 2r) = 1 - 3r$

   $P(E_1) = P(\text{"Mindestens einmal Rot"})$
   $ = P(RR) + P(RG) + P(RB) + P(GR) + P(BR)$
   $ = r^2 + 2r^2 + r(1-3r) + 2r^2 + (1-3r)r$
   $ = 2r - r^2$

$P(E_2) = P(\text{"Genau einmal Grün"})$
$= P(RG) + P(GR) + P(GB) + P(BG)$
$= 2r^2 + 2r^2 + 2r(1-3r) + (1-3r)\cdot 2r$
$= 4r - 8r^2$

```
                          r·r
                       ┌──────── RR
                    R ─── r·2r ── RG
                       └ r·(1-3r)
                       ────────── RB

                          2r·r
                       ┌──────── GR
              2r    G ─── 2r·2r ─ GG
                       └ 2r·(1-3r)
                       ────────── GB

                       (1-3r)·r
                       ┌──────── BR
              1-3r   B ── (1-3r)·2r ─ BG
                       └ (1-3r)·(1-3r)
                       ────────── BB
```

b) $P(E_2) = 4r - 8r^2$

Notwendige Bedingung für ein Maximum: $P'(E_2) = 0$

$P'(E_2) = 4 - 16 r_{max} = 0 \Leftrightarrow r_{max} = \dfrac{1}{4}$

2. a) $P(E_1) = 2r - r^2 = 2 \cdot \dfrac{1}{4} - \left(\dfrac{1}{4}\right)^2 = \dfrac{1}{2} - \dfrac{1}{16} = \dfrac{7}{16}$

$P(E_2) = 4r - 8r^2 = 4 \cdot \dfrac{1}{4} - 8 \cdot \left(\dfrac{1}{4}\right)^2 = 1 - \dfrac{1}{2} = \dfrac{1}{2}$

$P(E_1)$ und $P(E_2)$ sind unabhängig, wenn $P(E_1 \cap E_2) = P(E_1) \cdot P(E_2)$ gilt.

$P(E_1 \cap E_2) = P(\text{"Mindestens einmal Rot und genau einmal Grün"})$
$= P(RG) + P(GR)$
$= 2r^2 + 2r^2 = 4r^2 = 4 \cdot \left(\dfrac{1}{4}\right)^2 = 4 \cdot \dfrac{1}{16} = \dfrac{1}{4}$

Dagegen ist $P(E_1) \cdot P(E_2) = \dfrac{7}{16} \cdot \dfrac{1}{2} = \dfrac{7}{32}$

Wegen $P(E_1 \cap E_2) = \dfrac{1}{4} \neq \dfrac{7}{32} = P(E_1) \cdot P(E_2)$ sind E_1 und E_2 abhängig.

b) Sehen wir uns die möglichen Belegungen in einem Modell an:

z. B.

G	R	B	beliebig

G, R und B werden auf 4 Stellen verteilt → $\binom{4}{3}$ Möglichkeiten

Da aber immer eine Stelle frei bleibt, kann diese mit G, R oder B belegt werden } → jeweils 3 Möglichkeiten

Einzelwahrscheinlichkeiten für G, R, B → $2r \cdot r \cdot (1-3r)$

Damit ergibt sich insgesamt:

$$P = \binom{4}{3} \cdot 3 \cdot 2r \cdot r \cdot (1-3r)$$

$$= 4 \cdot 3 \cdot 2r^2 \cdot (1-3r) = \left(\frac{1}{16} - \frac{3}{64}\right) = 24 \cdot \frac{1}{64} = \frac{3}{8}$$

c) P("Rot mindestens dreimal") = 1 − P("Rot höchstens zweimal").

$$P(Z \geq 3) = 1 - P(Z \leq 2) = 1 - \sum_{k=0}^{2} B\left(12; \frac{1}{4}; k\right)$$

$$= 1 - \left[B\left(12; \frac{1}{4}; 2\right) + B\left(12; \frac{1}{4}; 1\right) + B\left(12; \frac{1}{4}; 0\right)\right]$$

$$= 1 - \left[\binom{12}{2}\left(\frac{1}{4}\right)^2 \cdot \left(\frac{3}{4}\right)^{10} + \binom{12}{1}\left(\frac{1}{4}\right)^1 \cdot \left(\frac{3}{4}\right)^{11} + \binom{12}{0}\left(\frac{1}{4}\right)^0 \cdot \left(\frac{3}{4}\right)^{12}\right]$$

$$= 1 - [0{,}2322932 + 0{,}1267054 + 0{,}0316763] = 0{,}6093249 \approx 60{,}9\%$$

3.

	Entscheidung aufgrund der Stichprobe	
	Annahme von H_0	Ablehnung von H_0
	41..........200	0............40
$H_0: p_0 = \frac{1}{4}$		α
$H_1: p_1 = \frac{1}{5}$	β	

a) Es handelt sich um einen Fehler 1. Art.

$$P_{0{,}25}^{200}(Z \leq 40) = \alpha = \sum_{k=0}^{40} B\left(200; \frac{1}{4}; k\right) = 0{,}05785 \approx 5{,}8\% \quad \text{(Tabelle, kumulativ)}$$

b) Es handelt sich um einen Fehler 2. Art.

$$P_{0{,}2}^{200}(Z > 40) = \beta = \sum_{k=41}^{200} B\left(200; \frac{1}{5}; k\right) = 1 - \sum_{k=0}^{40} B\left(200; \frac{1}{5}; k\right)$$

$$= 1 - 0{,}054218 = 0{,}45718 \quad \text{(Tabelle, kumulativ)}$$

$$\approx 45{,}8\%$$

Grundkurs Mathematik: Abiturprüfung 1994
Wahrscheinlichkeitsrechnung / Statistik VI

Bei einem Kinderfest wurde eine Treppe
mit 5 Stufen für ein Spiel vorbereitet.

Das Startplateau (0. Stufe) und die folgenden Stufen sind mit den Farben Weiß (W), Rot (R) und Grün (G) markiert, wie es die Skizze zeigt. Ziel des Spiels ist, die 5. Stufe zu erreichen. Um die nächsthöhere Stufe zu erreichen, muß man mit einem Laplacewürfel, von dessen Flächen je zwei weiß, grün und rot gefärbt sind, die entsprechende Farbe werfen. Wirft man diese Farbe nicht, so muß man auf der bisherigen Stufe stehenbleiben.

1. a) Mit welcher Wahrscheinlichkeit gelangt man mit genau 5 Würfen ins Ziel? (2 BE)
   b) Berechnen Sie die Wahrscheinlichkeit dafür,
   α) bei 12 Würfen genau viermal voranzukommen
   β) mit genau 13 Würfen ins Ziel zu kommen. (7 BE)
   c) Wie oft muß ein Kind mindestens würfeln, um mit einer Wahrscheinlichkeit von mehr als 90 % mindestens eine Stufe höherzusteigen? (6 BE)

Nun wird die Regel für die Stufen 1 bis 4 so abgeändert, daß man auf die nächstniedrigere Stufe steigen muß, wenn deren Farbe geworfen wird.

2. a) Ein Kind steht auf dem Startplateau. Untersuchen Sie, ob die Ereignisse E_1"Der erste Wurf ist Weiß" und E_2: "Nach seinen ersten beiden Würfen steht es auf der 1. Stufe" unabhängig sind.
   $\left[\text{Teilergebnis: } P(E_2) = \frac{1}{3}\right]$ (7 BE)
   b) Veronika steht auf der 4. Stufe. Mit welcher Wahrscheinlichkeit erreicht sie spätestens nach drei weiteren Würfen das Ziel? (7 BE)

3. Johanna glaubt, daß der Würfel gezinkt ist, und vermutet, daß die Wahrscheinlichkeit des Ereignisses E_2 aus Teilaufgabe 2a nicht $\frac{1}{3}$, sondern nur $\frac{1}{5}$ ist. Sie will ihre Vermutung annehmen, wenn nach den ersten beiden Würfen von 30 Kindern höchstens 7 auf der 1. Stufe stehen.

   a) Mit welcher Wahrscheinlichkeit nimmt sie die Vermutung an, obwohl $P(E_2) = \frac{1}{3}$ ist? (5 BE)
   b) Mit welcher Wahrscheinlichkeit verwirft sie die Vermutung irrtümlich? (6 BE)

(40 BE)

Lösungen

1. a) P ("genau 5 Treffer") = $\left(\frac{1}{3}\right)^5 = \frac{1}{243}$

   b) α) Um bei 12 Würfen genau 4 Treffer und damit 8 Nieten zu haben, gibt es $\frac{12!}{4!\,8!}$ Möglichkeiten.

   Mit $\frac{12!}{4!\,8!} = 495$ errechnen wir

   P ("genau vier Treffer") = $495 \cdot \left(\frac{1}{3}\right)^4 \cdot \left(\frac{2}{3}\right)^8 = 0{,}2384\ldots \approx 23{,}8\,\%$

   β) Um mit genau 13 Würfen ins Ziel zu kommen, bedarf es aufbauend auf Aufgabe α) noch eines weiteren Treffers:

   P ("genau 13 Würfe") = P ("genau vier Treffer") $\cdot \frac{1}{3} = 0{,}0794\ldots \approx 7{,}9\,\%$

   c) Es handelt sich um eine Bernoulli-Kette unbekannter Länge mit mindestens einem Treffer und dem Parameter $p = \frac{1}{3}$.

   $P(Z \geq 1) = 1 - P(Z = 0) > 0{,}9$

   $\qquad P(Z = 0) < 0{,}1$

   $\binom{n}{0} \cdot \left(\frac{1}{3}\right)^0 \cdot \left(\frac{2}{3}\right)^n < 0{,}1$

   $1 \cdot 1 \cdot \left(\frac{2}{3}\right)^n < 0{,}1$

   $n \cdot \ln\frac{2}{3} < \ln 0{,}1$

   $n > \dfrac{\ln 0{,}1}{\ln\frac{2}{3}}$ (Umkehrung des Ungleichheitszeichens wegen $\ln\frac{2}{3} < 0$)

   $n > 5{,}678\ldots \Rightarrow n \geq 6$

   Es muß also mindestens 6mal gewürfelt werden.

2. a) $P(E_1) = \dfrac{2}{6} = \dfrac{1}{3}$

Um mit zwei Würfen auf der 1. Stufe zu stehen, gibt es drei Kombinationen, von denen jede die Wahrscheinlichkeit $\dfrac{1}{3} \cdot \dfrac{1}{3} = \dfrac{1}{9}$ besitzt: WR, RR, GR,

insgesamt also $P(E_2) = \dfrac{1}{9} + \dfrac{1}{9} + \dfrac{1}{9} = \dfrac{3}{9} = \dfrac{1}{3}$

Ereignisse sind unabhängig, wenn

$P(E_1 \cap E_2) = P(E_1) \cdot P(E_2)$

$P(E_1 \cap E_2) = P(WR) = \dfrac{1}{9} = \dfrac{1}{3} \cdot \dfrac{1}{3} = P(E_1) \cdot P(E_2)$

E_1 und E_2 sind also unabhängig.

b) Das Ziel erreicht Veronika mit dem Würfeln von G; das kann nach ein-, zwei- oder dreimaligem Werfen der Fall sein:

G oder RG oder RRG oder WRG, also gilt:

$P(G) + P(RG) + P(RRG) + P(WRG) =$

$\dfrac{1}{3} + \dfrac{1}{9} + \dfrac{1}{27} + \dfrac{1}{27} =$

$\dfrac{9}{27} + \dfrac{3}{27} + \dfrac{1}{27} + \dfrac{1}{27} = \dfrac{14}{27}$

3.

	Entscheidung aufgrund der Stichprobe	
	Annahme von H_0	Ablehnung von H_0
	8...........30	0.............7
$H_0 : p_0 = \dfrac{1}{3}$		α
$H_1 : p_1 = \dfrac{1}{5}$	β	

a) Es handelt sich um einen Fehler 1. Art.

$\alpha = P_{\frac{1}{3}}^{30}(Z \leq 7) = \sum_{k=0}^{7} B\left(30; \dfrac{1}{3}; k\right) \approx 16{,}7\%$

(Tabelle, kumulativ)

b) Es handelt sich um einen Fehler 2. Art.

$\beta = P_{\frac{1}{5}}^{30}(Z > 7) = \sum_{k=8}^{30} B\left(30; \dfrac{1}{5}; k\right) = 1 - \sum_{k=0}^{7} B\left(30; \dfrac{1}{5}; k\right)$

$\approx 23{,}9\%$ (Tabelle, kumulativ)

Grundkurs Mathematik: Abiturprüfung 1995
Infinitesimalrechnung I

Gegeben ist die gebrochen rationale Funktion

$$f: x \mapsto \frac{4x-4}{x^2-2x+2} \quad \text{mit ihrer maximalen Definitionsmenge } D_f.$$

1. a) Zeigen Sie: $D_f = \mathbb{R}$.
   Geben Sie das Verhalten von f für $x \to \pm\infty$ und die Nullstelle von f an. (4 BE)

   b) Bestimmen Sie das Monotonieverhalten von f, und geben Sie Lage und Art der Extrempunkte des Graphen von f an.
   $$\left[\text{zur Kontrolle: } f'(x) = \frac{4x(2-x)}{(x^2-2x+2)^2} \right] \quad (9\text{ BE})$$

   c) Zeigen Sie, daß der Graph der Funktion $\tilde{f}$ mit $\tilde{f}(x) = f(x+1)$ punktsymmetrisch zum Ursprung ist.
   Welche Symmetrieeigenschaft hat demnach der Graph von f? (4 BE)

   d) Berechnen Sie die Werte f(–4), f(–2), f(–1) und f(0,5).
   Zeichnen Sie mit Hilfe aller bisherigen Ergebnisse den Graphen von f im Intervall [–4; 6] in ein Koordinatensystem (Längeneinheit 1 cm). (6 BE)

2. a) Begründen Sie, daß f auf]–∞; 0] umkehrbar ist, und geben Sie die Definitions- und die Wertemenge der Umkehrfunktion g an. (3 BE)

   b) Zeigen Sie: $f(-\sqrt{2}) = -\sqrt{2}$.
   Begründen Sie damit, daß sich die Graphen von f und g im Punkt $S(-\sqrt{2} | -\sqrt{2})$ schneiden. Zeichnen Sie den Graphen von g in das Koordinatensystem der Teilaufgabe 1 d ein. (6 BE)

3. a) Zeigen Sie, daß $F: x \mapsto 2 \cdot \ln(x^2 - 2x + 2)$ mit $D_F = \mathbb{R}$ eine Stammfunktion von f ist. (2 BE)

   b) Die Graphen von f und g und die Koordinatenachsen begrenzen ein Flächenstück im III. Quadranten. Berechnen Sie den Inhalt dieses Flächenstücks (auf zwei Dezimalen gerundet).
   Hinweis: Beachten Sie die Symmetrie des Flächenstücks. (6 BE)
   (40 BE)

Lösungen

1. a) Zu zeigen ist, daß der Nenner für alle $x \in \mathbb{R}$ ungleich Null ist. Dazu untersuchen wir die Diskriminante des Nennerterms $N(x) = x^2 - 2x + 2$:
   $(-2)^2 - 4 \cdot 1 \cdot 2 = 4 - 8 = -4 < 0$
   Deshalb hat der Nenner keine Nullstellen in $\mathbb{R}$.
   Somit gilt: $D_f = \mathbb{R}$.

Da $N(x) = x^2 - 2x + 2$ keine Nullstellen besitzt, ergeben sich für jede Einsetzung von x in $N(x)$ nur positive oder nur negative Werte. Wir wählen willkürlich $x = 0$ und erhalten $N(0) = 0^2 - 2 \cdot 0 + 2 = 2 > 0$. Somit nimmt der Nenner nur positive Werte an.

Da der Grad des Nenners um eins höher ist als der des Zählers, ergibt sich:
$$\lim_{x \to +\infty} f(x) = 0_+ \text{ und } \lim_{x \to -\infty} f(x) = 0_-, \text{ also } \lim_{x \to \pm\infty} f(x) = 0$$

Bedingung für die Nullstelle: $f(x) = 0$

$$\frac{4x-4}{x^2-2x+2} = 0 \Leftrightarrow 4x - 4 = 0 \Leftrightarrow x = 1 \quad \text{(Der Nenner ist ja immer größer Null.)}$$

Also ist $x = 1$ Nullstelle von f.

b) Aufschluß über das Monotonieverhalten gibt die 1. Ableitung.
Mit Hilfe der Quotientenregel ergibt sich:

$$f'(x) = \frac{4 \cdot (x^2 - 2x + 2) - (2x - 2)(4x - 4)}{(x^2 - 2x + 2)^2}$$

$$= \frac{(4x^2 - 8x + 8) - (8x^2 - 8x - 8x + 8)}{(x^2 - 2x + 2)^2}$$

$$= \frac{4x^2 - 8x + 8 - 8x^2 + 16x - 8}{(x^2 - 2x + 2)^2}$$

$$= \frac{8x - 4x^2}{(x^2 - 2x + 2)^2} = \frac{4x(2-x)}{(x^2 - 2x + 2)^2}$$

Um die gesuchten Monotonieintervalle zu erhalten, setzen wir $f'(x) = 0$.

$$\frac{4x(2-x)}{(x^2 - 2x + 2)^2} = 0 \Leftrightarrow 4x(2-x) = 0 \Leftrightarrow$$

$$(4x = 0 \vee 2 - x = 0) \Leftrightarrow (x = 0 \vee x = 2)$$

$-\infty < x < 0$: $f'(-1) = \dfrac{4 \cdot (-1) \cdot [2 - (-1)]}{\left[(-1)^2 - 2 \cdot (-1) + 2\right]^2} = \dfrac{-12}{25} < 0$

$\Rightarrow$ f ist streng monoton abnehmend

$0 < x < 2$: $f'(1) = \dfrac{4 \cdot 1 \cdot (2-1)}{(1^2 - 2 \cdot 1 + 2)^2} = \dfrac{4}{1} = 4 > 0$

$\Rightarrow$ f ist streng monoton zunehmend

$2 < x < \infty$: $f'(3) = \dfrac{4 \cdot 3 \cdot (2-3)}{(3^2 - 2 \cdot 3 + 2)^2} = \dfrac{-12}{25} < 0$

$\Rightarrow$ f ist streng monoton abnehmend

Aus dem Monotonieverhalten von f ergibt sich, daß für $x = 0$ ein Tiefpunkt und für $x = 2$ ein Hochpunkt vorliegt.

Zur Bestimmung der y-Koordinaten setzen wir die gefundenen x-Werte in f(x) ein:

Minimum: $\quad x = 0$

$$f(0) = \frac{4 \cdot 0 - 4}{0^2 - 2 \cdot 0 + 2} = \frac{-4}{2} = -2 \quad \bigg\} \quad T(0 \mid -2)$$

Maximum: $\quad x = 2$

$$f(2) = \frac{4 \cdot 2 - 4}{2^2 - 2 \cdot 2 + 2} = \frac{4}{2} = 2 \quad \bigg\} \quad H(2 \mid 2)$$

c) $\tilde{f}(x) = f(x+1) = \dfrac{4 \cdot (x+1) - 4}{(x+1)^2 - 2 \cdot (x+1) + 2} = \dfrac{4x + 4 - 4}{x^2 + 2x + 1 - 2x - 2 + 2}$

$\left. \begin{array}{l} \tilde{f}(x) = \dfrac{4x}{x^2 + 1} \\[2mm] \tilde{f}(-x) = \dfrac{-4x}{(-x)^2 + 1} = -\dfrac{4x}{x^2 + 1} \end{array} \right\} \quad \begin{array}{l} \tilde{f}(x) = -\tilde{f}(-x) \Rightarrow \\ \text{Der Graph von } \tilde{f} \text{ ist punktsymmetrisch} \\ \text{zum Ursprung.} \end{array}$

Wegen $\tilde{f}(x) = f(x+1) = f(x - (-1))$ ist der Graph von $\tilde{f}$ gegenüber dem Graphen von f um eine Einheit nach links verschoben.

$\Rightarrow$ Der Graph von f ist punktsymmetrisch zum Punkt (1 | 0).

d) $f(-4) \;=\; \dfrac{4 \cdot (-4) - 4}{(-4)^2 - 2 \cdot (-4) + 2} \;=\; \dfrac{-20}{26} \;=\; -0{,}769\ldots \;\approx\; -0{,}8$

$f(-2) \;=\; \dfrac{4 \cdot (-2) - 4}{(-2)^2 - 2 \cdot (-2) + 2} \;=\; \dfrac{-12}{10} \;=\; -1{,}2$

$f(-1) \;=\; \dfrac{4 \cdot (-1) - 4}{(-1)^2 - 2 \cdot (-1) + 2} \;=\; \dfrac{-8}{5} \;=\; -1{,}6$

$f(0{,}5) \;=\; \dfrac{4 \cdot 0{,}5 - 4}{0{,}5^2 - 2 \cdot 0{,}5 + 2} \;=\; \dfrac{-2}{1{,}25} \;=\; -1{,}6$

Abbildung: siehe Aufgabe 2 b

2. a) Aus Aufgabe 1 b wissen wir, daß f im Intervall $]-\infty; 0]$ streng monoton abnehmend ist. Daher ist f dort auch umkehrbar.

$D_g = [-2; 0[$
$W_g =]-\infty; 0]$ $\quad$ (Vertauschung von W und D im untersuchten Bereich)

b) $f(-\sqrt{2}) = \dfrac{4 \cdot (-\sqrt{2}) - 4}{(-\sqrt{2})^2 - 2 \cdot (-\sqrt{2}) + 2} = \dfrac{-4\sqrt{2} - 4}{4 + 2\sqrt{2}}$

$\phantom{f(-\sqrt{2})} = \dfrac{(-4\sqrt{2} - 4)(4 - 2\sqrt{2})}{(4 + 2\sqrt{2})(4 - 2\sqrt{2})} \quad$ (rationalen Nenner herstellen!)

$\phantom{f(-\sqrt{2})} = \dfrac{-16\sqrt{2} + 8 \cdot 2 - 16 + 8 \cdot \sqrt{2}}{16 - 8} = \dfrac{-8\sqrt{2}}{8} = -\sqrt{2}.$

Wegen $f(-\sqrt{2}) = -\sqrt{2}$ liegt der Punkt $S(-\sqrt{2}\,|-\sqrt{2})$ auf G_f. Außerdem liegt S auf der Winkelhalbierenden des 1. und 3. Quadranten (y = x), die ja Spiegelachse von G_f und G_g ist.

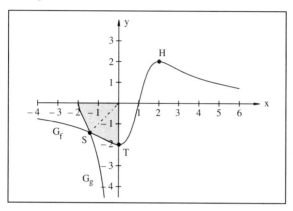

3. a) Zu zeigen: $F'(x) = f(x)$

   Mit Hilfe der Kettenregel erhalten wir:
   $$F'(x) = 2 \cdot \frac{1}{x^2 - 2x + 2} \cdot (2x - 2) = \frac{4x - 4}{x^2 - 2x + 2} = f(x)$$

   b) Da das gesuchte Flächenstück durch die Gerade y = x aufgrund der Symmetrie in zwei gleiche Teilflächen aufgeteilt wird, genügt es, das untere Flächenstück zu berechnen (vgl. Abbildung in Aufgabe 2 b) und dann die gefundene Flächenmaßzahl zu verdoppeln:

   $$A = 2 \cdot \left| \int_{-\sqrt{2}}^{0} (f(x) - x)\, dx \right| = 2 \cdot \left| \int_{-\sqrt{2}}^{0} \left(\frac{4x - 4}{x^2 - 2x + 2} - x \right) dx \right|$$

   $$= 2 \cdot \left| \left[2 \cdot \ln(x^2 - 2x + 2) - \frac{x^2}{2} \right]_{-\sqrt{2}}^{0} \right| \quad \text{(vgl. Aufgabe 3 a)}$$

   $$= 2 \cdot \left| 2 \cdot \ln(0^2 - 2 \cdot 0 + 2) - \frac{0^2}{2} - 2 \cdot \ln\left[(-\sqrt{2})^2 - 2 \cdot (-\sqrt{2}) + 2\right] + \frac{(-\sqrt{2})^2}{2} \right|$$

   $$= 2 \cdot \left| 2 \cdot \ln 2 - 2 \cdot \ln(4 + 2\sqrt{2}) + 1 \right| = 2{,}911\ldots \approx 2{,}91$$

Grundkurs Mathematik: Abiturprüfung 1995
Infinitesimalrechnung II

Gegeben ist die Schar der Funktionen

$$f_k : x \mapsto e - e^{k-\frac{x}{2}} \text{ mit } D_{f_k} = \mathbb{R} \text{ und } k \in \mathbb{R}.$$

Ihre Graphen werden mit G_k bezeichnet.

1. a) Ermitteln Sie die Schnittpunkte von G_k mit den Koordinatenachsen und das Verhalten der Scharfunktionen für $x \to -\infty$.
   [Teilergebnis: $(2k - 2 \mid 0)$] (4 BE)

   b) Zeigen Sie, daß die Gerade h: $y = e$ eine horizontale Asymptote von G_k für $x \to \infty$ ist und daß alle Graphen der Schar stets unterhalb von h verlaufen. (3 BE)

   c) Untersuchen Sie das Monotonie- und das Krümmungsverhalten von f_k. (5 BE)

   d) Für welche x-Werte unterscheidet sich $f_{-1}(x)$ von e um weniger als 0,1? (4 BE)

   e) Berechnen Sie die Funktionswerte $f_{-1}(-7)$, $f_2(-1)$ und $f_2(8)$ auf 2 Dezimalen gerundet, und zeichnen Sie die Graphen G_{-1} und G_2 im Intervall $[-7; 8]$ unter Verwendung aller bisherigen Ergebnisse in ein gemeinsames Koordinatensystem (Längeneinheit 1 cm).
   Tragen Sie auch die Asymptote h ein. (6 BE)

2. a) Weisen Sie nach, daß $F_k : x \mapsto e \cdot x + 2 \cdot e^{k-\frac{x}{2}}$ mit $D_{F_k} = \mathbb{R}$ eine Stammfunktion von f_k ist. (2 BE)

   b) Der Graph G_k schließt mit der x-Achse und der Geraden $x = 2k$ eine Fläche mit dem Inhalt A_k ein. Berechnen Sie A_k.
   [Ergebnis: $A_k = 2$] (5 BE)

   c) Die Graphen G_k gehen durch Verschiebung parallel zur x-Achse auseinander hervor (Nachweis nicht erforderlich). Wie äußert sich dies im Ergebnis von Teilaufgabe 2 b? Begründen Sie Ihre Antwort geometrisch. (5 BE)

3. Die Funktionen f_k der Schar sind alle umkehrbar.
   Begründen Sie dies kurz, berechnen Sie den Funktionsterm der Umkehrfunktionen, und geben Sie die Definitions- und die Wertemenge der Umkehrfunktionen an. (6 BE)

   (40 BE)

Lösungen

1. a) Bedingung für einen Schnitt mit der x-Achse: $f(x) = 0$

$$f(x) = e - e^{k-\frac{x}{2}} = 0 \Leftrightarrow e = e^{k-\frac{x}{2}}$$
$$\Leftrightarrow 1 = k - \frac{x}{2}$$
$$\Leftrightarrow x = 2(k-1) = 2k - 2$$

Damit sind die Punkte $(2k-2 \mid 0)$ die Schnittpunkte von G_k mit der x-Achse.

Bedingung für den Schnitt mit der y-Achse: $x = 0$

$$f(0) = e - e^{k-\frac{0}{2}} = e - e^k,$$

also sind die Punkte $(0 \mid e - e^k)$ Schnittpunkte von G_k mit der y-Achse.

Für $x \to -\infty$ gilt:

$$\lim_{x \to -\infty} \left(e - e^{k-\frac{x}{2}} \right) = \lim_{x \to -\infty} e - \lim_{x \to -\infty} e^{k-\frac{x}{2}}$$

$$\left. \begin{array}{l} \lim_{x \to -\infty} e = e \\ \lim_{x \to -\infty} e^{k-\frac{x}{2}} \to \infty \end{array} \right\} \Rightarrow e - \lim_{x \to -\infty} e^{k-\frac{x}{2}} \to -\infty$$

b) $\lim_{x \to \infty} \left(e - e^{k-\frac{x}{2}} \right) = \lim_{x \to \infty} e - \lim_{x \to \infty} e^{k-\frac{x}{2}} = e - 0 = e$

Also ist h: $y = e$ eine waagrechte Asymptote von G_k.

Daß alle Graphen der Schar stets unterhalb von h verlaufen, bedeutet:

$e - f_k(x) > 0$ für alle x und alle k:

$e - \left(e - e^{k-\frac{x}{2}} \right) = e^{k-\frac{x}{2}} > 0$, da die Basis e positiv ist.

c) Aufschluß über das Monotonieverhalten gibt die 1. Ableitung:

Mit Hilfe der Kettenregel erhalten wir:

$$f_k'(x) = -e^{k-\frac{x}{2}} \cdot \left(-\frac{1}{2} \right) \quad \text{(nur nach x differenzieren, k ist als Konstante zu behandeln)}$$

$$f_k'(x) = \frac{1}{2} \cdot e^{k-\frac{x}{2}}$$

Da $e > 0$ ist, ist auch $f_k'(x)$ für alle x und alle k positiv. Damit ist f_k streng monoton zunehmend.

Zur Ermittlung des Krümmungsverhaltens verwenden wir die 2. Ableitung. Die Kettenregel liefert:

$$f_k''(x) = \frac{1}{2} \cdot e^{k-\frac{x}{2}} \cdot \left(-\frac{1}{2} \right) = -\frac{1}{4} \cdot e^{k-\frac{x}{2}} < 0$$

Damit ist f_k rechtsgekrümmt.

d) $|e - f_{-1}(x)| < 0{,}1$

Aus Aufgabe b wissen wir: $e - f_k(x) > 0$.
Somit entfallen die Absolutstriche:

$e - f_{-1}(x) < 0{,}1$

$e - \left(e - e^{(-1) - \frac{x}{2}}\right) < 0{,}1$

$e^{-1 - \frac{x}{2}} < 0{,}1$

$\ln\left(e^{-1 - \frac{x}{2}}\right) < \ln 0{,}1$

$-1 - \frac{x}{2} < \ln 0{,}1$

$\left. \begin{array}{l} -\ln 0{,}1 - 1 < \dfrac{x}{2} \\ \ln 0{,}1 = \ln \dfrac{1}{10} = -\ln 10 \end{array} \right\} \Rightarrow \begin{array}{l} 2\ln 10 - 2 < x \\ x > 2\ln 10 - 2 \end{array}$

e) $f_{-1}(-7) = e - e^{(-1) - \frac{(-7)}{2}} = -9{,}4642\ldots \approx -9{,}46$

$f_2(-1) = e - e^{2 - \frac{(-1)}{2}} = -9{,}4642\ldots \approx -9{,}46$

$f_2(8) = e - e^{2 - \frac{8}{2}} = 2{,}5829\ldots \approx 2{,}58$

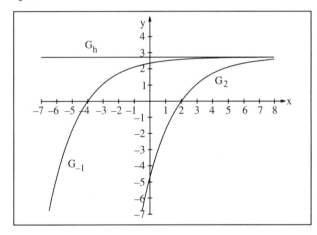

2. a) Zu zeigen: $F_k'(x) = f_k(x)$

Unter Anwendung der Kettenregel erhalten wir:

$F_k'(x) = e + 2 \cdot e^{k - \frac{x}{2}} \cdot \left(-\dfrac{1}{2}\right)$ (nur nach x differenzieren!)

$= e - e^{k - \frac{x}{2}} = f_k(x)$

b) Der gesuchte Flächeninhalt A_k läßt sich anhand eines bestimmten Integrals mit den Integrationsgrenzen $x_1 = 2k - 2$ (Nullstelle) und $x_2 = 2k$ berechnen.

$$A_k = \int_{2k-2}^{2k} f_k(x)\,dx = \int_{2k-2}^{2k} \left(e - e^{k-\frac{x}{2}}\right) dx$$

$$= \left[e \cdot x + 2 \cdot e^{k-\frac{x}{2}}\right]_{2k-2}^{2k} \quad \text{(vgl. Aufgabe 2 a)}$$

$$= \left(e \cdot 2k + 2 \cdot e^{k-\frac{2k}{2}}\right) - \left(e \cdot (2k-2) + 2 \cdot e^{k-\frac{2k-2}{2}}\right)$$

$$= 2k \cdot e + 2 \cdot e^0 - 2k \cdot e + 2e - 2 \cdot e^1 = 2$$

c) Die Länge des Integrationsintervalles ist $2k - (2k-2) = 2$, also konstant und daher auch von k unabhängig. Da die Graphen G_k keine Veränderung in y-Richtung erfahren, ist auch der in Aufgabe 2 b gesuchte Flächeninhalt konstant. Das äußert sich im von k unabhängigen Wert 2 des Flächeninhalts A_k.

3. Aufgrund der strengen Monotonie im gesamten Definitionsbereich (vgl. Aufgabe 1 c) sind alle Funktionen f_k der Schar umkehrbar.

$$y = e - e^{k-\frac{x}{2}}$$

Wir tauschen y und x: $\quad x = e - e^{k-\frac{y}{2}}$
und lösen nach y auf:

$$e - x = e^{k-\frac{y}{2}}$$

$$\ln(e - x) = \ln(e^{k-\frac{y}{2}}) = k - \frac{y}{2}$$

$$y = 2k - 2\ln(e - x)$$

$\Rightarrow f_k^{-1}(x) = 2k - 2\ln(e - x)$

Funktionenschar $f_k(x)$ Schar der Umkehrfunktionen $f_k^{-1}(x)$

$D_{f_k} = \mathbb{R}$ $\Rightarrow$ $W_{f_k^{-1}} = \mathbb{R}$

$W_{f_k} = \,]-\infty;\,e[$ $\Rightarrow$ $D_{f_k^{-1}} = \,]-\infty;\,e[$

(vgl. Aufgabe 1 a b)

Grundkurs Mathematik: Abiturprüfung 1995
Wahrscheinlichkeitsrechnung/Statistik III

Eine Firma stellt Relais in großer Stückzahl her.

1. Die Wahrscheinlichkeit, daß ein beliebig herausgegriffenes Relais defekt ist, beträgt 5 %.
   a) Mit welcher Wahrscheinlichkeit sind von zwölf Relais höchstens zwei defekt? (6 BE)
   b) Wie viele Relais muß man der Produktion mindestens entnehmen, um mit einer Wahrscheinlichkeit von mehr als 90 % wenigstens ein defektes Relais zu erhalten? (5 BE)

2. Es wird vermutet, daß die Ausschußwahrscheinlichkeit gestiegen ist. Man entnimmt eine Stichprobe von 200 Relais. Wie groß müßte dabei die Anzahl k der defekten Relais mindestens sein, wenn man die ursprüngliche Annahme von $p = 5\%$ höchstens mit einer Wahrscheinlichkeit von 1 % irrtümlich verwerfen will? (7 BE)

3. Ein Großabnehmer knüpft den Abschluß eines Liefervertrags an folgende Bedingung:
   Zunächst werden 50 Relais auf Funktionsfähigkeit geprüft. Sind zwei oder weniger Relais defekt, wird der Liefervertrag unterzeichnet. Bei vier oder mehr defekten Relais kommt kein Vertrag zustande. Falls genau drei der 50 Relais defekt sind, werden 25 weitere getestet, von denen für einen Vertragsabschluß höchstens eines defekt sein darf.
   a) Mit welcher Wahrscheinlichkeit kommt es zu der zweiten Stichprobe, falls die Wahrscheinlichkeit für ein defektes Relais 5 % beträgt? (4 BE)
   b) Wie groß ist die Wahrscheinlichkeit, daß der Liefervertrag unterzeichnet wird, falls die Wahrscheinlichkeit für ein defektes Relais 5 % beträgt? (8 BE)

4. Drei defekte und vier intakte, sonst nicht unterscheidbare Relais werden in einer Reihe angeordnet.
   a) Wie viele Möglichkeiten gibt es hierfür? (4 BE)
   b) In wie vielen Fällen liegen genau zwei defekte Relais nebeneinander? (6 BE)

(40 BE)

Lösungen

1. a) Die Wahrscheinlichkeit, daß von zwölf Relais höchstens zwei defekt sind, bedeutet:

$P_{0,05}^{12}(Z \leq 2) = P_{0,05}^{12}(Z=0) + P_{0,05}^{12}(Z=1) + P_{0,05}^{12}(Z=2)$

$= \binom{12}{0} \cdot 0,05^0 \cdot 0,95^{12} + \binom{12}{1} \cdot 0,05^1 \cdot 0,95^{11} + \binom{12}{2} \cdot 0,05^2 \cdot 0,95^{10}$

$= 0,9804... \approx 98,0\%$

b) Es handelt sich um eine Bernoulli-Kette unbekannter Länge mit mindestens einem Treffer und dem Parameter p = 0,05.

$P_{0,05}^n(Z \geq 1) = 1 - P_{0,05}^n(Z=0) > 0,90$

$1 - \binom{n}{0} \cdot 0,05^0 \cdot 0,95^n > 0,90$

$1 - 1 \cdot 1 \cdot 0,95^n > 0,90$

$1 - 0,90 > 0,95^n$

$\ln 0,10 > n \cdot \ln 0,95$

$\dfrac{\ln 0,10}{\ln 0,95} < n$ (Umkehrung des Ungleichheitszeichens wegen ln 0,95 < 0)

$44,89 < n$

Man muß mindestens 45 Relais entnehmen.

2. Es handelt sich um eine Stichprobe der Länge 200 und p = 0,05.
Wir lehnen für Z ≥ k die ursprüngliche Annahme ab, obwohl sie richtig ist.

$P_{0,05}^{200}(Z \geq k) \leq 0,01$

$P_{0,05}^{200}(Z \geq k) = 1 - P_{0,05}^{200}(Z \leq k-1) = 1 - \sum_{i=0}^{k-1} B(200; 0,05; i) \leq 0,01$

$\left. \begin{array}{l} 1 - 0,01 = 0,99 \leq \sum_{i=0}^{k-1} B(200; 0,05; i) \\ \text{Tabelle, kumulativ} \end{array} \right\} \Rightarrow k-1 \geq 18 \Rightarrow k \geq 19$

3. a) $P_{0,05}^{50}(Z=3) = \binom{50}{3} \cdot 0,05^3 \cdot 0,95^{47} = 0,21987... \approx 22,0\%$

b) Der Liefervertrag wird unterzeichnet, wenn
   - entweder zwei oder weniger Relais bei der ersten Stichprobe defekt sind:
     $P_{0,05}^{50}(Z \leq 2)$
   - oder bei drei defekten Relais in der ersten Stichprobe höchstens eines in der zweiten Stichprobe defekt ist:
     $P_{0,05}^{50}(Z=3) \cdot P_{0,05}^{25}(Z \leq 1)$

Somit gilt:

$$P_{gesamt} = P_{0,05}^{50}(Z \le 2) + P_{0,05}^{50}(Z = 3) \cdot P_{0,05}^{25}(Z \le 1)$$

$$P_{gesamt} = P_{0,05}^{50}(Z = 0) + P_{0,05}^{50}(Z = 1) + P_{0,05}^{50}(Z = 2) +$$
$$P_{0,05}^{50}(Z = 3) \cdot \left[P_{0,05}^{25}(Z = 0) + P_{0,05}^{25}(Z = 1)\right]$$

$$P_{gesamt} = \binom{50}{0} \cdot 0,05^0 \cdot 0,95^{50} + \binom{50}{1} \cdot 0,05^1 \cdot 0,95^{49} + \binom{50}{2} \cdot 0,05^2 \cdot 0,95^{48} +$$
$$\binom{50}{3} \cdot 0,05^3 \cdot 0,95^{47} \cdot \left[\binom{25}{0} \cdot 0,05^0 \cdot 0,95^{25} + \binom{25}{1} \cdot 0,05^1 \cdot 0,95^{24}\right]$$

$$P_{gesamt} = 0,681775... \approx 68,2\,\%$$

4. a) $K = \dfrac{7!}{3!\,4!} = 35$

b) Es treten zwei prinzipielle Möglichkeiten auf:
(i $\hat{=}$ intakt; d $\hat{=}$ defekt)

(1) Die beiden defekten Relais liegen nicht an den Rändern der Anordnung. Damit sind 4 von 7 Plätzen mit der Kombination i d d i belegt. Das ist auf vier verschiedene Arten möglich:
i d d i . . . , . i d d i . . , . . i d d i . , . . . i d d i

Für die restlichen drei Plätze verbleiben jeweils zwei intakte und ein defektes Relais, also jeweils $\frac{3!}{2!\,1!} = 3$ Möglichkeiten.

Für den 1. Fall gibt es somit $4 \cdot 3 = 12$ Kombinationen.

(2) Die beiden defekten Relais liegen an den Rändern der Anordnung. Damit sind jeweils drei Plätze belegt, einmal mit d d i und einmal mit i d d. Somit verbleiben jeweils vier Plätze für vier Relais und zwar für ein defektes und 3 intakte, die sich auf $\frac{4!}{3!\,1!} = 4$ Möglichkeiten verteilen lassen.

Für den 2. Fall gibt es also $2 \cdot 4 = 8$ Kombinationen.

Fassen wir beide Fälle zusammen, ergeben sich insgesamt $12 + 8 = 20$ Kombinationen.

Grundkurs Mathematik: Abiturprüfung 1995
Wahrscheinlichkeitsrechnung/Statistik IV

Eine Familie, bestehend aus Vater, Mutter, Sohn und Tochter, geht in ein italienisches Restaurant zum Essen.

1. An der Garderobe sind noch acht Haken frei. Jedes Mitglied der Familie hängt seinen Mantel an einen leeren Haken. Wie viele Möglichkeiten gibt es, wenn die Mäntel alle unterscheidbar sind? (4 BE)

2. In der Küche werden sechs verschiedene Pizzazutaten verwendet, darunter Salami. In der Speisekarte sind alle Pizzaarten mit mindestens drei Zutaten aufgeführt.
   a) Wie viele Pizzaarten enthält die Speisekarte? (5 BE)
   b) Wie viele Pizzaarten mit genau drei Zutaten enthalten keine Salami? (3 BE)

3. Die Mutter weiß, daß es dort zum Mittagessen mit einer Wahrscheinlichkeit von 30 % ihre Lieblingsspeise Lamm gibt. Wie oft muß die Mutter mindestens zum Mittagessen gehen, damit sie mit einer Wahrscheinlichkeit von mehr als 80 % mindestens zweimal Lamm bestellen kann?
   Hinweis: Lösung unter Zuhilfenahme des Tafelwerks. (7 BE)

4. Als Nachspeise ißt der Vater besonders gerne Tiramisu. Diese Nachspeise ist aber nicht immer vorrätig. Der Wirt verspricht der Familie ein Gratisessen, wenn der Vater bei den nächsten 20 Restaurantbesuchen nicht mindestens $k = 14$ mal Tiramisu bekommen kann.
   a) Mit welcher Wahrscheinlichkeit bekommt die Familie das Gratisessen, wenn der Wirt einer Bestellung von Tiramisu mit einer Wahrscheinlichkeit von 75 % nachkommen kann? (5 BE)
   b) Wie groß dürfte in seinem Versprechen der Wert von k höchstens sein, damit der Wirt mit einer Wahrscheinlichkeit von mehr als 60 % kein Gratisessen ausgeben muß, obwohl er nur 45 % aller Tiramisubestellungen nachkommen kann? (7 BE)

5. Beim Außerhausverkauf weiß der Wirt aus Erfahrung, daß 60 % der Kunden eine Pizza, 30 % ein Nudelgericht und der Rest eine Gemüseplatte wünschen. Der Sohn möchte für seine Oma eine Gemüseplatte mit nach Hause nehmen. Er steht in einer Schlange vor der Ausgabe, vor ihm stehen noch acht Personen. Mit welcher Wahrscheinlichkeit
   a) wünschen von den Personen vor ihm sechs eine Pizza und zwei ein Nudelgericht, (5 BE)
   b) erhält er seine Gemüseplatte, wenn er weiß, daß nur noch drei Gemüseplatten vorrätig sind? (4 BE)

(40 BE)

Lösungen

1. Für den ersten Mantel bestehen 8, für den zweiten 7, für den dritten 6 und für den vierten 5 Möglichkeiten, insgesamt also $8 \cdot 7 \cdot 6 \cdot 5 = 1680$ Möglichkeiten.

2. a) "Mindestens drei Zutaten" bedeutet:

   3 oder 4 oder 5 oder 6 Zutaten, also

   $\binom{6}{3} + \binom{6}{4} + \binom{6}{5} + \binom{6}{6} =$

   $\dfrac{6!}{3!3!} + \dfrac{6!}{4!2!} + \dfrac{6!}{5!1!} + \dfrac{6!}{6!0!} =$

   $20 + 15 + 6 + 1 = 42$

   Somit stehen 42 Pizzaarten auf der Speisekarte.

   b) Ohne Salami verbleiben 5 Zutaten. Gefragt ist hier, wie viele Dreier-Gruppen aus den verbleibenden Zutaten möglich sind:

   $\binom{5}{3} = \dfrac{5!}{3!2!} = 10$

3. Es handelt sich um eine Stichprobe unbekannter Länge mit mindestens zwei Treffern und dem Parameter $p = 0{,}30$.

   $P^n_{0,30}(Z \geq 2) > 0{,}80$

   $1 - P^n_{0,30}(Z \leq 1) > 0{,}80$

   $1 - 0{,}80 > P^n_{0,30}(Z \leq 1)$

   $0{,}20 > \sum\limits_{i=0}^{1} B(n; 0{,}30; i)$

   $0{,}20 > 0{,}19600$ für $n = 9$ (Tabelle, kumulativ)

   Sie muß also mindestens 9mal zum Essen gehen.

4. a) Hier handelt es sich um eine Stichprobe der Länge 20 mit dem Parameter $p = 0{,}75$.

   $P^{20}_{0,75}(Z \leq 13) = \sum\limits_{i=0}^{13} B(20; 0{,}75; i) = 0{,}2142\ldots \approx 21{,}4\,\%$ (Tabelle, kumulativ)

   b) Wir ändern den Parameter auf $p = 0{,}45$. Der Wirt muß mit einer Wahrscheinlichkeit von höchstens 40 % ein Gratisessen geben.

   $P^{20}_{0,45}(Z \leq k-1) = \sum\limits_{i=0}^{k-1} B(20; 0{,}45; i) \leq 0{,}40$

   Tabelle, kumulativ $\Rightarrow \sum\limits_{i=0}^{7} B(20; 0{,}45; i) = 0{,}25201\ldots \leq 0{,}40$,

   also $k - 1 = 7 \Leftrightarrow k = 8$

   Der Wert von k darf höchstens 8 sein.

5. a) Die Wahrscheinlichkeit, daß die ersten sechs Personen eine Pizza und die restlichen zwei ein Nudelgericht erhalten, beträgt $0{,}6^6 \cdot 0{,}3^2$.

Bei acht Personen gibt es $\binom{8}{6} = 28$ Möglichkeiten, sechs Pizzen und zwei Nudelgerichte zu verteilen.

(Mit der Zuordnung der Pizzen steht ja automatisch auch die Zuordnung der Nudelgerichte fest.)

Somit beträgt die gesuchte Wahrscheinlichkeit

$$P = \binom{8}{6} \cdot 0{,}6^6 \cdot 0{,}3^2 = 0{,}1175\ldots \approx 11{,}8\,\%$$

b) Der Sohn erhält eine Gemüseplatte, wenn vor ihm keine, eine oder zwei Personen eine Gemüseplatte kaufen, also:

$$P = \binom{8}{0} \cdot 0{,}1^0 \cdot 0{,}9^8 + \binom{8}{1} \cdot 0{,}1^1 \cdot 0{,}9^7 + \binom{8}{2} \cdot 0{,}1^2 \cdot 0{,}9^6$$
$$= 0{,}9619\ldots \approx 96{,}2\,\%$$

Grundkurs Mathematik: Abiturprüfung 1995
Analytische Geometrie V

In einem kartesischen Koordinatensystem sind der Punkt A (7 | 4 | 5) und die Geraden

$$g: \vec{x} = \begin{pmatrix} 2 \\ 2 \\ 1 \end{pmatrix} + \lambda \begin{pmatrix} -1 \\ 2 \\ 0 \end{pmatrix} \text{ und } h: \vec{x} = \begin{pmatrix} 1 \\ 3 \\ -4 \end{pmatrix} + \mu \begin{pmatrix} 1 \\ 1 \\ 1 \end{pmatrix}$$

mit $\lambda, \mu \in \mathbb{R}$ gegeben.
Der Punkt A und die Gerade g liegen in einer Ebene E.

1. a) Begründen Sie, daß die Ebene E durch den Punkt A und die Gerade g eindeutig festgelegt ist. Stellen Sie eine Gleichung der Ebene E in Normalenform auf.
   [mögliches Ergebnis: $2x_1 + x_2 - 3x_3 - 3 = 0$] (6 BE)

   b) Zeigen Sie, daß die Gerade h und die Ebene E parallel sind, und berechnen Sie den Abstand von h und E.
   [Teilergebnis: $d(h; E) = \sqrt{14}$] (6 BE)

2. Die Schnittgerade der Ebene E mit der $x_1 x_2$-Ebene heiße s.
   a) Bestimmen Sie eine Gleichung von s in Parameterform.

   $$\left[\text{mögliches Ergebnis: } \vec{x} = \begin{pmatrix} 2 \\ -1 \\ 0 \end{pmatrix} + \sigma \begin{pmatrix} 1 \\ -2 \\ 0 \end{pmatrix} ; \sigma \in \mathbb{R} \right]$$ (5 BE)

   b) Zeigen Sie, daß der Punkt B (0 | 3 | 0) auf s liegt, und bestimmen Sie einen Punkt C auf s so, daß das Dreieck ABC bei C rechtwinklig ist.
   [Teilergebnis: C (1 | 1 | 0)] (7 BE)

3. Das Dreieck ABC und ein beliebiger Punkt S_μ auf der Geraden h bilden eine dreiseitige Pyramide.
   a) Berechnen Sie das Volumen dieser Pyramide. (8 BE)

   b) Die Vektoren $\overrightarrow{CA}$, $\overrightarrow{CB}$ und $\overrightarrow{CS_0}$ mit S_0 (1 | 3 | -4) bilden eine Basis des $\mathbb{R}^3$ (Nachweis nicht erforderlich).
   Stellen Sie den Vektor $\begin{pmatrix} 1 \\ 1 \\ 1 \end{pmatrix}$ als Linearkombination dieser Basisvektoren dar.
   Interpretieren Sie das Ergebnis geometrisch in Bezug auf die Lage der Geraden h zur Ebene E. (8 BE)

(40 BE)

Lösungen

1. a) Die Gerade g und der Punkt A legen eine Ebene E eindeutig fest, wenn $A \notin g$ ist. Um dies zu zeigen, setzen wir die Koordinaten von A in die Gleichung von g ein:

$$\begin{pmatrix} 7 \\ 4 \\ 5 \end{pmatrix} = \begin{pmatrix} 2 \\ 2 \\ 1 \end{pmatrix} + \lambda \begin{pmatrix} -1 \\ 2 \\ 0 \end{pmatrix}$$

Dies führt auf das Gleichungssystem:

(1) $7 = 2 - \lambda$
(2) $4 = 2 + 2\lambda$
(3) $5 = 1 \quad \Rightarrow$ Widerspruch!

Also liegt A nicht auf g.

Um zur Normalenform von E zu gelangen, benötigen wir zwei Richtungsvektoren von E. Einer davon ist der Richtungsvektor $\vec{u}$ der Geraden g, der andere ist der Vektor vom Anfangspunkt Q (2 | 2 | 1) der Geraden g zum Punkt A (7 | 4 | 5):

$$\vec{u} = \begin{pmatrix} -1 \\ 2 \\ 0 \end{pmatrix}; \quad \overrightarrow{QA} = \begin{pmatrix} 7-2 \\ 4-2 \\ 5-1 \end{pmatrix} = \begin{pmatrix} 5 \\ 2 \\ 4 \end{pmatrix}$$

Für einen Normalenvektor $\vec{n}$ muß gelten:

$\vec{u} \cdot \vec{n} = 0$ und zugleich $\overrightarrow{QA} \cdot \vec{n} = 0$

$$\begin{pmatrix} -1 \\ 2 \\ 0 \end{pmatrix} \cdot \begin{pmatrix} n_1 \\ n_2 \\ n_3 \end{pmatrix} = 0 \Leftrightarrow -n_1 + 2n_2 = 0 \Leftrightarrow n_1 = 2n_2 \quad \text{(I)}$$

$$\begin{pmatrix} 5 \\ 2 \\ 4 \end{pmatrix} \cdot \begin{pmatrix} n_1 \\ n_2 \\ n_3 \end{pmatrix} = 0 \Leftrightarrow 5n_1 + 2n_2 + 4n_3 = 0 \quad \text{(II)}$$

(I) in (II): $12n_2 + 4n_3 = 0 \Leftrightarrow -3n_2 = n_3$

Wählt man z. B. $n_2 = 1$, so gilt: $n_3 = -3$ und $n_1 = 2$.

Ein möglicher Normalenvektor ist somit $\vec{n} = \begin{pmatrix} 2 \\ 1 \\ -3 \end{pmatrix}$,

die zugehörige Normalenform lautet dann:

$$\begin{pmatrix} 2 \\ 1 \\ -3 \end{pmatrix} \circ \left[\begin{pmatrix} x_1 \\ x_2 \\ x_3 \end{pmatrix} - \begin{pmatrix} 2 \\ 2 \\ 1 \end{pmatrix} \right] = 0 \quad \text{oder} \quad 2x_1 + x_2 - 3x_3 - 3 = 0.$$

b) **1. Möglichkeit:**
Wir schneiden h mit E und setzen dazu die Geradengleichung von h in die Normalenform von E ein:

$2 \cdot (1+\mu) + (3+\mu) - 3(-4+\mu) - 3 = 0$
$\; 2 + 2\mu + 3 + \mu + 12 - 3\mu - 3 = 0$
$\;\; 14 = 0 \Rightarrow$ Widerspruch $\Rightarrow$ h ist parallel zu E

2. Möglichkeit:
Wir bilden das Skalarprodukt des Normalenvektors $\vec{n}$ mit dem Richtungsvektor von h:

$$\begin{pmatrix} 2 \\ 1 \\ -3 \end{pmatrix} \cdot \begin{pmatrix} 1 \\ 1 \\ 1 \end{pmatrix} = 2 + 1 - 3 = 0 \quad \Rightarrow \quad h \perp \vec{n},$$

also gilt: h ist parallel zu E oder h liegt in E.
Nun ist der Abstand zwischen dem Anfangspunkt von h und der Ebene E zu berechnen. Ist dieser Abstand $d(A; E) = d(h; E) \neq 0$, so ist h parallel zu E.
Zur Berechnung des Abstandes ermitteln wir zunächst die Hessesche Normalenform von E, indem wir die Normalenform von E durch den Betrag des Normalenvektors $\vec{n}$ dividieren und dafür sorgen, daß vor dem absoluten Glied ein Minus als Rechenzeichen steht. Anschließend setzen wir den Anfangspunkt von h in diese HNF ein:

$$|\vec{n}| = \left| \begin{pmatrix} 2 \\ 1 \\ -3 \end{pmatrix} \right| = \sqrt{2^2 + 1^2 + (-3)^2} = \sqrt{4 + 1 + 9} = \sqrt{14}$$

HNF: $\dfrac{1}{\sqrt{14}} (2x_1 + x_2 - 3x_3 - 3) = 0$

$d(h; E) = d(A; E) = \dfrac{1}{\sqrt{14}} (2 \cdot 1 + 3 - 3 \cdot (-4) - 3) = \dfrac{14}{\sqrt{14}} = \sqrt{14}$

2. a) **1. Möglichkeit:**
Wir schneiden die Ebene E mit der x_1x_2-Ebene, indem wir die Parameterform der x_1x_2-Ebene in die Normalenform von E einsetzen:

Parameterform der x_1x_2-Ebene: $E_{x_1x_2}: \vec{x} = \begin{pmatrix} 0 \\ 0 \\ 0 \end{pmatrix} + \alpha \cdot \begin{pmatrix} 1 \\ 0 \\ 0 \end{pmatrix} + \beta \cdot \begin{pmatrix} 0 \\ 1 \\ 0 \end{pmatrix}$

in E eingesetzt:
$2 \cdot (0 + \alpha + 0 \cdot \beta) + (0 + 0 \cdot \alpha + \beta) - 3 \cdot (0 + 0 \cdot \alpha + 0 \cdot \beta) - 3 = 0$
$2\alpha + \beta - 3 = 0$
$\quad \beta = 3 - 2\alpha$

in $E_{x_1x_2}$: $\vec{x}_s = \begin{pmatrix} 0 \\ 0 \\ 0 \end{pmatrix} + \alpha \begin{pmatrix} 1 \\ 0 \\ 0 \end{pmatrix} + (3 - 2\alpha) \begin{pmatrix} 0 \\ 1 \\ 0 \end{pmatrix}$

$\vec{x}_s = \begin{pmatrix} 0 \\ 3 \\ 0 \end{pmatrix} + \alpha \begin{pmatrix} 1 \\ -2 \\ 0 \end{pmatrix}$

2. Möglichkeit:
Wir setzen in der Normalenform von E die dritte Koordinate $x_3 = 0$ und erhalten als Normalenform der Spurgeraden s in der x_1x_2-Ebene:
$2x_1 + x_2 - 3 = 0$
Wählt man z. B. $x_1 = 2$, so ergibt sich $x_2 = -1$, also liegt der Punkt $(2 \mid -1 \mid 0)$ auf der Spurgeraden.

Bedenkt man, daß der Richtungsvektor $\vec{s}$ der Geraden s senkrecht zum Normalenvektor von E und senkrecht zum Normalenvektor der x_1x_2-Ebene ist, so muß gelten:

$$\begin{pmatrix}2\\1\\-3\end{pmatrix}\cdot\begin{pmatrix}s_1\\s_2\\s_3\end{pmatrix}=0 \quad\text{und}\quad \begin{pmatrix}0\\0\\1\end{pmatrix}\cdot\begin{pmatrix}s_1\\s_2\\s_3\end{pmatrix}=0 \quad\text{und}\quad s_3=0 \quad\Rightarrow$$

$2\cdot s_1 + 1\cdot s_2 = 0$, z. B. $s_1 = 1$ und $s_2 = -2$ $\Rightarrow$

s: $\vec{x}_s = \begin{pmatrix}2\\-1\\0\end{pmatrix}+\sigma\begin{pmatrix}1\\-2\\0\end{pmatrix}$; $\sigma\in\mathbb{R}$

Einfacher erhält man den Richtungsvektor von s, wenn man erkennt, daß der Richtungsvektor von g wegen $x_3 = 0$ parallel zur x_1x_2-Ebene verläuft. Mit (-1) multipliziert folgt das angegebene Ergebnis.

b) Wählt man in Aufgabe a die erste Möglichkeit, ergibt sich sofort $B \in s$.
Im zweiten Falle sind die Koordinaten von B in die Gleichung von s einzusetzen:

$$\begin{pmatrix}0\\3\\0\end{pmatrix}=\begin{pmatrix}2\\-1\\0\end{pmatrix}+\sigma\begin{pmatrix}1\\-2\\0\end{pmatrix} \Leftrightarrow \left.\begin{cases}0=2+\sigma &\Leftrightarrow \sigma=-2\\3=-1-2\sigma &\Leftrightarrow \sigma=-2\\0=0\end{cases}\right\}\Rightarrow B\in s$$

Die Aussage, Dreieck ABC ist bei C rechtwinklig, bedeutet $\overrightarrow{CA}\circ\overrightarrow{CB}=0$, also $(\vec{a}-\vec{c})\circ(\vec{b}-\vec{c})=0$, wenn $\vec{a},\vec{b},\vec{c}$ die zugehörigen Ortsvektoren darstellen. Da wir aber $\vec{c}$ nicht genau kennen, sondern nur wissen, daß C auf s liegt, setzen wir für $\vec{c}$ die Geradengleichung von s ein:

$$\left\{\begin{pmatrix}7\\4\\5\end{pmatrix}-\left[\begin{pmatrix}2\\-1\\0\end{pmatrix}+\sigma\begin{pmatrix}1\\-2\\0\end{pmatrix}\right]\right\}\circ\left\{\begin{pmatrix}0\\3\\0\end{pmatrix}-\left[\begin{pmatrix}2\\-1\\0\end{pmatrix}+\sigma\begin{pmatrix}1\\-2\\0\end{pmatrix}\right]\right\}=0$$

$$\left\{\begin{pmatrix}5\\5\\5\end{pmatrix}-\sigma\begin{pmatrix}1\\-2\\0\end{pmatrix}\right\}\circ\left\{\begin{pmatrix}-2\\4\\0\end{pmatrix}-\sigma\begin{pmatrix}1\\-2\\0\end{pmatrix}\right\}=0$$

Ausmultiplizieren unter Verwendung des Distributivgesetzes ergibt:

$$\begin{pmatrix}5\\5\\5\end{pmatrix}\circ\begin{pmatrix}-2\\4\\0\end{pmatrix}-\sigma\begin{pmatrix}5\\5\\5\end{pmatrix}\circ\begin{pmatrix}1\\-2\\0\end{pmatrix}-\sigma\begin{pmatrix}1\\-2\\0\end{pmatrix}\circ\begin{pmatrix}-2\\4\\0\end{pmatrix}+\sigma^2\begin{pmatrix}1\\-2\\0\end{pmatrix}\circ\begin{pmatrix}1\\-2\\0\end{pmatrix}=0$$

$(-10+20)-\sigma(5-10)-\sigma(-2-8)+\sigma^2(1+4)=0$

$10+15\sigma+5\sigma^2 = 0$

$\sigma^2 + 3\sigma + 2 = 0$

$\sigma_{1/2} = \frac{1}{2}(-3\pm\sqrt{9-4\cdot 2}) = \frac{1}{2}(-3\pm 1)$

$\sigma_1 = -1 \quad\vee\quad \sigma_2 = -2$

Diese beiden Werte setzen wir in die Gleichung von s ein:

$$\vec{c} = \begin{pmatrix} 2 \\ -1 \\ 0 \end{pmatrix} - \begin{pmatrix} 1 \\ -2 \\ 0 \end{pmatrix} = \begin{pmatrix} 1 \\ 1 \\ 0 \end{pmatrix} \Rightarrow C(1|1|0)$$

$$\vec{c}' = \begin{pmatrix} 2 \\ -1 \\ 0 \end{pmatrix} - 2\begin{pmatrix} 1 \\ -2 \\ 0 \end{pmatrix} = \begin{pmatrix} 0 \\ 3 \\ 0 \end{pmatrix} = \vec{b} \Rightarrow \overrightarrow{BC} = \vec{0}; \quad \text{somit entfällt die zweite Lösung.}$$

3. a) $V = \dfrac{1}{3} \cdot G \cdot h_p$

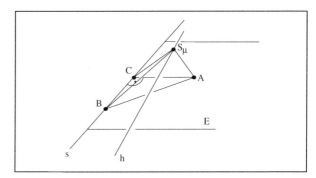

Die Grundfläche ist das Dreieck ABC. Wegen des rechten Winkels bei C kann [CA] als Grundlinie und [CB] als Dreieckshöhe betrachtet werden. Da ΔABC in E und h parallel zu E liegt, ist der Abstand d(h; E) die Höhe der Pyramide, also gilt:

$$V = \frac{1}{3} \cdot \left(\frac{1}{2}\overline{CA} \cdot \overline{CB}\right) \cdot d(h; E)$$

$$\overline{CA} = \left|\begin{pmatrix} 7 \\ 4 \\ 5 \end{pmatrix} - \begin{pmatrix} 1 \\ 1 \\ 0 \end{pmatrix}\right| = \left|\begin{pmatrix} 6 \\ 3 \\ 5 \end{pmatrix}\right| = \sqrt{36+9+25} = \sqrt{70}$$

$$\overline{CB} = \left|\begin{pmatrix} 0 \\ 3 \\ 0 \end{pmatrix} - \begin{pmatrix} 1 \\ 1 \\ 0 \end{pmatrix}\right| = \left|\begin{pmatrix} -1 \\ 2 \\ 0 \end{pmatrix}\right| = \sqrt{1+4+0} = \sqrt{5}$$

Mit $d(h; E) = \sqrt{14}$ (vgl. Aufgabe 1 b) ergibt sich:

$$V = \frac{1}{3} \cdot \left(\frac{1}{2} \cdot \sqrt{70} \cdot \sqrt{5}\right) \cdot \sqrt{14} = \frac{1}{3} \cdot \frac{1}{2} \cdot \sqrt{4900} = \frac{1}{3} \cdot \frac{1}{2} \cdot 70 = \frac{35}{3} = 11\frac{2}{3}$$

b) $\overrightarrow{CA} = \begin{pmatrix} 6 \\ 3 \\ 5 \end{pmatrix}; \quad \overrightarrow{CB} = \begin{pmatrix} -1 \\ 2 \\ 0 \end{pmatrix}; \quad \overrightarrow{CS_0} = \begin{pmatrix} 1-1 \\ 3-1 \\ -4-0 \end{pmatrix} = \begin{pmatrix} 0 \\ 2 \\ -4 \end{pmatrix}$

$$\begin{pmatrix} 1 \\ 1 \\ 1 \end{pmatrix} = \eta_1 \cdot \overrightarrow{CA} + \eta_2 \cdot \overrightarrow{CB} + \eta_3 \cdot \overrightarrow{CS_0}$$

$$\begin{pmatrix} 1 \\ 1 \\ 1 \end{pmatrix} = \eta_1 \cdot \begin{pmatrix} 6 \\ 3 \\ 5 \end{pmatrix} + \eta_2 \cdot \begin{pmatrix} -1 \\ 2 \\ 0 \end{pmatrix} + \eta_3 \cdot \begin{pmatrix} 0 \\ 2 \\ -4 \end{pmatrix}$$

Dies führt auf das Gleichungssystem:
(I) $\quad 1 = 6\eta_1 - \eta_2 \qquad \Leftrightarrow \quad \eta_2 = 6\eta_1 - 1$
(II) $\quad 1 = 3\eta_1 + 2\eta_2 + 2\eta_3$
(III) $\quad 1 = 5\eta_1 \qquad -4\eta_3 \quad \Leftrightarrow \quad \eta_3 = \dfrac{1}{4}\cdot(5\eta_1 - 1)$

(I) und (III) in (II):

$$1 = 3\eta_1 + 2\cdot(6\eta_1 - 1) + 2\cdot\dfrac{1}{4}\cdot(5\eta_1 - 1)$$

$$1 = 3\eta_1 + 12\eta_1 - 2 + \dfrac{5}{2}\eta_1 - \dfrac{1}{2}$$

$$1 = 17\dfrac{1}{2}\eta_1 - 2\dfrac{1}{2}$$

$$3\dfrac{1}{2} = 17\dfrac{1}{2}\eta_1 \quad \Leftrightarrow \quad \eta_1 = 3\dfrac{1}{2} : 17\dfrac{1}{2} = \dfrac{7}{2} : \dfrac{35}{2} = \dfrac{7}{2}\cdot\dfrac{2}{35} = \dfrac{7}{35} = \dfrac{1}{5}$$

in (I): $\eta_2 = 6\cdot\eta_1 - 1 = 6\cdot\dfrac{1}{5} - 1 = \dfrac{1}{5}$

in (III): $\eta_3 = \dfrac{1}{4}\cdot(5\eta_1 - 1) = \dfrac{1}{4}\cdot(5\cdot\dfrac{1}{5} - 1) = 0$

Die zugehörige Linearkombination lautet also:

$$\begin{pmatrix}1\\1\\1\end{pmatrix} = \dfrac{1}{5}\cdot\overrightarrow{CA} + \dfrac{1}{5}\cdot\overrightarrow{CB} + 0\cdot\overrightarrow{CS_0}$$

$\overrightarrow{CA}$ und $\overrightarrow{CB}$ spannen die Ebene E auf, $\overrightarrow{CS_0}$ gibt eine Höhenveränderung bzgl. E an.

Da $\eta_3 = 0$ ist, verändert der Vektor $\begin{pmatrix}1\\1\\1\end{pmatrix}$, der ja Richtungsvektor von h ist, seinen Abstand bzgl. E nicht. Damit ist h ∥ E.

Grundkurs Mathematik: Abiturprüfung 1995
Analytische Geometrie VI

In einem kartesischen Koordinatensystem legen die Punkte A (3 | 4 | 6), B (–2 | 4 | 6) und C (–2 | 0 | 3) die Ebene E fest. Außerdem ist die

Gerade g: $\vec{x} = \begin{pmatrix} 3 \\ 7 \\ 2 \end{pmatrix} + \mu \begin{pmatrix} 5 \\ 7 \\ -1 \end{pmatrix}$ mit $\mu \in \mathbb{R}$ gegeben.

1. a) Stellen Sie eine Gleichung der Ebene E in Normalenform auf.
   [mögliches Ergebnis: $3x_2 - 4x_3 + 12 = 0$] (5 BE)
   b) Zeigen Sie, daß das Dreieck ABC gleichschenklig-rechtwinklig mit Basis [AC] ist. (4 BE)
   c) Bestimmen Sie die Koordinaten des Punktes D so, daß das Viereck ABCD ein Quadrat ist. (3 BE)

2. a) Zeigen Sie, daß die Gerade g und die Ebene E nur den Punkt C gemeinsam haben. (5 BE)
   b) Das Lot zur Ebene E durch den Diagonalenschnittpunkt M des Quadrats ABCD heiße h. Zeigen Sie, daß sich die Geraden g und h in genau einem Punkt S schneiden, und berechnen Sie die Koordinaten von S.
   [Teilergebnis: S (0,5 | 3,5 | 2,5)] (7 BE)
   c) Berechnen Sie das Volumen der Pyramide ABCDS mit Grundfläche ABCD. (4 BE)

3. Die Schwerpunkte der vier Seitenflächen der Pyramide ABCDS bilden ein Quadrat, das in einer Parallelebene E' zu E liegt (Nachweis nicht erforderlich).
   a) Berechnen Sie den Flächeninhalt dieses Quadrats. (7 BE)
   b) Bestimmen Sie den Abstand des Punktes M (vgl. Teilaufgabe 2 b) von der Ebene E'. (5 BE)

(40 BE)

Lösungen

1. a) $\overrightarrow{AB}$ und $\overrightarrow{AC}$ sind Richtungsvektoren der Ebene E.

$\overrightarrow{AB} = \begin{pmatrix} -2-3 \\ 4-4 \\ 6-6 \end{pmatrix} = \begin{pmatrix} -5 \\ 0 \\ 0 \end{pmatrix}$; $\overrightarrow{AC} = \begin{pmatrix} -2-3 \\ 0-4 \\ 3-6 \end{pmatrix} = \begin{pmatrix} -5 \\ -4 \\ -3 \end{pmatrix}$

Für einen Normalenvektor $\vec{n}$ muß gelten:
$\vec{n} \cdot \overrightarrow{AB} = 0$ und zugleich $\vec{n} \cdot \overrightarrow{AC} = 0$

$\begin{pmatrix} n_1 \\ n_2 \\ n_3 \end{pmatrix} \cdot \begin{pmatrix} -5 \\ 0 \\ 0 \end{pmatrix} = 0 \Leftrightarrow 5n_1 = 0 \Leftrightarrow n_1 = 0$ (I)

$\begin{pmatrix} n_1 \\ n_2 \\ n_3 \end{pmatrix} \cdot \begin{pmatrix} -5 \\ -4 \\ -3 \end{pmatrix} = 0 \Leftrightarrow -5n_1 - 4n_2 - 3n_3 = 0$ (II)

(I) in (II): $-4n_2 - 3n_3 = 0$

Wählen wir z. B. $n_2 = 3$, so gilt: $n_3 = -4$

Ein möglicher Normalenvektor ist somit $\vec{n} = \begin{pmatrix} 0 \\ 3 \\ -4 \end{pmatrix}$,

die zugehörige Normalenform lautet dann:

$\begin{pmatrix} 0 \\ 3 \\ -4 \end{pmatrix} \circ \left[\begin{pmatrix} x_1 - 3 \\ x_2 - 4 \\ x_3 - 6 \end{pmatrix} \right] = 0$ oder $3x_2 - 4x_3 + 12 = 0$

b) Wenn [AC] Basis ist, so sind [AB] und [BC] die Schenkel. Ihre Längen müssen übereinstimmen:

$|\overrightarrow{AB}| = \left| \begin{pmatrix} -5 \\ 0 \\ 0 \end{pmatrix} \right| = 5$ (vgl. Aufgabe 1 a)

$|\overrightarrow{BC}| = \left| \begin{pmatrix} -2-(-2) \\ 0-4 \\ 3-6 \end{pmatrix} \right| = \left| \begin{pmatrix} 0 \\ -4 \\ -3 \end{pmatrix} \right| = \sqrt{0+16+9} = \sqrt{25} = 5$

Außerdem muß gelten: [AB] $\perp$ [BC], also $\overrightarrow{AB} \circ \overrightarrow{BC} = 0$.

$\begin{pmatrix} -5 \\ 0 \\ 0 \end{pmatrix} \circ \begin{pmatrix} 0 \\ -4 \\ -3 \end{pmatrix} = (-5) \cdot 0 + 0 \cdot (-4) + 0 \cdot (-3) = 0$

c) Der Mittelpunkt M der Strecke [AC] ist Diagonalschnittpunkt des gesuchten Quadrats ABCD.

$\vec{m} = \dfrac{\vec{a}+\vec{c}}{2} = \dfrac{1}{2} \cdot \left[\begin{pmatrix} 3 \\ 4 \\ 6 \end{pmatrix} + \begin{pmatrix} -2 \\ 0 \\ 3 \end{pmatrix} \right] = \dfrac{1}{2} \cdot \begin{pmatrix} 1 \\ 4 \\ 9 \end{pmatrix}$

$\Rightarrow$ M (0,5|2|4,5)

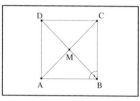

Da sich die Diagonalen in einem Quadrat gegenseitig halbieren, gilt: $\vec{d} = \vec{b} + 2 \cdot \overrightarrow{BM}$

$\vec{d} = \begin{pmatrix} -2 \\ 4 \\ 6 \end{pmatrix} + 2 \cdot \begin{pmatrix} 0,5-(-2) \\ 2-4 \\ 4,5-6 \end{pmatrix} = \begin{pmatrix} -2 \\ 4 \\ 6 \end{pmatrix} + \begin{pmatrix} 5 \\ -4 \\ -3 \end{pmatrix} = \begin{pmatrix} 3 \\ 0 \\ 3 \end{pmatrix}$ $\Rightarrow$ D(3|0|3)

2. a) Zu zeigen ist, daß sich g und E in C schneiden. Dazu setzen wir die Geradengleichung von g in die Normalform von E ein:

$3 \cdot (7+7\mu) - 4 \cdot (2-\mu) + 12 = 0$

$21 + 21\mu - 8 + 4\mu + 12 = 0$

$25\mu = -25$

$\mu = -1$

in g eingesetzt:

$\vec{c} = \begin{pmatrix} 3 \\ 7 \\ 2 \end{pmatrix} + (-1) \cdot \begin{pmatrix} 5 \\ 7 \\ -1 \end{pmatrix} = \begin{pmatrix} -2 \\ 0 \\ 3 \end{pmatrix}$ $\Rightarrow$ C(-2|0|3) ist Schnittpunkt

b) h: $\vec{x} = \vec{m} + \lambda \cdot \vec{n} = \begin{pmatrix} 0,5 \\ 2 \\ 4,5 \end{pmatrix} + \lambda \cdot \begin{pmatrix} 0 \\ 3 \\ -4 \end{pmatrix}$

Um zu zeigen, daß g und h weder parallel noch windschief sind, bringen wir g und h zum Schnitt. Ergibt diese Rechnung genau eine Lösung, so schneiden sich g und h in genau einem Punkt.

Wir setzen also die Gleichungen von g und h gleich:

$$\begin{pmatrix} 3 \\ 7 \\ 2 \end{pmatrix} + \mu \cdot \begin{pmatrix} 5 \\ 7 \\ -1 \end{pmatrix} = \begin{pmatrix} 0,5 \\ 2 \\ 4,5 \end{pmatrix} + \lambda \cdot \begin{pmatrix} 0 \\ 3 \\ -4 \end{pmatrix}$$

Dies führt auf das Gleichungssystem

(1) $3 + 5\mu = 0,5 \Leftrightarrow 5\mu = -2,5 \Leftrightarrow \mu = -0,5$
(2) $7 + 7\mu = 2 + 3\lambda$
(3) $2 - \mu = 4,5 - 4\lambda$

(1) in (2): $7 + 7 \cdot (-0,5) = 2 + 3\lambda \Leftrightarrow 3,5 = 2 + 3\lambda \Leftrightarrow \lambda = 0,5$
in (3): $2 - (-0,5) = 4,5 - 4 \cdot 0,5 \Leftrightarrow 2,5 = 2,5$

⇒ Es gibt genau einen Schnittpunkt S.

Zur Bestimmung der Koordinaten von S setzen wir z. B. λ in die Gleichung von g ein:

$\vec{s} = \begin{pmatrix} 0,5 \\ 2 \\ 4,5 \end{pmatrix} + 0,5 \cdot \begin{pmatrix} 0 \\ 3 \\ -4 \end{pmatrix} = \begin{pmatrix} 0,5 \\ 3,5 \\ 2,5 \end{pmatrix} \Rightarrow S(0,5|3,5|2,5)$

c) $V = \frac{1}{3} \cdot G \cdot h$

G ist die quadratische Grundfläche ABCD ⇒ $G = \overline{AB}^2 = 25$

h ist der Abstand $\overline{MS} = \left| \begin{pmatrix} 0,5-0,5 \\ 3,5-2 \\ 2,5-4,5 \end{pmatrix} \right| = \left| \begin{pmatrix} 0 \\ 1,5 \\ -2 \end{pmatrix} \right| = \sqrt{0 + 2,25 + 4} = 2,5$

$V = \frac{1}{3} \cdot G \cdot h = \frac{1}{3} \cdot \overline{AB}^2 \cdot \overline{MS} = \frac{1}{3} \cdot 25 \cdot 2,5 = \frac{125}{6} = 20\frac{5}{6}$

3. a) Da nach Voraussetzung die gesuchte Figur ein Quadrat ist, genügt es, die Koordinaten der Schwerpunkte zweier Seitendreiecke zu berechnen und ihren Abstand voneinander zu quadrieren.

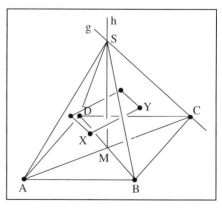

Schwerpunkt X im ΔABS:

$$\vec{x} = \frac{\vec{a}+\vec{b}+\vec{s}}{3} = \frac{1}{3}\cdot\left[\begin{pmatrix}3\\4\\6\end{pmatrix}+\begin{pmatrix}-2\\4\\6\end{pmatrix}+\begin{pmatrix}0,5\\3,5\\2,5\end{pmatrix}\right] = \frac{1}{3}\cdot\begin{pmatrix}1,5\\11,5\\14,5\end{pmatrix} \Rightarrow X\left(\frac{1}{2}\left|\frac{23}{6}\right|\frac{29}{6}\right)$$

Schwerpunkt Y im ΔBCS:

$$\vec{y} = \frac{\vec{b}+\vec{c}+\vec{s}}{3} = \frac{1}{3}\cdot\left[\begin{pmatrix}-2\\4\\6\end{pmatrix}+\begin{pmatrix}-2\\0\\3\end{pmatrix}+\begin{pmatrix}0,5\\3,5\\2,5\end{pmatrix}\right] = \frac{1}{3}\cdot\begin{pmatrix}-3,5\\7,5\\11,5\end{pmatrix} \Rightarrow Y\left(-\frac{7}{6}\left|\frac{5}{2}\right|\frac{23}{6}\right)$$

$$|\overrightarrow{XY}|^2 = \left|\begin{pmatrix}-\frac{7}{6}-\frac{1}{2}\\ \frac{5}{2}-\frac{23}{6}\\ \frac{23}{6}-\frac{29}{6}\end{pmatrix}\right|^2 = \left|\begin{pmatrix}-\frac{5}{3}\\-\frac{4}{3}\\-1\end{pmatrix}\right|^2 = \frac{25}{9}+\frac{16}{9}+1 = \frac{50}{9} = 5\frac{5}{9} = 5,\overline{5}$$

b) ABCDS ist eine reguläre Pyramide, E und E' sind parallel. Der Abstand des Punktes M von der Ebene E' stimmt z. B. mit dem Abstand des Punktes X von E überein. Also setzen wir die Koordinaten von X in die Hessesche Normalenform von E ein:

$$|\vec{n}| = \left|\begin{pmatrix}0\\-3\\4\end{pmatrix}\right| = \sqrt{0+9+16} = 5 \Rightarrow \vec{n}^0 = \frac{1}{5}\cdot\begin{pmatrix}0\\3\\-4\end{pmatrix}$$

$$\Rightarrow \text{HNF: E: } -\frac{3}{5}x_2 + \frac{4}{5}x_3 - \frac{12}{5} = 0$$

X in HNF(E): $-\frac{3}{5}\cdot\frac{23}{6} + \frac{4}{5}\cdot\frac{29}{6} - \frac{12}{5} = -\frac{5}{6}$

Damit beträgt auch der Abstand des M von E': $d(M;E') = \frac{5}{6}$

Diese Aufgabe ließe sich auch auf elementargeometrische Weise z. B. mit Hilfe der zentrischen Streckung lösen. Bezeichnen wir den Schnittpunkt von h und der Ebene E' mit M' und den Mittelpunkt der Strecke [AB] mit F, so gilt:

$$\frac{\overline{SM'}}{\overline{SM}} = \frac{\overline{SX}}{\overline{SF}} = \frac{2}{3} \Leftrightarrow \overline{SM'} = \frac{2}{3}\cdot\overline{SM}$$

Daraus ergibt sich für den Abstand d(M; E'):

$$d(M;E') = \overline{MM'} = \overline{SM} - \overline{SM'} = \overline{SM} - \frac{2}{3}\overline{SM} = \frac{1}{3}\overline{SM}$$

$$d(M;E') = \left|\frac{1}{3}\cdot\begin{pmatrix}0,5-0,5\\2-3,5\\4,5-2,5\end{pmatrix}\right| = \left|\frac{1}{3}\cdot\begin{pmatrix}0\\-1,5\\2\end{pmatrix}\right| = \frac{1}{3}\sqrt{0+2,25+4}$$

$$= \frac{1}{3}\cdot\sqrt{6,25} = \frac{1}{3}\cdot 2,5 = \frac{5}{6}$$

Grundkurs Mathematik: Abiturprüfung 1996
Infinitesimalrechnung I

Gegeben ist die Funktion

$$f: x \to \frac{1-e^{2x}}{1+e^{2x}} \quad \text{mit} \quad D_f = \mathbb{R}.$$

Ihr Graph wird mit G_f bezeichnet.

1. a) Bestimmen Sie die Nullstelle der Funktion f und das Verhalten von f für $x \to -\infty$ an. (3 BE)
   b) Zeigen Sie, daß G_f punktsymmetrisch zum Koordinatenursprung ist.
      Geben Sie nun das Verhalten von f für $x \to +\infty$ an. (5 BE)
   c) Zeigen Sie:
   $$f'(x) = \frac{-4e^{2x}}{(1+e^{2x})^2}$$
   Ermitteln Sie das Monotonieverhalten von f, und geben Sie die Wertmenge von f an. (7 BE)
   d) Der Ursprung des Koordinatensystems ist Wendepunkt von G_f (Nachweis nicht verlangt).
      Berechnen Sie die Gleichung der Wendetangente. (2 BE)
   e) Berechnen Sie f(1) auf zwei Dezimalen genau. Zeichnen Sie G_f unter Verwendung aller bisherigen Ergebnisse (Längeneinheit 2 cm). (5 BE)

2. Begründen Sie, daß f umkehrbar ist.
   Bestimmen Sie für die Umkehrfunktion f^{-1} Funktionsterm, Definitions- und Wertmenge. Zeichnen Sie den Graphen der Umkehrfunktion G_f^{-1} in das Koordinatensystem von Teilaufgabe 1e ein.
   (8 BE)

3. a) Zeigen Sie, daß $F: x \to x - \ln(1 + e^{2x})$ mit $D_F = \mathbb{R}$ eine Stammfunktion von f ist. (4 BE)
   b) Berechnen Sie $J = \int_{-1}^{0} f(x)dx$ auf drei Dezimalen genau. (3 BE)
   c) G_f, G_f^{-1} und die Geraden mit den Gleichungen $x = -1$ und $y = 1$ begrenzen im II. Quadranten ein Flächenstück.
      Berechnen Sie dessen Inhalt auf zwei Dezimalen genau. (3 BE)
      (40 BE)

Lösungen

$$f(x) = \frac{1-e^{2x}}{1+e^{2x}}$$

1. a) Nullstelle = Schnittstelle mit der x-Achse: y = f(x) = 0:

   $\frac{1-e^{2x}}{1+e^{2x}} = 0 \Rightarrow 1-e^{2x} = 0 \Rightarrow e^{2x} = 1 \Rightarrow x = 0 \Rightarrow N(0\,|\,0)$ Schnittpunkt mit der x-Achse

   $\lim_{x \to -\infty} f(x) = \lim_{x \to -\infty} \frac{1-e^{2x}}{1+e^{2x}} = \frac{1-0}{1+0} = 1$

   y = 1 ist für $x \to -\infty$ waagrechte Asymptote.

   b) G_f ist punktsymmetrisch zum Ursprung, wenn f(–x) = –f(x) gilt.

   $f(-x) = \frac{1-e^{2(-x)}}{1+e^{2(-x)}} = \frac{1-e^{-2x}}{1+e^{-2x}} = \frac{1-\frac{1}{e^{2x}}}{1+\frac{1}{e^{2x}}} = \frac{\frac{e^{2x}-1}{e^{2x}}}{\frac{e^{2x}+1}{e^{2x}}}$

   $= \frac{e^{2x}-1}{e^{2x}+1} = \frac{-(1-e^{2x})}{1+e^{2x}} = -f(x) \Rightarrow G_f$ ist punktsymmetrisch zum Ursprung

   Auf Grund der Punktsymmetrie zum Ursprung und dem Ergebnis aus 1 a gilt:

   $\lim_{x \to \infty} f(x) = \lim_{x \to \infty} \frac{1-e^{2x}}{1+e^{2x}} = -1$

   y = –1 ist für $x \to \infty$ waagrechte Asymptote.

   c) Die 1. Ableitung wird mit Hilfe von Quotientenregel und Kettenregel bestimmt:

   $f'(x) = \frac{-2e^{2x}(1+e^{2x})-(1-e^{2x})\cdot 2e^{2x}}{(1+e^{2x})^2} = \frac{2e^{2x}(-1-e^{2x}-1+e^{2x})}{(1+e^{2x})^2} = \frac{-4e^{2x}}{(1+e^{2x})^2}$

   Die Monotonie ergibt sich aus der 1. Ableitung.
   Da $e^{2x} > 0$ und $(1+e^{2x})^2 > 0$ gilt, daß in $D_f = \mathbb{R}$ gilt: f'(x) < 0, d. h. f ist in $D_f = \mathbb{R}$ streng monoton abnehmend.
   Aus der strengen Monotonie und den Grenzwerten in 1 a und 1 b gilt für die Wertemenge $W_f = \,]-1;\,1[$.

   d) Steigung der Wendetangente: m = f'(x_w)
   m = f'(0) = –1
   Die Gleichung der Wendetangente = Ursprungsgerade mit der Steigung –1:
   t_w: y = –x

   e) Der zu berechnende Funktionswert f(1) ist in der folgenden Wertetabelle enthalten, die erstellt wird, um den Verlauf des Graphen genauer zu kennen (Symmetrie beachten!).

x	1	1,5	2
y	–0,76	–0,91	–0,96

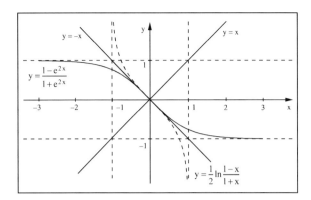

2. a) Da die Funktion f streng monoton abnehmend in $D_f = \mathbb{R}$ ist, ist f dort umkehrbar. Die Gleichung der Umkehrfunktion $y = f^{-1}(x)$ erhält man, indem man in der Funktionsgleichung $y = f(x)$ die Variablen x und y vertauscht und die entstehende Gleichung nach y auflöst.

f^{-1}:
$$x = \frac{1-e^{2y}}{1+e^{2y}} \mid \cdot (1+e^{2y})$$
$$x + xe^{2y} = 1 - e^{2y}$$
$$xe^{2y} + e^{2y} = 1 - x$$
$$e^{2y}(1+x) = 1 - x$$
$$e^{2y} = \frac{1-x}{1+x}$$
$$2y = \ln\frac{1-x}{1+x}$$
$$y = f^{-1}(x) = \frac{1}{2}\ln\frac{1-x}{1+x}$$

Da zur Bestimmung der Umkehrfunktion x und y vertauscht werden, vertauschen sich auch die Definitions- und Wertemengen, d. h.
$D_{f^{-1}} = W_f = \,]-1; 1[$. $W_{f^{-1}} = D_f = \mathbb{R}$

Der Graph der Umkehrfunktion wird durch Spiegelung an der Geraden $y = x$ aus der Funktion f genommen. $G_{f^{-1}}$ ist im Koordinatensystem von 1 e gezeichnet.

3. a) F ist eine Stammfunktion zur Funktion f, wenn $F'(x) = f(x)$ gilt.

$$F(x) = x - \ln(1+e^{2x})$$
$$F'(x) = 1 - \frac{1}{1+e^{2x}} \cdot 2e^{2x} = \frac{1+e^{2x}-2e^{2x}}{1+e^{2x}} = \frac{1-e^{2x}}{1+e^{2x}} = f(x)$$

Damit ist die Behauptung, daß F eine Stammfunktion von f ist, nachgewiesen.

b) J wird mit Hilfe der Stammfunktion f bestimmt.

$$J = \int_{-1}^{0} f(x)dx = [F(x)]_{-1}^{0} = [x - \ln(1+e^{2x})]_{-1}^{0} = (0 - \ln 2) - (-1 - \ln(1+e^{-2}))$$
$$= -0{,}693 + 1 + 0{,}127 = 0{,}434$$

c) Die Fläche ist im Graphen zu 1 e schraffiert. Dort sieht man wegen der Symmetrie von G_f und $G_{f^{-1}}$ zur Geraden y = –x, daß man die Fläche wie folgt erhält: Man subtrahiert von der Fläche des Quadrates mit der Seitenlänge 1 zweimal die Fläche J, die in 3 b berechnet wurde.

A = $A_\square$ –2 · J = 1 – 2 · 0,434 ≈ 0,13 FE

Grundkurs Mathematik: Abiturprüfung 1996
Infinitesimalrechnung II

Gegeben ist die reelle Funktion

$$f: x \to \frac{2-x}{x^2-x}$$

mit ihrer maximalen Definitionsmenge D_f. Ihr Graph wird mit G_f bezeichnet.

1. a) Bestimmen Sie D_f und die Nullstelle der Funktion f. (3 BE)
   b) Untersuchen Sie das Verhalten von f in der Umgebung der Definitionslücken sowie für $x \to \pm\infty$. (6 BE)
   c) Zeigen Sie:

   $$f'(x) = \frac{x^2 - 4x + 2}{(x^2 - x)^2}$$

   Weisen Sie ohne Verwendung der 2. Ableitung nach, daß G_f an der Stelle $x_1 = 2 - \sqrt{2}$ einen Hochpunkt und an der Stelle $x_2 = 2 + \sqrt{2}$ einen Tiefpunkt besitzt.
   Berechnen Sie die zugehörigen Funktionswerte auf zwei Dezimalen genau. (10 BE)
   d) Berechnen Sie $f(-1)$, $f(1{,}5)$ und $f'(2)$.
   Zeichnen Sie G_f unter Verwendung aller bisherigen Ergebnisse
   (Längeneinheit 1 cm). (8 BE)

2. Gegeben ist weiter die Integralfunktion

   $$F: x \mapsto \int_{1{,}5}^{x} f(t)\,dt \text{ mit } D_F = \,]1; +\infty[.$$

   a) Zeigen Sie: $F(x) = \ln\left[\dfrac{9(x-1)}{2x^2}\right]$ (6 BE)
   b) Ermitteln Sie alle Nullstellen von F, und deuten Sie das Ergebnis geometrisch. (7 BE)

   (40 BE)

Lösungen

$$f(x) = \frac{2-x}{x^2 - x} = \frac{2-x}{x(x-1)}$$

1. a) Die Funktion f ist überall dort definiert, wo der Nenner ungleich Null ist, d. h. die Nullstellen des Nenners müssen aus $\mathbb{R}$ herausgenommen werden.

   $x^2 - x = x(x-1) = 0 \quad \Rightarrow \quad x = 0 \lor x = 1 \quad \Rightarrow \quad D_f = \mathbb{R} \setminus \{0; 1\}$

   Für die Nullstelle der Funktion f gilt: $f(x) = 0$

   $\dfrac{2-x}{x^2 - x} = 0 \quad \Rightarrow \quad 2 - x = 0 \quad \Rightarrow \quad x = 2$

   $\Rightarrow \quad N(2 \mid 0)$ ist der Schnittpunkt des Graphen G_f mit der x-Achse.

   b) Die Definitionslücken sind Polstellen 1. Ordnung, d. h. Unendlichkeitsstellen mit Vorzeichenwechsel. Zu bestimmen ist also nur das Vorzeichen vor dem Wert Unendlich. Es gilt:

   $\lim\limits_{x \to 0-0} f(x) = \left[\dfrac{2}{-0(0-1)} \right] = +\infty \quad \lim\limits_{x \to 0+0} f(x) = -\infty \quad \Rightarrow \quad x = 0$ ist senkrechte Asymptote.

   $\lim\limits_{x \to 1-0} f(x) = \left[\dfrac{1}{1 \cdot (-0)} \right] = -\infty \quad \lim\limits_{x \to 1+0} f(x) = +\infty \quad \Rightarrow \quad x = 1$ ist senkrechte Asymptote.

   Da der Grad des Zählerpolynoms kleiner ist als der des Nennerpolynoms, gilt:

   $\lim\limits_{x \to +\infty} f(x) = \lim\limits_{x \to -\infty} f(x) = 0$

   Die x-Achse ist waagrechte Asymptote.

   c) Die Ableitungsfunktion f' wird mit Hilfe der Quotientenregel bestimmt.

   $f'(x) = \dfrac{-1 \cdot (x^2 - x) - (2 - x) \cdot (2x - 1)}{(x^2 - x)^2} = \dfrac{-x^2 + x - 4x + 2 + 2x^2 - x}{(x^2 - x)^2} = \dfrac{x^2 - 4x + 2}{(x^2 - x)^2}$

   Die Monotonieintervalle der Funktion f werden mit Hilfe der 1. Ableitung bestimmt. Dazu setzt man $f'(x) = 0$:

   $\dfrac{x^2 - 4x + 2}{(x^2 - x)^2} = 0 \quad \Rightarrow \quad x^2 - 4x + 2 = 0 \quad \Rightarrow \quad x_{1|2} = \dfrac{1}{2}(4 \pm \sqrt{16 - 8}) = \dfrac{1}{2}(4 \pm \sqrt{8})$

   $\qquad\qquad\qquad\qquad\qquad\qquad\qquad\qquad\qquad\quad = \dfrac{1}{2}(4 \pm 2\sqrt{2}) = 2 \pm \sqrt{2}$

   $\Rightarrow \quad x_1 = 2 - \sqrt{2}; \; x_2 = 2 + \sqrt{2}$

   Durch Bestimmen des Vorzeichens der 1. Ableitung in den einzelnen Intervallen ergeben sich folgende Monotoniebereiche:

   $f'(x) > 0$, d. h. f streng monoton zunehmend für $x \in \,]-\infty; 0[\cup]0; 2 - \sqrt{2}[\cup]2 + \sqrt{2}; \infty[$

   $f'(x) < 0$, d. h. f streng monoton abnehmend für $x \in \,]2 - \sqrt{2}; 1[\cup]1; 2 + \sqrt{2}[$

In der Umgebung von $x_1 = 2-\sqrt{2}$ gilt:
Für $x < x_1$: streng monoton zunehmend
Für $x > x_1$: streng monoton abnehmend $\Rightarrow$ Für $x = 2-\sqrt{2}$ liegt ein Hochpunkt vor.
Es gilt: $f(2-\sqrt{2}) \approx -5,83$
In der Umgebung von $x_2 = 2+\sqrt{2}$ gilt:
Für $x < x_2$: streng monoton abnehmend
Für $x > x_2$: streng monoton zunehmend $\Rightarrow$ Für $x = 2+\sqrt{2}$ liegt ein Tiefpunkt vor.
Es gilt: $f(2+\sqrt{2}) \approx -0,17$

d) $f(-1) = 1,5 \quad f(1,5) = 0,67 \quad f'(2) = -\dfrac{1}{2}$

Um den Graphen genauer zeichnen zu können, kann man eine ausführliche Wertetabelle anlegen.

x	−3	−2	−1	−0,5	0,25	0,5	0,75	1,5	2	3	4
f(x)	0,42	0,67	1,5	3,33	−9,33	−6	−6,67	0,67	0	−0,17	−0,17

Die senkrechte Asymptote
x = 1 sowie die Steigung
der Tangente in der Nullstelle sind eingezeichnet.

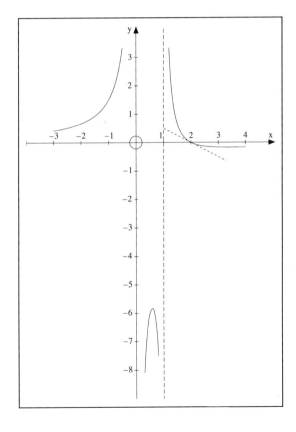

2. $F(x) = \int_{1,5}^{x} f(t)dt$ mit $D_F =]1; \infty[$

a) F ist eine Integralfunktion, wenn $F'(x) = f(x)$ und $F(1,5) = 0$ gilt.

$F(x) = \ln\left[\dfrac{9(x-1)}{2x^2}\right]$ Die Ableitung mit der Kettenregel und dort mit der Quotientenregel berechnet.

$F'(x) = \dfrac{2x^2}{9(x-1)} \cdot \dfrac{9 \cdot 2x^2 - 9(x-1) \cdot 4x}{4x^4} = \dfrac{2x^2(18x^2 - 36x^2 + 36x)}{9(x-1) \cdot 4x^4}$

$= \dfrac{2x^2(36x - 18x^2)}{36x^4(x-1)} = \dfrac{36x^3(2-x)}{36x^4(x-1)} = \dfrac{2-x}{x(x-1)} = \dfrac{2-x}{x^2-x} = f(x)$

$\Rightarrow$ F ist eine Stammfunktion f.

$F(1,5) = \ln\left[\dfrac{9 \cdot (1,5-1)}{2 \cdot 1,5^2}\right] = \ln 1 = 0$

$\Rightarrow$ F ist eine Integralfunktion zu f mit der unteren Grenze x = 1,5.

b) Die Logarithmusfunktion hat genau dort eine Nullstelle, wo ihr Argument den Wert 1 besitzt.

$\dfrac{9(x-1)}{2x^2} = 1$ $\qquad x_{1|2} = \dfrac{1}{4}(9 \pm \sqrt{81-72})$

$9x - 9 = 2x^2$

$2x^2 - 9x + 9 = 0$ $\qquad = \dfrac{1}{4}(9 \pm 3)$

$\qquad\qquad x_1 = 1,5 \lor x_2 = 3$

Geometrische Deutung:

$x_1 = 1,5$: Jede Integralfunktion hat an der unteren Grenze eine Nullstelle, der Flächeninhalt ist wegen der Breite 0 gleich Null.

$x_2 = 3$:

Der positive und der negative Anteil des orientierten Flächeninhaltes sind gleich und heben sich deshalb in der Flächenbilanz auf.

$\int_{1,5}^{3} f(x)dx = \int_{1,5}^{2} f(x)dx + \int_{2}^{3} f(x)dx = A - A = 0$

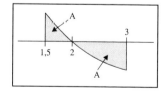

Grundkurs Mathematik: Abiturprüfung 1996
Wahrscheinlichkeitsrechnung/Statistik III

In einer Zeitschrift wird eine Bildungsreise angeboten, an der insgesamt 22 Personen teilnehmen können.

1. Es melden sich 30 Interessenten für die Reise.
   a) Wie viele Möglichkeiten gibt es, daraus eine Reisegruppe mit 22 Personen zusammenzustellen? (2 BE)
   b) Unter den 30 Interessenten sind vier Lehrer und acht Schüler. Wie viele Möglichkeiten gibt es, eine 22 köpfige Reisegruppe mit genau zwei Lehrern und genau vier Schülern zusammenzustellen? (5 BE)

2. Man weiß aus Erfahrung, daß 15 % der angemeldeten Personen kurz vor der Reise absagen. Es werden deshalb 25 Anmeldungen angenommen. Wie groß ist die Wahrscheinlichkeit dafür, daß am Tag der Abreise höchstens 22 der angemeldeten 25 Personen erscheinen?
   (Hinweis: Betrachten Sie eine geeignete Bernoulli-Kette.) (5 BE)

3. Die Reisegruppe besteht aus 18 Damen und vier Herren. Neun Damen und zwei Herren wollen eine Tanzveranstaltung besuchen.

   a) Prüfen Sie durch Rechnung, ob die Ereignisse
      D: "Eine zufällig aus der Reisegruppe ausgewählte Person ist eine Dame"
      und
      T: "Eine zufällig aus der Reisegruppe ausgewählte Person will eine Tanzveranstaltung besuchen"
      stochastisch unabhängig sind. (4 BE)
   b) Die Personen, die eine Tanzveranstaltung besuchen wollen, stellen sich für ein Gruppenfoto in einer Reihe auf, wobei keine Dame am Rand stehen soll. Wie viele derartige Anordnungen gibt es? (2 BE)

4. Während der in Teilaufgabe 3 erwähnten Tanzveranstaltung findet eine Tombola statt, bei der laut Veranstalter 20 % der Lose Gewinnlose sind. (Hinweis: Die Zahl der Lose sei so groß, daß im folgenden das Modell "Ziehen mit Zurücklegen" zugrunde gelegt werden kann.) Zunächst wird davon ausgegangen, daß die Behauptung des Veranstalters zutrifft.
   a) Wie groß ist die Wahrscheinlichkeit dafür, daß unter 12 Losen mindestens zwei Gewinnlose sind? (6 BE)
   b) Wie viele Lose muß man mindestens kaufen, um mit mehr als 90%iger Sicherheit wenigstens ein Gewinnlos zu erhalten? (6 BE)

Um die Behauptung des Veranstalters zu testen, werden nun 100 Lose gekauft. Die Behauptung wird abgelehnt, wenn darunter höchstens 15 Gewinnlose sind.

c) Wie groß ist die Wahrscheinlichkeit, die Behauptung abzulehnen, obwohl sie zutrifft? (5 BE)

d) Wie groß ist die Wahrscheinlichkeit, die Behauptung anzunehmen, obwohl in Wirklichkeit nur jedes sechste Los gewinnt? (5 BE)

(40 BE)

Lösungen

1. a) Es werden 22 Personen aus 30 Personen (ohne Wiederholung und ohne Beachtung der Reihenfolge) ausgewählt. Daraus gibt es

   $\binom{30}{22} = 5\,852\,925$ verschiedene Möglichkeiten die Reisegruppe zusammenzustellen.

   b) Bei der Zusammenstellung der 22er Gruppe werden (jeweils ohne Wiederholung und ohne Beachtung der Reihenfolge) zwei der vier Lehrer, vier der acht Schüler und 16 der 18 restlichen Teilnehmer ausgewählt. Es gibt

   $\binom{4}{2} \cdot \binom{8}{4} \cdot \binom{18}{16} = 6 \cdot 70 \cdot 153 = 64\,260$

   verschiedene Möglichkeiten der Zusammenstellung der Reisegruppe.

2. 85 % der angemeldeten Personen erscheinen zum Reiseantritt. Es dürfen aber nur höchstens 22 der angemeldeten 25 Personen erscheinen. Gibt Z die Anzahl der erscheinenden Personen, so hat die zugehörige Binomialverteilung (Bernoulli-Kette) den Parameter p = 0,85 und die Länge n = 25. Die Werte finden sich in der kumulativen Tabelle der Binomialverteilung. Die gesuchte Wahrscheinlichkeit

   $B_{0,85}^{25}(Z \le 22) = \sum_{k=0}^{22} B(25; 0,85; k) = 1 - 0,25374 = 0,74626 \approx 74,6\%$

   wird aus der Tabelle (kumulativ) abgelesen.

3. a) Die Wahrscheinlichkeiten der in der Aufgabenstellung definierten Ereignisse P(D), P(T) und P(D ∩ T) können wegen der Einfachheit der Aufgabe direkt abgelesen werden. Ansonsten hilft ein Baumdiagramm.

   $P(D) = \dfrac{18}{22}$

   $P(T) = \dfrac{18}{22} \cdot \dfrac{1}{2} + \dfrac{4}{22} \cdot \dfrac{1}{2} = \dfrac{1}{2}$

   $P(D \cap T) = \dfrac{18}{22} \cdot \dfrac{1}{2} = \dfrac{9}{22}$

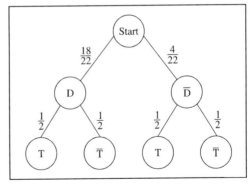

   Wegen $P(D \cap T) = \dfrac{9}{22} = \dfrac{18}{22} \cdot \dfrac{1}{2} = P(D) \cdot P(T)$ sind die Ereignisse stochastisch unabhängig.

b) Die Damen nehmen die inneren neun Plätze ein und können deshalb auf 9! Arten dort angeordnet werden. Für die beiden Randplätze gibt es zwei Möglichkeiten. Es gibt 2 · 9! = 725 760 verschiedene Anordnungen für das Gruppenfoto.

4. a) X gebe die Anzahl der Gewinnlose an. Da die Näherung des Ziehens mit Zurücklegen verwendet werden darf, gehört zu X eine Binomialverteilung (Bernoulli-Kette) mit den Parametern p = 0,2 und n = 12. Die gesuchte Wahrscheinlichkeit

$$B_{0,2}^{12}(X \geq 2)$$

ist nicht tabelliert und muß mit dem Taschenrechner bestimmt werden. Es gilt:

$$B_{0,2}^{12}(X \geq 2) = 1 - B_{0,2}^{12}(X \leq 1) = 1 - B_{0,2}^{12}(X = 0) - B_{0,2}^{12}(X = 1) =$$

$$1 - \binom{12}{0} 0,2^0 \cdot 0,8^{12} - \binom{12}{1} 0,2^1 \cdot 0,8^{11} = 1 - 0,06872 - 0,20616 = 0,72512 \approx 72,5\%$$

Mit einer Wahrscheinlichkeit von 72,5 % sind unter 12 Losen mindestens zwei Gewinnlose.

b) Jetzt tritt eine Bernoulli-Kette mit der unbekannten Länge n mit mindestens einem Treffer und dem Parameter p = 0,2 auf.

$$B_{0,2}^n(X \geq 1) > 0,9$$

$$1 - B_{0,2}^n(X = 0) > 0,9$$

$$B_{0,2}^n(X = 0) < 0,1$$

$$\binom{n}{0} \cdot 0,2^0 \cdot 0,8^n < 0,1$$

$$1 \cdot 1 \cdot 0,8^n < 0,1$$

$$n \cdot \ln 0,8 < \ln 0,1 \quad |: \ln 0,8 < 0!$$

$$n > \frac{\ln 0,1}{\ln 0,8} = 10,32 \quad \Rightarrow \quad n \geq 11$$

Man muß mindestens 11 Lose kaufen.

oder:

Ansatz über P(mindestens ein ...) = 1 – P(kein ...) mit P(Niete) = 0,8 und der unbekannten Länge n:

$$1 - 0,8^n > 0,9$$

Rechnung wie vorher!

c) Die Behauptung (Hypothese) $H_1 : p_1 = 0,2$ wird abgelehnt, wenn die Zahl X der Gewinnlose der Stichprobe der Länge n = 100 und dem Parameter p = 0,2 im Ablehnungsbereich $\overline{A} = \{0, 1, ..., 15\}$ von H_1 liegt. Für ein Stichprobenergebnis aus dem Bereich A = {16, 17, ..., 100} wird H_1 angenommen.

Die zutreffende Behauptung H_1 wird fälschlicherweise (Fehler 1. Art) mit der Wahrscheinlichkeit $B_{0,2}^{100}(X \in \overline{A})$ abgelehnt.

Aus der Tabelle der kumulativen Binomialverteilung ergibt sich:

$B^{100}_{0,2}(X \leq 15) = 0,12851 \approx 12,9\%$

Die zutreffende Behauptung wird mit einer Wahrscheinlichkeit von 12,9 % abgelehnt.

d) Da nur jedes sechsten Los gewinnt, ist die Wahrscheinlichkeit p_2 für ein Gewinnlos $p_2 = \frac{1}{6}$.

Die Behauptung H_1 wird (fälschlicherweise; Fehler 2. Art) angenommern, wenn sich ein Stichprobenergebnis aus $A = \{16, 17, ..., 100\}$ einstellt. Aus der Tabelle der kumulativen Binomialverteilung erhält man für diese Wahrscheinlichkeit

$B^{100}_{\frac{1}{6}}(X \geq 16) = 1 - B^{100}_{\frac{1}{6}}(X \leq 15) = 1 - 0,38766 = 0,61234 \approx 61,2\%$

Die Behauptung wird mit einer Wahrscheinlichkeit von 61,2 % angenommen, obwohl nur jedes sechste Los gewinnt.

Grundkurs Mathematik: Abiturprüfung 1996
Wahrscheinlichkeitsrechnung/Statistik IV

Ein Frage-Antwort-Spiel besteht aus 500 Fragekarten. 100 Karten decken das Fachgebiet "Geschichte", 100 Karten "Naturwissenschaften" und 300 Karten "Allgemeinwissen" ab. Alle Karten sind gut gemischt und liegen verdeckt in einem Kasten.

1. Nach jedem Zug legt Tassilo die gezogene Karte wieder zurück und mischt erneut.

   a) Er zieht zweimal. Mit welcher Wahrscheinlichkeit erhält er zwei Geschichtskarten? (3 BE)

   b) Wie oft muß er mindestens ziehen, um mit einer Wahrscheinlichkeit von mehr als 99 % mindestens eine Geschichtskarte zu erhalten? (6 BE)

   c) Mit welcher Wahrscheinlichkeit sind bei 200maligem Ziehen mindestens 150 Fragen keine Geschichtsfragen? (5 BE)

2. Claudia nimmt aus dem Kasten 10 Karten, und zwar drei "Geschichte", zwei "Naturwissenschaften" und fünf "Allgemeinwissen". Die Karten werden nur nach Fachgebieten unterschieden.

   a) Wie viele Möglichkeiten der Reihenfolge gibt es, diese Karten nebeneinander auf den Tisch zu legen? (4 BE)

   b) Bei wie vielen der in Teilaufgabe 2a betrachteten Möglichkeiten liegen alle Karten aus den jeweiligen Fachgebieten nebeneinander? (3 BE)

   c) Claudia mischt ihre zehn Karten, legt sie verdeckt auf den Tisch und zieht zwei Karten gleichzeitig. Mit welcher Wahrscheinlichkeit gehören die gezogenen Karten dem gleichen Fachgebiet an? (7 BE)

3. Bei der Herstellung sind fehlerhafte Spiele produziert worden, die 30 % Karten aus dem Fachgebiet "Geschichte" enthalten. Um diese Spiele auszusortieren, zieht man 50 Karten. Man betrachtet das Spiel als fehlerhaft, wenn dabei mindestens k Geschichtskarten gezogen werden.
   (Hinweis: Verwenden Sie das Modell "Ziehen mit Zurücklegen").

   a) Es liegt ein fehlerhaftes Spiel vor. Mit welcher Wahrscheinlichkeit glaubt man für k = 12 fälschlicherweise, daß es sich um kein fehlerhaftes Spiel handelt? (5 BE)

   b) Für welches maximale k wird ein fehlerhaftes Spiel mit mindestens 95 %iger Sicherheit als solches eingestuft? (7 BE)

   (40 BE)

Lösungen

Für die einzelnen Fachgebiete ergeben sich folgende Wahrscheinlichkeiten bei einem Zug:

Geschichte: $\quad p_G = \dfrac{100}{500} = \dfrac{1}{5} = 0{,}2$

Naturwissenschaften: $\quad p_N = \dfrac{100}{500} = \dfrac{1}{5} = 0{,}2$

Allgemeinwissen: $\quad p_A = \dfrac{300}{500} = \dfrac{3}{5} = 0{,}6$

1. Es wird mit Zurücklegen gezogen, d. h. bei jedem Zug stehen alle Karten in der jeweils gleichen Zusammensetzung zur Verfügung.
G gebe die Anzahl der gezogenen Geschichtskarten an.

a) Es handelt sich um den Pfad

Start $\xrightarrow{\frac{1}{5}}$ G $\xrightarrow{\frac{1}{5}}$ G $\quad$ mit $P(G=2) = \dfrac{1}{5} \cdot \dfrac{1}{5} = \dfrac{1}{25} = 4\%$

oder

um eine Bernoulli-Kette der Länge 2 mit zwei Treffern

$$B_{0,2}^{2}(G=2) = \binom{2}{2} \cdot 0{,}2^2 \cdot 0{,}8^0 = 0{,}2^2 = 0{,}04 = 4\%$$

b) Es ergibt sich eine Bernoulli-Kette mit der unbekannten Länge n mit mindestens einem Treffer und dem Parameter p = 0,2.

$B_{0,2}^{n}(X \geq 1) > 0{,}99$

$1 - B_{0,2}^{n}(X = 0) > 0{,}99$

$B_{0,2}^{n}(X = 0) < 0{,}01$

$\binom{n}{0} \cdot 0{,}2^0 \cdot 0{,}8^n < 0{,}01$

$1 \cdot 1 \cdot 0{,}8^n < 0{,}01$

$n \cdot \ln 0{,}8 < \ln 0{,}01 \quad |:\ln 0{,}8 < 0!$

$n > \dfrac{\ln 0{,}01}{\ln 0{,}8} = 20{,}63 \quad \Rightarrow \quad n \geq 21$

Man muß mindestens 21 mal ziehen.

oder:

Ansatz über P(mindestens ein ...) = 1 – P(kein ...) mit P(Nicht Geschichte) = 0,8 und der unbekannten Länge n:

$1 - 0{,}8^n > 0{,}99$

Rechnung wie vorher!

c) Die Anzahl $\overline{G}$ wird durch eine Binomialverteilung (Bernoulli-Kette) mit dem Parameter p = 0,8 und der Länge n = 200 beschrieben. Die Werte finden sich in der kumulativen Tabelle der Binomialverteilung. Die gesuchte Wahrscheinlichkeit

$$B_{0,8}^{200}(\overline{G} \geq 150) = 1 - B_{0,8}^{200}(\overline{G} \leq 149) = 1 - \sum_{i=0}^{149} B(200; 0,8; i) = 0,96550 \approx 96,6\%$$

wird aus der Tabelle (kumulativ) abgelesen.

2. a) Die 10 Karten werden (ohne Wiederholung) so in eine Reihenfolge gelegt, daß drei der zehn Plätze mit Geschichtskarten auf $\binom{10}{3}$ Arten belegt werden. Auf die restlichen sieben Plätze verteilt man die zwei Naturwissenschaftskarten auf $\binom{7}{2}$ verschiedene Arten. Für die restlichen fünf Plätze hat man die fünf Karten aus dem Gebiet Allgemeinwissen.

Es gibt $\binom{10}{3} \cdot \binom{7}{2} \cdot \binom{5}{5} = 2\,520$ Möglichkeiten der Reihenfolge.

oder:

Die zehn Karten können auf 10! Arten angeordnet werden, wobei jeweils 2!, 3! und 5! Arten der Reihenfolge nicht unterschieden werden, da man nur nach Fachgebieten unterscheidet.

Es gibt $\dfrac{10!}{2!\,3!\,5!} = 2\,520$ Möglichkeiten der Reihenfolge.

b) Wenn die Karten aus den jeweiligen Fachgebieten beieinander liegen sollen, haben wir die 3 Blöcke Geschichte/Naturwissenschaften/Allgemeinwissen, die auf 3! Arten permutiert werden können.
Es gibt 3! = 6 solche Möglichkeiten.

c) Gleichzeitiges Ziehen der beiden Karten bedeutet, daß es sich um ein Ziehen <u>ohne</u> Zurücklegen handelt. Insgesamt gibt es $\binom{10}{2}$ Möglichkeiten, zwei Karten aus zehn Karten (ohne Zurücklegen) zu ziehen.

Günstig für das Ereignis E: "Zwei Karten aus dem gleichen Fachgebiet" sind die Fälle, in denen jeweils zwei Karten aus einem Fachgebiet und keine aus den restlichen beiden gezogen werden. Man erhält:

$$P(E) = \dfrac{\binom{3}{2}\cdot\binom{7}{0} + \binom{2}{2}\cdot\binom{8}{0} + \binom{5}{2}\cdot\binom{5}{0}}{\binom{10}{2}} = \dfrac{3+1+10}{45} = \dfrac{14}{45} \approx 31,1\%$$

3. Die Hypothese H_1: $p_1 = 0{,}3$ hat bei einer Stichprobenlänge $n = 50$ den Annahmebereich $A = \{k, k+1, \ldots, 50\}$ bzw. den Ablehnungsbereich $\overline{A} = \{0, 1, \ldots, k-1\}$

a) Nun sei $k = 12$
   Ein fehlerhaftes Spiel wird fälschlicherweise nicht als solches angesehen, wenn sich ein Stichprobenergebnis aus dem Ablehnungsbereich $\overline{A}$ einstellt.
   Die Anzahl Z der Geschichtskarten gehorcht einer Binomialverteilung mit $p = 0{,}3$ und $n = 50$. Die Werte sind in der kumulativen Tabelle der Binomialverteilung enthalten. Dort findet man:

   $B_{0,3}^{50}(Z \in \overline{A}) = B_{0,3}^{50}(Z \leq 11) = 0{,}13904 \approx 13{,}9\%$

   Mit einer Wahrscheinlichkeit von 13,9 % glaubt man fälschlicherweise, daß es sich um kein fehlerhaftes Spiel handelt.

b) Bei gleichbleibender Wahrscheinlichkeit $p_1 = 0{,}3$ soll der Annahmebereich A der Hypothese so bestimmt werden, daß gilt:

   $B_{0,3}^{50}(Z \in A) \geq 0{,}95$

   $B_{0,3}^{50}(Z \geq k) \geq 0{,}95$

   $1 - B_{0,3}^{50}(Z \leq k-1) \geq 0{,}95$

   $B_{0,3}^{50}(Z \leq k-1) \leq 0{,}05$

   Aus der kumulativen Tabelle der Binomialverteilung liest man ab:
   $k - 1 \leq 9 \Rightarrow k \leq 10$
   Der maximale Wert von k beträgt 10.

**Grundkurs Mathematik: Abiturprüfung 1996
Analytische Geometrie V**

In einem kartesischen Koordinatensystem sind die Punkte A(0 | −4 | 0), B(6 | 8 | 4) und M(−3 | 4 | 5) gegeben. Die Punkte A, B und M bestimmen die Ebene E.

1. a) Zeigen Sie, daß das Dreieck ABM gleichschenklig und bei M rechtwinklig ist. (4 BE)
   b) Bestimmen Sie eine Gleichung der Ebene E in Normalform.
      (mögliches Ergebnis: E: $2x_1 - 3x_2 + 6x_3 - 12 = 0$) (6 BE)

   M sei der Mittelpunkt eines Quadrats ABCD.

2. a) Ermitteln Sie die Koordinaten der Punkte C und D.
      [zur Kontrolle: D(−12 | 0 | 6)] (5 BE)
   b) Der Punkt S(s_1 | s_2 | s_3) mit $s_3 > 0$ ist die Spitze der Pyramide ABCDS mit dem Höhenfußpunkt M.
      Bestimmen Sie die Koordinaten von S, wenn die Pyramide das Volumen 1372 hat.
      [Ergebnis: S(3 | −5 | 23)] (7 BE)
   c) Berechnen Sie den Winkel (auf 0,1° genau), unter dem die Gerade DS die Ebene E schneidet. (5 BE)

3. Gegeben ist die Ebene F : $6x_1 - 2x_2 - 3x_3 - 8 = 0$.
   a) Zeigen Sie, daß die Ebene F senkrecht auf der Ebene E steht und die Gerade AB enthält. (4 BE)
   b) Die Gerade DS schneidet die Ebene F im Punkt S*.
      Bestimmen Sie die Koordinaten von S*. (5 BE)
   c) Wie groß ist das Volumen der Pyramide ABCDS*? (4 BE)

   (40 BE)

Lösungen

A(0 | −4 | 0)   B(6 | 8 | 4)   M(−3 | 4 | 5)

1. a) Im Dreieck ABM gilt:

$$\overrightarrow{AM} = \vec{m} - \vec{a} = \begin{pmatrix} -3 \\ 8 \\ 5 \end{pmatrix}$$

$$\overrightarrow{BM} = \vec{m} - \vec{b} = \begin{pmatrix} -9 \\ -4 \\ 1 \end{pmatrix}$$

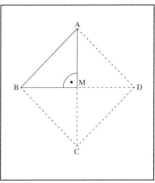

Daraus folgt:

$|\overrightarrow{AM}| = \sqrt{(-3)^2 + 8^2 + 5^2} = \sqrt{9 + 64 + 25} = \sqrt{98}$

$|\overrightarrow{BM}| = \sqrt{(-9)^2 + (-4)^2 + 1^2} = \sqrt{81 + 16 + 1} = \sqrt{98}$

$\Rightarrow |\overrightarrow{AM}| = |\overrightarrow{BM}|$ d. h. das Dreieck ABM ist gleichschenklig mit den Schenkeln [AM] und [BM]

$$\overrightarrow{AM} \circ \overrightarrow{BM} = \begin{pmatrix} -3 \\ 8 \\ 5 \end{pmatrix} \circ \begin{pmatrix} -9 \\ -4 \\ 1 \end{pmatrix} = 27 - 32 + 5 = 0$$

$\Rightarrow |\overrightarrow{AM}| \perp |\overrightarrow{BM}|$ d. h. ∢ AMB = 90°. Das Dreieck ABM ist bei M rechtwinklig.

b) Eine Ebene ist durch einen Punkt und zwei linear unabhängige Vektoren in dieser Ebene bestimmt.

Die Vektoren $\overrightarrow{AM}$ und $\overrightarrow{BM}$ sind linear unabhängige Vektoren der Ebene E. Wählt man den Punkt A als Antragspunkt, so ergibt sich die Parameterform der Ebenengleichung

$$E: \vec{x} = \begin{pmatrix} 0 \\ -4 \\ 0 \end{pmatrix} + \lambda \begin{pmatrix} -3 \\ 8 \\ 5 \end{pmatrix} + \mu \begin{pmatrix} -9 \\ -4 \\ 1 \end{pmatrix}$$

1. Möglichkeit:

Der Normalenvektor $\vec{n} = \begin{pmatrix} n_1 \\ n_2 \\ n_3 \end{pmatrix}$ steht auf dem Richtungsvektor der Ebene senkrecht.

$$\vec{n} \circ \begin{pmatrix} -3 \\ 8 \\ 5 \end{pmatrix} = 0 \quad \wedge \quad \vec{n} \circ \begin{pmatrix} -9 \\ -4 \\ 1 \end{pmatrix} = 0$$

Das ergibt:
(1) $\quad -3n_1 + 8n_2 + 5n_3 = 0$
(2) $\quad -9n_1 - 4n_2 + n_3 = 0$

Eine Variable ist frei wählbar, z. B. $n_1 = 2$. Dann ergeben sich die Gleichungen

(1) $\quad 8n_2 + 5n_3 = 6$
(2) $\quad -4n_2 + n_3 = 18 \;|\cdot 2$

(1) $\quad 8n_2 + 5n_3 = 6$
(2) $\quad -4n_2 + n_3 = 18$

(1+2) $\quad 7n_3 = 42 \quad \Rightarrow \quad n_3 = 6$

in (1) $\quad 8n_2 + 30 = 6$
$\qquad\quad 8n_2 = -24$
$\qquad\quad n_2 = -3$

Das ergibt den Normalenvektor $\vec{n} = \begin{pmatrix} 2 \\ -3 \\ 6 \end{pmatrix}$ und damit die Ebene E.

E: $\begin{pmatrix} 2 \\ -3 \\ 6 \end{pmatrix} \circ \left[\vec{x} - \begin{pmatrix} 0 \\ 4 \\ 0 \end{pmatrix} \right] = 0$

E: $2x_1 - 3x_2 + 4x_3 - 12 = 0$

2. Möglichkeit:

Die Vektoren $\vec{x} - \vec{a}$, $\overrightarrow{AM}$ und $\overrightarrow{BM}$ sind linear abhängig, weil sie in der Ebene E liegen.

$\Rightarrow \det(\vec{x}-\vec{a}, \overrightarrow{AM}, \overrightarrow{BM}) = 0$

Die Determinante wird mit Hilfe der Regel von Sarrus berechnet.

E: $\begin{vmatrix} x_1 & -3 & -9 \\ x_2+4 & 8 & -4 \\ x_3 & 5 & 1 \end{vmatrix} \begin{matrix} x_1 & -3 \\ x_2+4 & 8 \\ x_3 & 5 \end{matrix} = 8x_1 + 12x_3 - 45(x_2+4) + 72x_3 + 20x_1 + 3(x_2+4) = 0$

$\qquad\qquad\qquad 8x_1 + 12x_3 - 45x_2 - 180 + 72x_3 + 20x_1 + 3x_2 + 12 = 0$

$28x_1 - 42x_2 + 84x_3 - 168 = 0 \;|:14$

E: $\quad 2x_1 - 3x_2 + 6x_3 - 12 = 0$

3. Möglichkeit:

Der Vektor $\vec{n}$ wird als Vektorprodukt der Richtungsvektoren $\overrightarrow{AM}$ und $\overrightarrow{BM}$ bestimmt.

$\vec{n} = \begin{pmatrix} -3 \\ 8 \\ 5 \end{pmatrix} \times \begin{pmatrix} -9 \\ -4 \\ 1 \end{pmatrix} = \begin{pmatrix} 8+20 \\ -45+3 \\ 12+72 \end{pmatrix} = \begin{pmatrix} 28 \\ 42 \\ 84 \end{pmatrix} = 14 \cdot \begin{pmatrix} 2 \\ -3 \\ 6 \end{pmatrix}$

Die Gleichung der Ebene wird wieder über $\vec{n} \circ (\vec{x} - \vec{a}) = 0$ bestimmt.

E: $\begin{pmatrix} 2 \\ -3 \\ 6 \end{pmatrix} \circ \left[\vec{x} - \begin{pmatrix} 0 \\ 4 \\ 0 \end{pmatrix} \right] = 0$

E: $2x_1 - 3x_2 + 6x_3 - 12 = 0$

2. a) Wenn M der Mittelpunkt des Quadrates ABCD ist, dann ergibt sich für die Punkte C und D (siehe Skizze zu 1 a)

$$\vec{c} = \vec{a} + 2 \cdot \overrightarrow{AM} = \begin{pmatrix} 0 \\ -4 \\ 0 \end{pmatrix} + 2 \cdot \begin{pmatrix} -3 \\ 8 \\ 5 \end{pmatrix} = \begin{pmatrix} -6 \\ 12 \\ 10 \end{pmatrix} \Rightarrow C(-6|12|10)$$

$$\vec{d} = \vec{b} + 2 \cdot \overrightarrow{BM} = \begin{pmatrix} 6 \\ 8 \\ 4 \end{pmatrix} + 2 \cdot \begin{pmatrix} -9 \\ -4 \\ 1 \end{pmatrix} = \begin{pmatrix} -12 \\ 0 \\ 6 \end{pmatrix} \Rightarrow D(-12|0|6)$$

oder

$$\vec{c} = \vec{m} + \overrightarrow{AM} = ...$$
$$\vec{d} = \vec{m} + \overrightarrow{BM} = ...$$

b) Für das Volumen der Pyramide gilt:

$$V = \frac{1}{3} G \cdot h, \text{ wobei G die Fläche des Quadrates ABCD ist.}$$

Für die Fläche des Quadrates mit den Diagonalen $e = \overline{AC}$ und $f = \overline{BD}$ gilt mit $e = 2 \cdot \overrightarrow{AM}$ und $f = 2 \cdot \overrightarrow{BM}$

$$G = \frac{1}{2} \cdot e \cdot f = \frac{1}{2} \cdot 2\sqrt{98} \cdot 2\sqrt{98} = 196 \text{ FE}$$

Damit läßt sich die Höhe der Pyramide berechnen:

$$h = \frac{3V}{G} = \frac{3 \cdot 1372}{196} = 21 \text{ LE}$$

Es sind zwei Spitzen S und S' möglich, diejenige mit $s_3 > 0$ wird ausgewählt.

Für den Normalenvektor $\vec{n}_E$ der Ebene E gilt:

$$|\vec{n}_E| = \sqrt{4 + 9 + 36} = \sqrt{49} = 7$$

$$\Rightarrow \vec{n}_E^0 = \frac{1}{7} \begin{pmatrix} 2 \\ -3 \\ 6 \end{pmatrix}$$

Aus der Skizze ergibt sich für die Spitze S:

$$\vec{s} = \vec{m} \pm h \cdot \vec{n}_E^0 = \begin{pmatrix} -3 \\ 4 \\ 5 \end{pmatrix} \pm 21 \cdot \frac{1}{7} \begin{pmatrix} 2 \\ -3 \\ 6 \end{pmatrix}$$

Da $s_3 > 0$ gelten soll, kommt nur das Pluszeichen in Frage, d. h.

$$\vec{s} = \begin{pmatrix} -3 \\ 4 \\ 5 \end{pmatrix} + 3 \begin{pmatrix} 2 \\ -3 \\ 6 \end{pmatrix} = \begin{pmatrix} 3 \\ -5 \\ 23 \end{pmatrix} \Rightarrow S(3|-5|23)$$

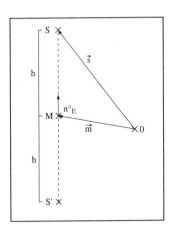

c) Für den Schnittwinkel φ der Geraden DS mit der
Ebene E gilt (siehe Skizze): φ = 90° − φ' mit
Für den Normalenvektor $\vec{n}_E$ der Ebene E gilt:

$$\cos\varphi' = \frac{\vec{u} \circ \vec{n}_E}{|\vec{u}| \cdot |\vec{n}_E|} = \cos(90° - \varphi) = \sin\varphi$$

Folglich erhält man mit $\vec{u} = \overrightarrow{DS} = \begin{pmatrix} 15 \\ -5 \\ 17 \end{pmatrix}$

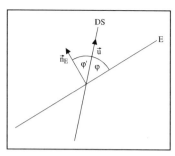

$$\sin\varphi = \frac{\begin{pmatrix} 15 \\ -5 \\ 17 \end{pmatrix} \cdot \begin{pmatrix} 2 \\ -3 \\ 6 \end{pmatrix}}{\sqrt{539} \cdot \sqrt{49}} = \frac{30 + 15 + 102}{7\sqrt{539}} = \frac{147}{7\sqrt{539}} = \frac{21}{\sqrt{539}} \Rightarrow \varphi = 64{,}8°$$

oder:

Aus dem Schrägbild der Pyramide erkennt man,
daß im rechtwinkeligen Dreieck DMS gilt:

$$\tan\varphi = \frac{\overline{SM}}{\overline{DM}} = \frac{21}{\sqrt{98}} \Rightarrow \varphi = 64{,}8°$$

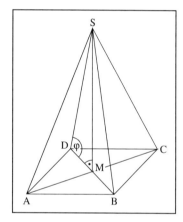

3. F: $6x_1 - 2x_2 - 3x_3 - 8 = 0$

a) Die Ebenen E und F stehen senkrecht aufeinander, wenn die Normalenvektoren
$\vec{n}_E = \begin{pmatrix} 2 \\ -3 \\ 6 \end{pmatrix}$ und $\vec{n}_F = \begin{pmatrix} 6 \\ -2 \\ -3 \end{pmatrix}$

aufeinander senkrecht stehen, d. h. ihr Skalarprodukt den Wert 0 besitzt.

$$\vec{n}_E \circ \vec{n}_F = \begin{pmatrix} 2 \\ -3 \\ 6 \end{pmatrix} \circ \begin{pmatrix} 6 \\ -2 \\ -3 \end{pmatrix} = 12 + 6 - 18 = 0 \Rightarrow \vec{n}_E \perp \vec{n}_F \Rightarrow E \perp F$$

Die Gerade g = AB liegt in der Ebene F, wenn die Koordinaten ihrer Punkte die Ebenengleichung von F erfüllen. Für die Gerade g gilt:

$$\vec{x} = \begin{pmatrix} 0 \\ -4 \\ 0 \end{pmatrix} + \rho \begin{pmatrix} 6 \\ 12 \\ 4 \end{pmatrix} \Rightarrow \begin{matrix} x_1 = 6\rho \\ x_2 = -4 + 12\rho \\ x_3 = 4\rho \end{matrix}$$

g in F:
$$6 \cdot 6\rho - 2(-4 + 12\rho) - 3 \cdot 4\rho - 8 = 0$$
$$36\rho + 8 - 24\rho - 12\rho - 8 = 0$$
$$0 = 0 \text{ w.} \Rightarrow g \subset F$$

b) Für die Gerade h = DS gilt:

$$\vec{x} = \begin{pmatrix} -12 \\ 0 \\ 6 \end{pmatrix} + \sigma \begin{pmatrix} 15 \\ -5 \\ 17 \end{pmatrix} \Rightarrow \begin{matrix} x_1 = -12 + 15\sigma \\ x_2 = -5\sigma \\ x_3 = 6 + 17\sigma \end{matrix}$$

h in F:
$$6 \cdot (-12 + 15\sigma) - 2(-5\sigma) - 3(6 + 17\sigma) - 8 = 0$$
$$-72 + 90\sigma + 10\sigma - 18 - 51\sigma - 8 = 0$$
$$49\sigma - 98 = 0$$
$$49\sigma = 98$$
$$\sigma = 2$$

Das ergibt für die Koordinaten des Punktes S^*:

$$\begin{matrix} s_1^* = -12 + 30 = 18 \\ s_2^* = -10 \\ s_3^* = 6 + 34 = 40 \end{matrix} \Rightarrow S^*(18 \mid -10 \mid 40)$$

c) **Anschaulich:**
Wegen $\sigma = 2$ (siehe Teilaufgabe 3. b) gilt $\overrightarrow{DS^*} = 2 \cdot \overrightarrow{DS}$. Das ergibt folgendes Bild:

Die Pyramide $ABCDS^*$ hat die gleiche Grundfläche wie die Pyramide ABCDS, aber die doppelte Höhe $h^* = 2 \cdot h$
$\Rightarrow V^* = 2 \cdot V = 2 \cdot 1372 \text{ VE} = 2744 \text{ VE}$

Rechnerisch:

h^* ist der Abstand des Punktes S^* von der (Grundflächen-) Ebene E. Der Abstand wird mit der Hesseform E_H der Ebenengleichung ausgerechnet, indem S^* in E_H eingesetzt wird.

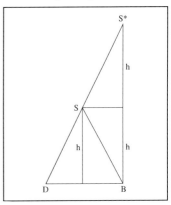

Wegen $|\vec{n}_E| = \sqrt{36+4+9} = \sqrt{49} = 7$ folgt:

$E_H : \frac{1}{7}(2x_1 - 3x_2 + 6x_3 - 12) = 0$

$h^* = d_{S^*E} = \frac{1}{7}(36 + 30 + 240 - 12) = 42 \, LE$

Die Grundfläche G = 196 FE wurde bereits in Teilaufgabe 2 b berechnet.

$\Rightarrow \quad V^* = \frac{1}{3} G \cdot h^* = \frac{1}{3} \cdot 196 \cdot 42 \, VE = 2744 \, VE$

Grundkurs Mathematik: Abiturprüfung 1996
Analytische Geometrie VI

In einem kartesischen Koordinatensystem bestimmen die Punkte A(1 | 0 | 2), B(6 | 0 | 2) und C(6 | 4 | –1) die Ebene E. Eine weitere Ebene F ist durch

$$\begin{pmatrix} 2 \\ 1 \\ 2 \end{pmatrix} \circ \left[\vec{x} - \begin{pmatrix} -1 \\ 0 \\ 1 \end{pmatrix} \right] = 0$$

gegeben.

1. a) Zeigen Sie: A, B und C können durch einen Punkt D zu einem Quadrat ABCD ergänzt werden.
    Berechnen Sie die Koordinaten von D. (5 BE)

   b) Bestimmen Sie eine Gleichung der Ebene E in Normalform.
    (Mögliches Ergebnis: E: $3x_2 + 4x_3 - 8 = 0$) (5 BE)

   c) Berechnen Sie die Schnittgerade g der Ebenen E und F. (7 BE)

2. Die Ebene E': $3x_2 + 4x_3 = 0$ und die Ebene F schneiden sich in der Geraden g'.

   a) Bestimmen Sie den Abstand der Ebenen E und E'. Untersuchen Sie die gegenseitige Lage von g und g', und zeigen Sie, daß der Ursprung auf g' liegt. (7 BE)

   b) Bezüglich der üblichen Verknüpfungen bildet die Menge V' der Ortsvektoren der Punkte von g' einen eindimensionalen Vektorraum, die Menge V der Ortsvektoren der Punkte von g (vgl. Teilaufgabe 1c) jedoch nicht. Begründen Sie, warum V kein Vektorraum ist, und geben Sie eine Basis von V' an. (3 BE)

3. Das Quadrat ABCD bildet die Grundfläche einer Pyramide ABCDS mit gleich langen Kanten.

   a) Berechnen Sie Höhe und Volumen der Pyramide ABCDS. (6 BE)
    (Teilergebnis: $h = \frac{5}{2}\sqrt{2}$)

   b) Berechnen Sie die Koordinaten des Punktes S, wenn S in dem durch die Ebene E bestimmten Halbraum des $\mathbb{R}^3$ liegt, der den Ursprung nicht enthält. (7 BE)

(40 BE)

Lösungen

A(1 | 0 | 2)   B(6 | 0 | 2)   C(6 | 4 | -1)

$$F: \begin{pmatrix} 2 \\ 1 \\ 2 \end{pmatrix} \circ \left[\vec{x} - \begin{pmatrix} -1 \\ 0 \\ 1 \end{pmatrix} \right] = 0$$

1. a) Die Punkte A, B und C können durch einen Punkt D zu einem Quadrat ABCD ergänzt werden, wenn das Dreieck ABC bei B rechtwinklig und gleichschenkelig ist (siehe Skizze).

   Für das Dreieck ABC gilt:

   $$\vec{AB} = \vec{b} - \vec{a} = \begin{pmatrix} 5 \\ 0 \\ 0 \end{pmatrix}; \quad \vec{CB} = \vec{b} - \vec{c} = \begin{pmatrix} 0 \\ -4 \\ 3 \end{pmatrix}$$

   $|\vec{AB}| = \sqrt{25} = 5 \text{ LE}$

   $|\vec{AB}| = \sqrt{16+9} = \sqrt{25} = 5 \text{ LE}$

   ⇒ Das Dreieck hat die gleichen Schenkellängen $|\vec{AB}|$ und $|\vec{CB}|$.

   $$\vec{AB} \circ \vec{CB} = \begin{pmatrix} 5 \\ 0 \\ 0 \end{pmatrix} \circ \begin{pmatrix} 0 \\ -4 \\ 3 \end{pmatrix} = 0 \quad \Rightarrow \quad \vec{AB} \perp \vec{CB}$$

   ⇒ Das Dreieck ABC ist bei B rechtwinklig und gleichschenkelig, d. h. es kann durch einen Punkt D zu einem Quadrat ergänzt werden.

   Für den Punkt D (siehe Skizze) gilt:

   $$\vec{d} = \vec{a} + \vec{BC} = \begin{pmatrix} 1 \\ 0 \\ 2 \end{pmatrix} + \begin{pmatrix} 0 \\ 4 \\ -3 \end{pmatrix} = \begin{pmatrix} 1 \\ 4 \\ -1 \end{pmatrix} \quad \Rightarrow \quad D(1 | 4 | -1)$$

   oder:

   $\vec{d} = \vec{c} + \vec{BA}$

   oder:

   $\vec{m} = \frac{1}{2}(\vec{b} + \vec{d}) \quad \Rightarrow \quad \vec{d} = 2\vec{m} - \vec{b}$, wenn M der Mittelpunkt der Diagonalen [AC] ist.

b) Eine Ebene ist durch einen Punkt und zwei linear unabhängige Vektoren in dieser Ebene bestimmt.

   Die Vektoren $\vec{AB}$ und $\vec{CB}$ sind unabhängige Vektoren der Ebene E. Wählt man den Punkt A als Antragspunkt, so ergibt sich die Parameterform der Ebenengleichung.

$$E: \vec{x} = \begin{pmatrix} 1 \\ 0 \\ 2 \end{pmatrix} + \lambda \begin{pmatrix} 5 \\ 0 \\ 0 \end{pmatrix} + \mu \begin{pmatrix} 0 \\ 4 \\ -3 \end{pmatrix}, \quad \lambda, \mu \in \mathbb{R}$$

Die Ebene E kann auf verschiedene Arten in die Normalenform überführt werden; man wird die bevorzugen, die im Unterricht besprochen wurde.

1. Möglichkeit:

Der Normalenvektor $\vec{n} = \begin{pmatrix} n_1 \\ n_2 \\ n_3 \end{pmatrix}$ steht auf dem Richtungsvektor der Ebene senkrecht.

$$\vec{n} \circ \begin{pmatrix} 5 \\ 0 \\ 0 \end{pmatrix} = 0 \quad \wedge \quad \vec{n} \circ \begin{pmatrix} 0 \\ 4 \\ -3 \end{pmatrix} = 0$$

Das ergibt:
$$5n_1 = 0$$
$$4n_2 + 3n_3 = 0$$

Eine Variable ist frei wählbar, z. B. $n_3 = 4$.

Damit ergibt sich $n_1 = 0$, $n_2 = 3$, $n_3 = 4$, d. h. $\vec{n} = \begin{pmatrix} 0 \\ 3 \\ 4 \end{pmatrix}$

E: $\begin{pmatrix} 0 \\ 3 \\ 4 \end{pmatrix} \circ \left[\vec{x} - \begin{pmatrix} 1 \\ 0 \\ 2 \end{pmatrix} \right] = 0$

$3x_2 + 4x_3 - \begin{pmatrix} 0 \\ 3 \\ 4 \end{pmatrix} \cdot \begin{pmatrix} 1 \\ 0 \\ 2 \end{pmatrix} = 0$

E: $\quad 3x_2 + 4x_3 - 8 = 0$

2. Möglichkeit:

Die Vektoren $\vec{x} - \vec{a}$, $\overrightarrow{AB}$ und $\overrightarrow{CB}$ sind linear abhängig (weil sie in der Ebene E liegen).

$\Rightarrow \det(\vec{x} - \vec{a}, \overrightarrow{AB}, \overrightarrow{CB}) = 0$

Die Determinante wird mit Hilfe der Regel von Sarrus bestimmt.

E: $\begin{vmatrix} x_1 - 1 & 5 & 0 \\ x_2 & 0 & 4 \\ x_3 - 2 & 0 & -3 \end{vmatrix} \begin{matrix} x_1 - 1 & 5 \\ x_2 & 0 \\ x_3 - 2 & 0 \end{matrix} = 20(x_3 - 2) + 15x_2 = 0$

$$20(x_3 - 2) + 15x_2 = 0 \mid :5$$

E: $3x_2 + 4x_3 - 8 = 0$

3. Möglichkeit:
Der Vektor $\vec{n}$ wird als Vektorprodukt der Richtungsvektoren $\overrightarrow{AB}$ und $\overrightarrow{CB}$ bestimmt.

$$\vec{n} = \begin{pmatrix} 5 \\ 0 \\ 0 \end{pmatrix} \times \begin{pmatrix} 0 \\ 4 \\ -3 \end{pmatrix} = \begin{pmatrix} 0-0 \\ 0+15 \\ 20-0 \end{pmatrix} = \begin{pmatrix} 0 \\ 15 \\ 20 \end{pmatrix} = 5\begin{pmatrix} 0 \\ 3 \\ 4 \end{pmatrix}$$

Die Ebene E wird dann wieder über $\begin{pmatrix} 0 \\ 3 \\ 4 \end{pmatrix} \circ \left[\vec{x} - \begin{pmatrix} 1 \\ 0 \\ 2 \end{pmatrix} \right] = 0$ bestimmt.

Man erhält das Ergebnis E: $3x_2 + 4x_3 - 8 = 0$

c) Die Ebene E ist in der Normalenform gegeben. Ausrechnen ergibt:

$$F: \begin{pmatrix} 2 \\ 1 \\ 2 \end{pmatrix} \circ \left[\vec{x} - \begin{pmatrix} -1 \\ 0 \\ 1 \end{pmatrix} \right] = 0$$

$F: 2x_1 + x_2 + 2x_3 = 0$

Die Schnittgerade g der Ebenen E und F läßt sich auf verschiedene Arten berechnen. Es sollen drei Möglichkeiten angegeben werden.

1. Möglichkeit:
Bestimmung der Geraden g durch zwei Punkte S_1, S_2, die Schnittpunkte von Spurgeraden der Ebenen E und F in den Koordinatenebenen sind.

E: $\quad 3x_2 + 4x_3 - 8 = 0$
F: $2x_1 + x_2 + 2x_3 = 0$

x_1-x_3-Ebene: $\quad x_2 = 0$

(1) $\quad\quad\quad +4x_3 - 8 = 0$
(2) $\quad 2x_1 \quad +2x_3 = 0$

Aus (1) $\quad\quad x_3 = 2$
in (2) $\quad\quad x_1 = -2 \quad \Rightarrow \quad S_1(-2 \mid 0 \mid 2)$

x_1-x_3-Ebene: $\quad x_3 = 0$

(1) $\quad\quad 3x_2 - 8 = 0$
(2) $\quad 2x_1 + x_2 = 0$

Aus (1) $\quad\quad x_2 = \dfrac{8}{3}$

in (2) $\quad\quad x_1 = -\dfrac{4}{3} \quad \Rightarrow \quad S_2\left(-\dfrac{4}{3} \mid \dfrac{8}{3} \mid 0\right)$

Richtungsvektor von g: $\vec{u} = \overrightarrow{S_1 S_2} = \begin{pmatrix} \frac{2}{3} \\ \frac{8}{3} \\ -2 \end{pmatrix} = \dfrac{2}{3}\begin{pmatrix} 1 \\ 4 \\ -3 \end{pmatrix}$

$\Rightarrow$ Schnittgerade g: $\quad \vec{x} = \begin{pmatrix} -2 \\ 0 \\ 2 \end{pmatrix} + \rho \begin{pmatrix} 1 \\ 4 \\ -3 \end{pmatrix}$

2. Möglichkeit:

Bestimmung der Geraden g durch zwei Punkte $\overline{S_1}, \overline{S_2}$, die Schnittpunkte der Richtungsgeraden h_1 und h_2 der Ebene E mit der Ebene F: $2x_1 + x_2 + 2x_3 = 0$ sind.

$$h_1: \vec{x} = \begin{pmatrix} 1 \\ 0 \\ 2 \end{pmatrix} + \lambda \begin{pmatrix} 5 \\ 0 \\ 0 \end{pmatrix} \qquad h_2: \vec{x} = \begin{pmatrix} 1 \\ 0 \\ 2 \end{pmatrix} + \mu \begin{pmatrix} 0 \\ 4 \\ -3 \end{pmatrix}$$

h_1 in F:
$$2(1+5\lambda) + 2 \cdot 2 = 0$$
$$2 + 10\lambda + 4 = 0$$
$$10\lambda = -6$$
$$\lambda = -\frac{3}{5} \quad \Rightarrow \quad \overline{S_1}(-2|0|2)$$

h_2 in F:
$$2(1+4\mu+2(2-3\mu)) = 0$$
$$2 + 4\mu + 4 - 6\mu = 0$$
$$2\mu = -6$$
$$\mu = 3 \quad \Rightarrow \quad \overline{S_2}(1|12|-7)$$

Richtungsvektor von g: $\vec{u} = \overrightarrow{S_1 S_2} = \begin{pmatrix} 3 \\ 12 \\ -9 \end{pmatrix} = 3 \cdot \begin{pmatrix} 1 \\ 4 \\ 3 \end{pmatrix}$

$\Rightarrow$ Schnittgerade g: $\vec{x} = \begin{pmatrix} -2 \\ 0 \\ 2 \end{pmatrix} + \rho \begin{pmatrix} 1 \\ 4 \\ -3 \end{pmatrix}$

3. Möglichkeit:

Die Schnittgerade g ist eine einparametrige Punktmenge, die beide Ebenen erfüllen. Die beiden Ebenen E und F stellen zwei Gleichungen mit drei Variablen dar, d. h. eine Variable darf beliebig gesetzt werden, z. B. $x_2 = 4\rho$:

$x_2 = 4\rho$ in E und F eingesetzt:
(1) $12\rho + 4x_3 - 8 = 0$
(2) $2x_1 + 4\rho + 2x_3 = 0$

aus 1: $\quad 4x_3 = 8 - 12\rho$
$\quad\quad\quad x_3 = 2 - 3\rho$

in 2: $2x_1 + 4\rho + 4 - 6\rho = 0$
$\quad\quad 2x_1 = 2\rho - 4$
$\quad\quad x_1 = \rho - 2$

Für den Ortsvektor $\vec{x}$ aller Punkte X, die die Gerade g bilden, gilt:

$$g: \vec{x} = \begin{pmatrix} x_1 \\ x_2 \\ x_3 \end{pmatrix} = \begin{pmatrix} -2 + \rho \\ 4\rho \\ 2 - 3\rho \end{pmatrix} = \begin{pmatrix} -2 \\ 0 \\ 2 \end{pmatrix} + \rho \begin{pmatrix} 1 \\ 4 \\ -3 \end{pmatrix}$$

2. a) Die Ebenen E und E' sind parallel, da beide den gleichen Normalenvektor

$$\vec{n} = \begin{pmatrix} 0 \\ 3 \\ 4 \end{pmatrix}$$

besitzen. Ferner enthält die Ebene E' den Ursprung, d. h. der Abstand des Ursprunges von der Ebene E ist der Abstand der Ebenen E und E'. Der Abstand wird über die Hesse-Form der Ebenengleichung bestimmt.

Wegen $|\vec{n}| = \sqrt{9+16} = \sqrt{25} = 5$ gilt für die Hesse-Form E_H der Ebene E:

$$E_H: \frac{1}{5}(3x_2 + 4x_3 - 8) = 0$$

Setzt man den Ursprung O(0 | 0 | 0) ein, so ergibt sich:

$$d_{EE'} = d_{OE} = \left| -\frac{8}{5} \right| = 1{,}6 \text{ LE}$$

Da die beiden parallelen Ebenen E und E' die dritte Ebene F in parallelen Geraden schneiden, gilt, daß g und g' parallel zueinander sind.
Da der Ursprung O sowohl auf E' als auch auf F liegt, liegt er auch auf der Geraden g' = E' ∩ F.

Die Gleichung g': $\vec{x} = v \begin{pmatrix} 1 \\ 4 \\ -3 \end{pmatrix}$ muß nicht notwendig angegeben werden.

b) Da O ∉ g ⇒ kein Ortsvektor der Punkte auf g ist der Nullvektor (siehe Skizze), d. h. $\vec{0} \notin V$.
Damit hat V kein neutrales Element bezüglich der Vektoraddition, d. h. V ist kein Vektorraum.

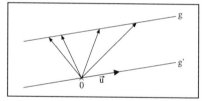

Der eindimensionale Vektorraum V' wird durch einen Basisvektor aufgespannt, z. B. durch den Richtungsvektor

$$\vec{u} = \begin{pmatrix} 1 \\ 4 \\ -3 \end{pmatrix}$$ der Geraden g'.

3. a) Die Höhe h wird mit Hilfe des Satzes von Pythagoras im rechtwinkeligen Dreieck AMS bestimmt, wobei $\overline{AM}$ die halbe Länge der Diagonalen $d = \overline{AC}$ ist, mit

$$d = 5\sqrt{2} \Rightarrow \overline{AM} = \frac{5}{2}\sqrt{2}$$

$$h^2 + \overline{AM}^2 = \overline{AS}^2$$

$$h^2 = \overline{AS}^2 - \overline{AM}^2 = 25 - \frac{50}{4} = \frac{50}{4}$$

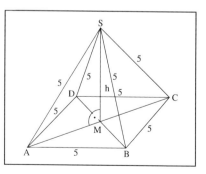

$\Rightarrow \quad h = \dfrac{5}{2}\sqrt{2}$ LE

Volumen der Pyramide:

$V = \dfrac{1}{3} G \cdot h$,

wobei G die Grundfläche, d. h. die Fläche des Grundquadrates ist mit $G = 5^2 = 25$ FE.

$V = \dfrac{1}{3} G \cdot h = \dfrac{1}{3} \cdot 25 \cdot \dfrac{5}{2}\sqrt{2}\, \text{VE} = \dfrac{125}{6}\sqrt{2}\, \text{VE}$

b) Die Grundfläche liegt in der Ebene E, ebenso der Mittelpunkt M der Strecke [AC].

Für M gilt: $\vec{m} = \dfrac{1}{2}(\vec{a} + \vec{c}) = \dfrac{1}{2}\left[\begin{pmatrix}1\\0\\2\end{pmatrix} + \begin{pmatrix}6\\4\\-1\end{pmatrix}\right] = \begin{pmatrix}3,5\\2\\0,5\end{pmatrix} \quad \Rightarrow \quad M(3,5\,|\,2\,|\,0,5)$

Die Punkte des Halbraum des $\mathbb{R}^3$, der den Ursprung nicht enthält, haben einen positiven Abstand.

Folglich gilt für den Ortsvektor $\vec{s}$ des Punktes S, wenn $\vec{n}_E^0$ der Normaleneinheitsvektor der Ebene E ist:

$\vec{s} = \vec{m} + h \cdot \vec{n}_E = \begin{pmatrix}3,5\\2\\0,5\end{pmatrix} + \dfrac{5}{2}\sqrt{2} \cdot \dfrac{1}{5}\begin{pmatrix}0\\3\\4\end{pmatrix} =$

$= \begin{pmatrix}3,5\\2\\0,5\end{pmatrix} + \dfrac{1}{2}\sqrt{2}\begin{pmatrix}0\\3\\4\end{pmatrix} = \begin{pmatrix}3,5\\2 + 1,5\sqrt{2}\\0,5 + 2\sqrt{2}\end{pmatrix}$

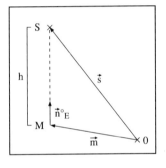

$\Rightarrow \quad S(3,5\,|\,2 + 1,5\sqrt{2}\,|\,0,5 + 2\sqrt{2})$

Grundkurs Mathematik: Abiturprüfung 1997
Infinitesimalrechnung I

Gegeben ist für $a \neq 0$ die Schar der Funktionen

$$f_a: x \mapsto x + \frac{x+a}{x} \quad \text{mit Definitionsmenge } D = \mathbb{R} \setminus \{0\}.$$

Der zu f_a gehörige Graph wird mit G_a bezeichnet.

1. a) Bestimmen Sie die Anzahl der Nullstellen von f_a in Abhängigkeit von a. Untersuchen Sie – gegebenenfalls mittels Fallunterscheidung – das Verhalten von f_a an den Rändern des Definitionsbereichs. (7 BE)

    b) Zeigen Sie, daß die Graphen G_a eine gemeinsame schiefe Asymptote g haben, und geben Sie eine Gleichung von g an. (3 BE)

    c) Weisen Sie die Gültigkeit folgender Beziehung nach:
    $f_a(x) - 1 = 1 - f_a(-x)$
    Welche Symmetrieeigenschaft des Graphen G_a ist damit nachgewiesen? (5 BE)

    d) Für welche Werte von a hat G_a zwei Extrempunkte? Bestimmen Sie Art und Lage eines jeden Extrempunkts. (8 BE)

    e) Berechnen Sie $f_1(x)$ und $f_{-2}(x)$ für $x = 1$ und $x = 4$, und zeichnen Sie unter Verwendung aller bisherigen Ergebnisse die Graphen von f_1 und f_{-2} sowie die Asymptote g aus Teilaufgabe 1 b im Bereich $-4 \leq x \leq 4$ (Längeneinheit 1 cm). (7 BE)

2. a) Zeigen Sie, daß
    $$F_a: x \mapsto \frac{(x+1)^2}{2} + a \ln x \quad \text{für } x > 0$$
    eine Stammfunktion von f_a ist. (3 BE)

    b) Die Graphen G_1, G_{-2} und die Geraden mit den Gleichungen $x = 1$ und $x = k$ ($k > 1$) schließen im ersten Quadranten ein Flächenstück ein. Berechnen Sie k so, daß der Inhalt dieses Flächenstücks 3 ist. (7 BE)

    (40 BE)

Lösungen

$f_a: x \mapsto x + \dfrac{x+a}{x}$; $a \neq 0$; $D = \mathbb{R}\setminus\{0\}$; Graph G_a

1. a) Nullstelle = Schnittstelle mit der x-Achse: $y = f(x) = 0$:
Man bringt dazu die Funktionen auf die „geschlossene" Form, d. h. auf den Hauptnenner.

$$f_a(x) = x + \dfrac{x+a}{x} = \dfrac{x^2 + x + a}{x}$$

$f_a(x) = 0$: $x^2 + x + a = 0$

$$x_{1/2} = \dfrac{1}{2}\left(-1 \pm \sqrt{1 - 4a}\right)$$

Über die Anzahl der Nullstellen entscheidet die Diskriminante $D = 1 - 4a$ der quadratischen Gleichung. Es gilt:

$D > 0$: $\quad 1 - 4a > 0 \implies a < \dfrac{1}{4}$: zwei Nullstellen

$D = 0$: $\quad 1 - 4a = 0 \implies a = \dfrac{1}{4}$: eine Nullstelle

$D < 0$: $\quad 1 - 4a < 0 \implies a > \dfrac{1}{4}$: keine Nullstelle

Wegen $D = \mathbb{R}\setminus\{0\}$ sind die folgenden Grenzwerte zu berechnen, für die man die Funktionen am besten aufspaltet.

$$f_a(x) = x + 1 + \dfrac{a}{x}$$

$\lim\limits_{x \to \infty} f_a(x) = \infty$, weil $\dfrac{a}{x} \to 0$ für $x \to \infty$

$\lim\limits_{x \to -\infty} f_a(x) = -\infty$, weil $\dfrac{a}{x} \to 0$ für $x \to -\infty$

Die Grenzwerte bei Annäherung an $x = 0$ sind von a abhängig:

$$\lim_{x \to 0+0} f_a(x) = \left[0 + 1 + \dfrac{a}{+0}\right] = \begin{cases} +\infty & \text{für } a > 0 \\ -\infty & \text{für } a < 0 \end{cases}$$

$$\lim_{x \to 0-0} f_a(x) = \left[0 + 1 + \dfrac{a}{-0}\right] = \begin{cases} -\infty & \text{für } a > 0 \\ +\infty & \text{für } a < 0 \end{cases}$$

b) Aus der Aufspaltung unter a sieht man, daß $f_a(x) = x + 1 + \frac{a}{x}$ sich für $x \mapsto \pm\infty$ immer mehr an die Gerade g: $y = x + 1$ annähert, weil $\lim\limits_{x \to \pm\infty} \frac{a}{x} = 0$ für alle a gilt.

Damit haben alle Graphen die Gerade $y = x + 1$ als schiefe Asymptote, da die Gerade nicht von a abhängt.

Die Gerade $x = 0$ (d. h. die y-Achse) ist senkrechte Asymptote aller Graphen.

c) Es ist zu zeigen: $f_a(x) - 1 = 1 - f_a(-x)$

Linke Seite: $f_a(x) - 1 = x + 1 + \frac{a}{x} - 1 = x + \frac{a}{x}$

Rechte Seite: $1 - f_a(-x) = 1 - \left(-x + 1 + \frac{a}{-x}\right) = 1 + x - 1 + \frac{a}{x} = x + \frac{a}{x}$

Wegen LS = RS folgt die Gültigkeit der Gleichung.

Aus der nebenstehenden Skizze erkennt man, daß alle Graphen punktsymmetrisch zum Punkt $S(0 \mid 1)$ sind.

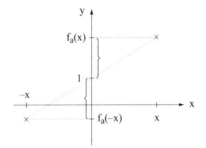

d) Zur Bestimmung der Extremwerte nach Lage und Art werden die 1. und die 2. Ableitung mit Hilfe der Quotientenregel bestimmt.

$f_a(x) = x + 1 + \frac{a}{x} \implies$

$f'_a(x) = 1 - \frac{a}{x^2} = \frac{x^2 - a}{x^2}$

$f''_a(x) = \frac{2a}{x^3}$

oder

$f_a(x) = \frac{x^2 + x + a}{x} \implies$

$f'_a(x) = \frac{(2x+1) \cdot x - (x^2 + x + a) \cdot 1}{x^2} = \frac{2x^2 + x - x^2 - x - a}{x} = \frac{x^2 - a}{x^2}$

$f''_a(x) = \frac{2x \cdot x^2 - (x^2 - a) \cdot 2x}{x^4} = \frac{2x(x^2 - x^2 + a)}{x^4} = \frac{2a}{x^3}$

Für Extrempunkte muß die Ableitungsfunktion f'_a ihr Vorzeichen wechseln. Das ist der Fall für $f'_a(x) = \frac{x^2 - a}{x^2} = 0$

$\Rightarrow x^2 - a = 0 \Rightarrow x^2 = a \Rightarrow x = \sqrt{a} \lor x = -\sqrt{a}$

Wegen $a \neq 0$ existieren Extrempunkte nur für $a > 0$.

$f_a(\sqrt{a}) = \sqrt{a} + 1 + \dfrac{a}{\sqrt{a}} = \sqrt{a} + 1 + \sqrt{a} = 2\sqrt{a} + 1$

$f_a''(\sqrt{a}) = \dfrac{2a}{a\sqrt{a}} = \dfrac{2}{\sqrt{a}} > 0 \Rightarrow T(\sqrt{a} \mid 2\sqrt{a} + 1)$ Tiefpunkt

$f_a(-\sqrt{a}) = -\sqrt{a} + 1 + \dfrac{a}{-\sqrt{a}} = -\sqrt{a} + 1 - \sqrt{a} = -2\sqrt{a} + 1$

$f_a''(-\sqrt{a}) = \dfrac{2a}{-a\sqrt{a}} = -\dfrac{2}{\sqrt{a}} < 0 \Rightarrow H(-\sqrt{a} \mid -2\sqrt{a} + 1)$ Hochpunkt

e) Betrachtet werden die Funktionen für $a = 1$ und $a = -2$:

$f_1(x) = \dfrac{x^2 + x + 1}{x} = x + 1 + \dfrac{1}{x}$ $\qquad$ $f_{-2}(x) = \dfrac{x^2 + x - 2}{x} = x + 1 - \dfrac{2}{x}$

Verlangt war nur die Berechnung der folgenden Funktionswerte:

$f_1(1) = 3$ $\qquad\qquad\qquad\qquad$ $f_{-2}(1) = 0$
$f_1(4) = 5{,}25$ $\qquad\qquad\qquad\quad$ $f_{-2}(4) = 4{,}50$

Zur Erstellung einer Zeichnung empfiehlt sich eine ausführlichere Wertetabelle.

x	−4	−3	−2	−1	−0,5	0,5	1	2	3	4
$f_1(x)$	−3,25	−2,33	−1,5	−1	−1,50	3,50	3	3,50	4,33	5,25
$f_{-2}(x)$	−2,50	−1,33	0	2	4,5	−2,50	0	2	3,33	4,50

Ferner gilt:

f_1: $T(1 \mid 3)$ $\quad$ Tiefpunkt
$\quad\;\;$ $H(-1 \mid -1)$ $\quad$ Hochpunkt
f_{-2}: $N_1(-2 \mid 0)$ $\quad$ $N_2(1 \mid 0)$

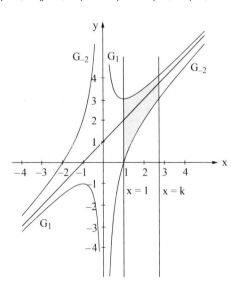

2. a) Eine Funktion F_a ist eine Stammfunktion zur Funktion f, wenn gilt:

$F'_a(x) = f_a(x)$ (und $D_{F_a} = D_{f_a}$).

$F_a(x) = \dfrac{(x+1)^2}{2} + a \cdot \ln x \quad (x > 0)$

$F'_a(x) = \dfrac{2(x+1)}{2} + \dfrac{a}{x} = x + 1 + \dfrac{a}{x} = f_a(x) \Rightarrow F_a$ ist Stammfunktion zur Funktion f_a

b) Das Flächenstück ist in der Zeichnung in Teilaufgabe 1 e schraffiert. Es gilt:

$3 = \displaystyle\int_1^k (f_1(x) - f_{-2}(x))dx = \left[F_1(x) - F_{-2}(x)\right]_1^k = \left[\dfrac{(x+1)^2}{2} + \ln x - \dfrac{(x+1)^2}{2} + 2\ln x\right]_1^k$

$= [3\ln x]_1^k = 3\ln k - \underbrace{3\ln 1}_{0} = 3\ln k$

$\Rightarrow 3\ln k = 3$

$\ln k = 1$

$k = e$

Für k = e hat das Flächenstück den Inhalt 3.

Grundkurs Mathematik: Abiturprüfung 1997
Infinitesimalrechnung II

Gegeben ist die Funktion f: $x \mapsto (x+1)^2 \cdot e^{1-x}$ mit $D_f = \mathbb{R}$.
Der Graph wird mit G_f bezeichnet.
Hinweis: Im folgenden darf ohne Beweis verwendet werden:
$\lim_{x \to +\infty} x^n \cdot e^{-x} = 0$ für alle $n \in \mathbb{N}$.

1. a) Bestimmen Sie das Verhalten von f für $x \mapsto +\infty$ und für $x \mapsto -\infty$.
   Ermitteln Sie die Schnittpunkte von G_f mit den Koordinatenachsen, und
   geben Sie die Wertemenge von f an. (7 BE)

   b) Bestimmen Sie Art und Lage der Extrempunkte von G_f.
   [zur Kontrolle: $f'(x) = (1 - x^2) \cdot e^{1-x}$] (8 BE)

   c) Berechnen Sie $f(-1{,}25)$, $f(3)$ sowie $f(5)$, und zeichnen Sie G_f unter Verwendung der bisherigen Ergebnisse im Bereich $-1{,}25 \leq x \leq 5$ (Längeneinheit 1 cm, Platzbedarf im Hinblick auf das folgende: $-6 \leq y \leq 6$). (6 BE)

Gegeben ist nun zusätzlich die Funktion g: $x \mapsto 2(x+1) \cdot e^{1-x}$ mit $D_g = \mathbb{R}$. Ihr Graph sei G_g.

2. a) Weisen Sie nach, daß f und g nur an den Stellen $x_1 = -1$ und $x_2 = 1$ gleiche Funktionswerte haben. (4 BE)

   b) Der Graph G_g besitzt als einzigen Extrempunkt einen Hochpunkt (Nachweis nicht erforderlich). Berechnen Sie dessen Koordinaten. (4 BE)

   c) Berechnen Sie $g(-1{,}25)$, $g(3)$ sowie $g(5)$, und zeichnen Sie G_g unter Verwendung der bisherigen Ergebnisse im Bereich $-1{,}25 \leq x \leq 5$ in das Koordinatensystem von Teilaufgabe 1 c ein. (4 BE)

3. a) Zeigen Sie, daß für alle $x \in \mathbb{R}$ gilt: $g(x) = f(x) + f'(x)$. (3 BE)

   b) Berechnen Sie nun den Inhalt der Fläche, die im Bereich $-1 \leq x \leq 1$ von G_f und G_g begrenzt wird. (4 BE)

   (40 BE)

Lösungen

f: $x \mapsto (x+1)^2 \cdot e^{1-x}$; $D_f = \mathbb{R}$

1. a) $\lim\limits_{x \to \infty} (x+1)^2 e^{1-x} = 0$, weil $\lim\limits_{x \to 0} x^n \cdot e^{-x} = 0$ gilt

   $\lim\limits_{x \to -\infty} (x+1)^2 \cdot e^{1-x} = +\infty$, weil $\lim\limits_{x \to -\infty} (x+1)^2 = \infty \wedge \lim\limits_{x \to -\infty} e^{1-x} = \infty$ gilt.

   Schnittpunkte mit der x-Achse: $y = f(x) = 0$:
   $(x+1)^2 \cdot e^{1-x} = 0 \Rightarrow (x+1)^2 = 0$, weil $e^{1-x} > 0 \Rightarrow x = -1$.
   $\Rightarrow N_1(-1 \mid 0)$: Es existiert nur ein (doppelt zu zählender) Schnittpunkt mit der x-Achse.

   Schnittpunkt mit der y-Achse: $x = 0$
   $y = f(0) = e \Rightarrow N_2(0 \mid e)$

   Da $(x+1)^2 \geq 0 \wedge e^{1-x} > 0$ ist $N_1(-1 \mid 0)$ der tiefste Punkt. Wegen des Grenzwertes $\lim\limits_{x \to -\infty} f(x) = +\infty$ und der Stetigkeit von f gilt folglich für die Wertemenge
   $W_f = [0; \infty[= \mathbb{R}_0^+$.

   b) Zur Bestimmung der Extremwerte werden die 1. und 2. Ableitung der Funktion f mit Hilfe der Produktregel und der Kettenregel gebildet.

   $f'(x) = 2(x+1) \cdot e^{1-x} + (x+1)^2 \cdot e^{1-x} \cdot (-1) = e^{1-x}(2x + 2 - x^2 - 2x - 1)$
   $= (-x^2 + 1)e^{1-x} = (1 - x^2)e^{1-x}$

   $f''(x) = -2xe^{1-x} + (1-x^2)e^{1-x} \cdot (-1) = e^{1-x}(-2x - 1 + x^2) = (x^2 - 2x - 1)e^{1-x}$

   Für Extrempunkte muß die Ableitungsfunktion f' ihr Vorzeichen ändern. Das ist der Fall für $f'(x) = (1-x^2)e^{1-x} = 0$

   $f'(x) = 0 \Rightarrow 1 - x^2 = 0$, weil $e^{1-x} > 0$.
   $x^2 - 1 = 0 \Rightarrow x = 1 \vee x = -1$

   $f(1) = 4$ \quad $f''(1) = -2 < 0 \Rightarrow H(1 \mid 4)$ \quad Hochpunkt
   $f(-1) = 0$ \quad $f''(-1) = 2e^2 > 0 \Rightarrow T(-1 \mid 0)$ \quad Tiefpunkt

   c) Zu berechnen sind folgende Werte:
   $f(-1,25) \approx 0,59$
   $f(3) \approx 2,17$
   $f(5) \approx 0,66$

   Alle Werte werden in der folgenden Wertetabelle zusammengefaßt:

x	−1,25	−1	0	1	2	3	4	5
f(x)	0,59	0	2,72	4	3,31	2,17	1,24	0,66

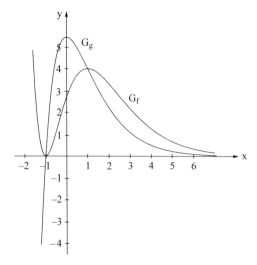

g: $x \mapsto 2(x+1)e^{1-x}$ $D_g = \mathbb{R}$

2. a) Für die Schnittpunkte der beiden Graphen gilt:
$f(x) = g(x) \Rightarrow f(x) - g(x) = 0$ *Ausgeklammert !*
$\Rightarrow (x+1)^2 e^{1-x} - 2(x+1)e^{1-x} = \boxed{(x+1)e^{1-x}}(x+1-2)$
$\phantom{\Rightarrow (x+1)^2 e^{1-x} - 2(x+1)e^{1-x}} = (x+1)e^{1-x} \cdot (x-1)$
$\phantom{\Rightarrow (x+1)^2 e^{1-x} - 2(x+1)e^{1-x}} = (x+1) \cdot (x-1) \cdot e^{1-x} = 0$

Da $e^{1-x} > 0 \Rightarrow x = -1 \vee x = 1$ sind die einzigen Schnittstellen. Dort gilt:
$f(-1) = g(-1) = 0$ bzw. $f(1) = g(1) = 4$

b) Der Graph G_g hat dort einen Extremwert, wo die 1. Ableitung g' das Vorzeichen wechselt, d. h. $g'(x) = 0$ gilt:

g' wird mit Hilfe von Produktregel und Kettenregel gebildet.

$g'(x) = 2 \cdot e^{1-x} + 2(x+1)e^{1-x} \cdot (-1) = e^{1-x}(2 - 2x - 2) = -2x \cdot e^{1-x}$

$g'(x) = 0$: $-2x = 0$, weil $e^{1-x} > 0 \Rightarrow x = 0$.

$g(0) = 2e \Rightarrow H(0 \mid 2e)$ Hochpunkt (Nachweis des Hochpunktes mit Hilfe der 2. Ableitung oder der Monotonie war nicht verlangt!)

c) Zu berechnen sind: Ferner sind bekannt:
$g(-1,25) \approx -4,74$ $g(-1) = 0$
$g(3) \approx 1,08$ $g(1) = 4$
$g(5) \approx 0,22$ $g(0) = 5,44$

Graph siehe Koordinatensystem unter 1 c.

3. a) Zu zeigen ist: $g(x) = f(x) + f'(x)$

$f(x) + f'(x) = (x + 1)^2 \cdot e^{1-x} + (1 - x^2) \cdot e^{1-x} = e^{1-x}(x^2 + 2x + 1 + 1 - x^2)$
$= (2x + 2) \cdot e^{1-x} = 2 \cdot (x + 1) \cdot e^{1-x} = g(x) \Rightarrow$ Behauptung

b) Aus der Zeichnung unter 1 c erkennt man, daß G_g oberhalb von G_f verläuft, d. h. für den gesuchten Inhalt der Fläche gilt:

$$A = \int_{-1}^{1} (g(x) - f(x))dx$$

Nach 3 a gilt aber: $g(x) - f(x) = f'(x)$

$$A = \int_{-1}^{1} (g(x) - f(x))dx = \int_{-1}^{1} f'(x)dx$$

Nach dem Hauptsatz der Differential- und Integralrechnung ist die Funktion f eine Stammfunktion zur Ableitungsfunktion f'.

$$A = \int_{-1}^{1} (g(x) - f(x))dx = \int_{-1}^{1} f'(x)dx = [f(x)]_{-1}^{1} = f(1) - f(-1) = 4 - 0 = 4 \text{ FE}$$

Grundkurs Mathematik: Abiturprüfung 1997
Wahrscheinlichkeitsrechnung / Statistik III

In einem Spielcasino sind Spielautomaten aufgestellt, die Zufallszahlen der Form $a_1a_2a_3$ (z. B. 074) erzeugen, wobei a_1, a_2 und a_3 Ziffern von 0 bis 9 sind. Alle diese Zufallszahlen erscheinen mit der gleichen Wahrscheinlichkeit.

1. Ein Spieler betätigt einen der Automaten einmal. Betrachten Sie folgende Ereignisse:
   A: „Die mittlere Ziffer ist eine 7."
   B: „Drei verschiedene Ziffern."
   C: „Drei verschiedene Ziffern mit $a_1 < a_2 < a_3$."

   a) Berechnen Sie die Wahrscheinlichkeiten der Ereignisse A, B und C.
   [Teilergebnis: P(C) = 0,12] (8 BE)

   b) Untersuchen Sie die Ereignisse A und C auf Unabhängigkeit. (5 BE)

Eine Zufallszahl aus dem Ereignis C (vgl. Aufgabe 1) wird im folgenden als Glückszahl bezeichnet.

2. Wie oft muß man den Spielautomaten mindestens betätigen, damit mit einer Wahrscheinlichkeit von mehr als 99 % wenigstens eine Glückszahl erscheint? (6 BE)

3. a) Der Spielautomat zahlt dem Spieler für jede Glückszahl das 8fache des Einsatzes aus. In allen anderen Fällen bekommt der Spieler nichts ausbezahlt. Ein Spieler spielt 25mal mit gleichem Einsatz. Wie oft darf er höchstens gewinnen, damit das Casino keinen Verlust macht? Mit welcher Wahrscheinlichkeit tritt dies ein? (9 BE)

   b) An einem Abend wird der Spielautomat 1997mal betätigt. Welche Werte darf die Anzahl der Glückszahlen nur annehmen, wenn ihre relative Häufigkeit um weniger als 0,02 von der Eintrittswahrscheinlichkeit abweichen soll? (5 BE)

4. Der Besitzer des Casinos vermutet, daß bei einem neugelieferten Spielautomaten Glückszahlen ungewöhnlich häufig auftreten. Der Automat soll ausgetauscht werden, wenn bei einem Test mit 200 Spielen die relative Häufigkeit der Glückszahlen mindestens 0,14 ist. Wie groß ist die Wahrscheinlichkeit dafür, daß der Automat nicht ausgetauscht wird, obwohl bei ihm Glückszahlen mit der Wahrscheinlichkeit 0,15 auftreten? (7 BE)

(40 BE)

Lösungen

1. a) Da alle Zufallszahlen mit der gleichen Wahrscheinlichkeit erscheinen, gilt für jede einzelne Ziffer $p = \frac{1}{10} = 0{,}1$. Das gilt auch für die mittlere Ziffer 7, d. h.

   $P(A) = \frac{1}{10} = 0{,}1 = 10\%$

   Wenn drei Ziffern erzeugt werden, gibt es $|\Omega| = 10 \cdot 10 \cdot 10 = 10^3$ Möglichkeiten. Für das Ereignis B gilt dann: $|B| = 10 \cdot 9 \cdot 8$, d. h. für die erste Stelle stehen 10, für die zweite Stelle 9 und für die dritte Stelle noch 8 Zahlen zur Verfügung, d. h.

   $P(B) = \frac{|B|}{|\Omega|} = \frac{10 \cdot 9 \cdot 8}{10^3} = 0{,}72 = 72\%$

   Drei verschiedene Ziffern lassen sich auf $3! = 6$ verschiedene Arten anordnen. Darunter ist genau eine Anordnung mit $a_1 < a_2 < a_3$, d. h.

   $P(C) = \frac{1}{3!} \cdot P(B) = \frac{1}{6} \cdot P(B) = 0{,}12 = 12\%$

   Eine andere Möglichkeit wäre alle $|C| = 120$ verschiedenen Möglichkeiten durch Abzählen zu erhalten.

   b) Die Ereignisse A und C sind genau dann stochastisch unabhängig, wenn eine Gleichung $P(A \cap C) = P(A) \cdot P(C)$ gilt.
   $A \cap C$ enthält alle Ergebnisse $a_1 < 7 < a_3$. Da es für a_1 sieben und für a_3 zwei Möglichkeiten gibt, gilt $|A \cap C| = 7 \cdot 2 = 14$, d. h.

   $P(A \cap C) = \frac{14}{10^3} = 0{,}014$
   $P(A) \cdot P(C) = 0{,}1 \cdot 0{,}12 = 0{,}012$

   Da $P(A \cap C) \neq P(A) \cdot P(C)$ gilt, sind die Ereignisse A und C stochastisch abhängig.

2. Es gilt stets: $P(\text{mind. ein ...}) = 1 - P(\text{kein ...})$, d. h.

   $1 - (1-p)^n > \gamma$ mit $p = 0{,}12$ und $\gamma = 0{,}99$

   $1 - 0{,}88^n > 0{,}99$

   $1 - 0{,}99 > 0{,}88^n$

   $0{,}88^n < 0{,}01$

   $n \cdot \ln 0{,}88 < \ln 0{,}01 \qquad |: \ln 0{,}88 < 0!!$

   $n > \frac{\ln 0{,}01}{\ln 0{,}88} = 36{,}02 \quad \Rightarrow \quad n \geq 37$

   Man muß den Spielautomaten mindestens 37mal betätigen.

3. a) Der Einsatz des Spielers sei x.
Bei 25 Spielen hat das Casino $25 \cdot x$ als Einsatz. Da sie $8 \cdot x$ pro Gewinn auszahlt, darf der Spieler höchstens dreimal gewinnen. Falls Z die Anzahl der Gewinnspiele angibt, ist die folgende Wahrscheinlichkeit zu berechnen:

$$B_{0,12}^{25}(Z \le 3) = B_{0,12}^{25}(Z=3) + B_{0,12}^{25}(Z=2) + B_{0,12}^{25}(Z=1) + B_{0,12}^{25}(Z=0)$$

$$= \binom{25}{3} \cdot 0{,}12^3 \cdot 0{,}88^{22} + \binom{25}{2} \cdot 0{,}12^2 \cdot 0{,}88^{23} + \binom{25}{1} \cdot 0{,}12^1 \cdot 0{,}88^{24} +$$

$$+ \binom{25}{0} \cdot 0{,}12^0 \cdot 0{,}88^{25}$$

$$= 0{,}64754 = 64{,}75\,\% \approx 64{,}8\,\%$$

(Berechnung mit dem Taschenrechner, da die zugehörige Binomialverteilung nicht tabelliert ist!)

b) Zu lösen ist die Ungleichung

$$|h_n - p| = \left|\frac{k}{n} - p\right| < 0{,}02 \quad \text{mit } n = 1997 \text{ und } p = 0{,}12$$

$\left|\dfrac{k}{n} - p\right| < 0{,}02$ ist äquivalent zur Doppelgleichung

$$-0{,}02 < \frac{k}{n} - p < 0{,}02$$

$$-0{,}02 < \frac{k}{1997} - 0{,}12 < 0{,}02 \qquad |+0{,}12$$

$$0{,}10 < \frac{k}{1997} < 0{,}14 \qquad |\cdot 1997$$

$$199{,}7 < k < 279{,}58 \quad \Rightarrow \quad 200 \le k \le 279$$

Die Anzahl der Glückszahlen darf mindestens 200 und höchstens 279 betragen.

4. Der Automat wird nicht ausgetauscht, wenn bei dem Test weniger als $200 \cdot 0{,}14 = 28$ Gewinnzahlen auftreten.

Die gesuchte Wahrscheinlichkeit, daß bei einer Wahrscheinlichkeit für die Glückszahlen von p' = 0,15 weniger als 28 Glückszahlen auftreten, errechnet sich über $B_{0,15}^{200}(Z' < 28)$, wenn Z' die Anzahl der Glückszahlen angibt.

Aus der kumulativen Tabelle der Binomialverteilung erhält man:

$$B_{0,15}^{200}(Z' < 28) = B_{0,15}^{200}(Z' \le 27) = 0{,}31659 = 31{,}66\,\% \approx 31{,}7\,\%$$

Mit einer Wahrscheinlichkeit von 31,7 % wird der Automat nicht ausgetauscht.

Grundkurs Mathematik: Abiturprüfung 1997
Wahrscheinlichkeitsrechnung / Statistik IV

1. Auf dem Bahnsteig einer U-Bahn befindet sich eine Sitzbank mit 10 Plätzen. Auf diese setzen sich 10 Personen, von denen 2 keinen gültigen Fahrausweis haben (Schwarzfahrer).

   a) Auf wie viele verschiedene Arten können sie Platz nehmen, wenn nur zwischen Personen mit und ohne gültigem Fahrausweis unterschieden wird? In wie vielen Fällen sitzen dabei die Schwarzfahrer nebeneinander? (4 BE)

   b) Von den 10 Personen werden 2 zufällig ausgewählt und kontrolliert. Mit welcher Wahrscheinlichkeit befindet sich darunter genau 1 Schwarzfahrer? (5 BE)

2. Wie hoch muß der Anteil der Schwarzfahrer an allen Fahrgästen mindestens sein, damit mit einer Wahrscheinlichkeit von wenigstens 99 % unter 100 Fahrgästen mindestens ein Schwarzfahrer ist? (7 BE)

3. 97 % aller Fahrgäste haben einen gültigen Fahrausweis. Ein Kontrolleur überprüft 5 % der Fahrgäste. Die Wahrscheinlichkeit, daß ein Fahrgast Schwarzfahrer ist und von ihm kontrolliert wird, beträgt 0,20 %.
Untersuchen Sie, ob der Kontrolleur einen geschärften Blick für Schwarzfahrer hat oder ob die Auswahl der kontrollierten Personen rein zufällig erfolgt. (5 BE)

4. Die Wahrscheinlichkeit dafür, daß sich ein Fahrgast bei einer Kontrolle als Schwarzfahrer erweist, beträgt 5 %.
Es werden 100 Einzelkontrollen durchgeführt.

   a) Mit welcher Wahrscheinlichkeit sind darunter mindestens 3 und höchstens 8 Schwarzfahrer? (6 BE)

   b) Mit welcher Wahrscheinlichkeit werden genau 3 Schwarzfahrer ertappt, die sich zudem nicht unter den ersten 20 Kontrollierten befinden? (6 BE)

5. Es wird vermutet, daß auf Grund verstärkter Kontrollen der Anteil der Schwarzfahrer unter 5 % gesunken ist. Um dies zu testen, werden 200 Einzelkontrollen ausgewertet. Die Wahrscheinlichkeit dafür, irrtümlich anzunehmen, daß der Anteil der Schwarzfahrer gesunken ist, soll höchstens 10 % betragen. Ermitteln Sie die Entscheidungsregel. (7 BE)

(40 BE)

Lösungen

1. a) Da nur nach Schwarzfahrern und Nicht-Schwarzfahrern unterschieden wird, sind nur die zwei Plätze für die Schwarzfahrer (oder die acht Plätze für die Nicht-Schwarzfahrer) aus den zehn Plätzen auszuwählen.

   Es gibt $\binom{10}{2} = \binom{10}{8} = 45$ verschiedene Sitzordnungen.

   oder:

   Könnte man die Personen unterscheiden, gäbe es 10! Möglichkeiten. Da aber die 2! Möglichkeiten für die Schwarzfahrer und die 8! Möglichkeiten für die Nicht-Schwarzfahrer jeweils gleich sind, gibt es $\frac{10!}{2! \cdot 8!} = 45$ verschiedene Sitzordnungen.

   Die beiden Schwarzfahrer können auf den Plätzen 1/2, 2/3, ..., 9/10 nebeneinander sitzen, d. h. in neun Fällen sitzen die beiden Schwarzfahrer nebeneinander.

   b) Verwendet wird das Urnenmodell des Ziehens ohne Zurücklegen. Insgesamt werden $\binom{10}{2}$ ausgewählt. Wenn darunter genau ein Schwarzfahrer sein soll, dann muß dieser aus den beiden Schwarzfahrern, die restliche Person aus den acht Nicht-Schwarzfahrern ausgewählt werden. Wenn Z die Anzahl der Schwarzfahrer angibt, gilt:

   $$P(Z = 1) = \frac{\binom{2}{1} \cdot \binom{8}{1}}{\binom{10}{2}} = \frac{16}{45} = 35{,}56\,\% \approx 35{,}6\,\%$$

2. Es gilt stets: P(mindestens ein ...) = 1 – P(kein ...), d. h.

   $1 - (1 - p)^n \geq \gamma$ mit n = 100 und γ = 0,99

   $1 - (1 - p)^{100} \geq 0{,}99$

   $1 - 0{,}99 \geq (1 - p)^{100}$

   $(1 - p)^{100} \leq 0{,}01$

   $1 - p \leq \sqrt[100]{0{,}01}$

   $p \geq 1 - \sqrt[100]{0{,}01} = 1 - 0{,}95499 = 0{,}04501$

   $p \geq 0{,}045 = 4{,}5\,\%$

   Der Anteil der Schwarzfahrer muß mindestens 4,5 % betragen.

3. Der Kontrolleur hat einen geschärften Blick für Schwarzfahrer, wenn der Anteil der kontrollierten Schwarzfahrer größer ist als der Anteil der kontrollierten Nicht-Schwarzfahrer.
Mit den Abkürzungen K: „Kontrollierter Fahrgast" und S: „Schwarzfahrer" erhält man:

$P(K \cap S) = 0,20\% = 0,002$

$P(K) \cdot P(S) = 0,05 \cdot 0,03 = 0,0015$

Da $P(K \cap S) > P(K) \cdot P(S)$, sind die Ereignisse K und S abhängig, wobei der Anteil der kontrollierten Schwarzfahrer größer ist als der, der sich bei Unabhängigkeit ergeben würde
$\Rightarrow$ geschärfter Blick für Schwarzfahrer

oder:

$p_1 = \dfrac{P(K \cap S)}{P(S)} = \dfrac{0,002}{0,03} = 6,67\%$

$p_2 = \dfrac{P(K \cap \bar{S})}{P(\bar{S})} = \dfrac{0,048}{0,97} = 4,95\%$

Der Anteil p_1 der kontrollierten Schwarzfahrer unter den Schwarzfahrern ist größer als der Anteil p_2 der kontrollierten Nicht-Schwarzfahrer unter den Nicht-Schwarzfahrern
$\Rightarrow$ geschärfter Blick für Schwarzfahrer.

4. $n = 100$; $p = 0,05$
Es wird das Urnenmodell des Ziehens mit Zurücklegen (Binomialverteilung) verwendet.
Z gebe wieder die Anzahl der Schwarzfahrer an.

a) Gesucht ist die Wahrscheinlichkeit

$B^{100}_{0,05} (3 \leq Z \leq 8) = B^{100}_{0,05} (Z \leq 8) - B^{100}_{0,05} (Z \leq 2)$
$= 0,93691 - 0,11826 = 0,81865 = 81,87\% \approx 81,9\%$

b) Die gesuchte Wahrscheinlichkeit setzt sich aus zwei Faktoren zusammen, nämlich der Wahrscheinlichkeit für keinen Schwarzfahrer unter den ersten 20 und genau drei Schwarzfahrern unter den letzten 80 kontrollierten Personen.

$P = B^{20}_{0,05} (Z = 0) \cdot B^{80}_{0,05} (Z = 3) = 0,95^{20} \cdot \binom{80}{3} \cdot 0,05^3 \cdot 0,95^{77}$

$= \binom{80}{3} \cdot 0,05^3 \cdot 0,95^{97} = 0,07092 = 7,09\% \approx 7,1\%$

oder:
Es treten drei Schwarzfahrer und 97 Nicht-Schwarzfahrer auf.

Da sich unter den ersten zwanzig kontrollierten Personen kein Schwarzfahrer befindet, können die drei Schwarzfahrer noch auf 80 Plätze verteilt werden.
Daraus folgt:

$P = \binom{80}{3} \cdot 0,05^3 \cdot 0,95^{97} = 0,07092 = 7,09\% \approx 7,1\%$

5. Man möchte die irrtümliche **Ablehnung** der Hypothese, daß der Anteil der Schwarzfahrer angestiegen ist, d. h. die irrtümliche **Annahme**, daß der Anteil der Schwarzfahrer gesunken ist, auf eine Wahrscheinlichkeit von 10 % begrenzen. Dazu wählt man:
H_0: $p_0 \geq 0{,}05$; $n = 200$; Ablehnungsbereich $\overline{A} = \{0, ..., k\}$; $\alpha = 0{,}10$;
Z = Anzahl der Schwarzfahrer

$B^{200}_{0,05}(Z \leq k) \leq 0{,}10$

Aus der kumulativen Tabelle der Binomialverteilung liest man ab:
$\quad k = 5$
$\Rightarrow \overline{A} = \{0, ..., 5\}$

Entscheidungsregel:
H_0 wird abgelehnt, falls man höchstens fünf Schwarzfahrer findet, d. h. wenn man höchstens fünf Schwarzfahrer in der Stichprobe findet, geht man davon aus, daß der Anteil der Schwarzfahrer nicht angestiegen ist.

Grundkurs Mathematik: Abiturprüfung 1997
Analytische Geometrie V

In einem kartesischen Koordinatensystem enthält die Gerade g den Punkt S(2 | 4 | −2) und besitzt den Richtungsvektor $\vec{u} = \begin{pmatrix} -1 \\ -2 \\ 1 \end{pmatrix}$.

1. a) Bestimmen Sie den Schnittpunkt P der Geraden g mit der Ebene $x_2 = -2$.
   [Ergebnis: P(−1 | −2 | 1)] (3 BE)

   b) Zeigen Sie, daß das Dreieck PAS mit A(2 | −2 | −2) bei A rechtwinklig ist.
   Fertigen Sie eine Skizze an, die das Dreieck PAS und die Gerade g enthält. (3 BE)

   c) Bestimmen Sie eine Gleichung der Ebene E, in der das Dreieck PAS liegt, in Normalenform.
   Welche besondere Lage hat die Ebene E im Koordinatensystem?
   [mögliches Ergebnis: E: $x_1 + x_3 = 0$] (6 BE)

Der Punkt F ist der Fußpunkt des Lotes von dem Punkt A (Teilaufgabe 1 b) auf die Gerade g.

2. a) Bestimmen Sie F, und tragen Sie den Punkt F in die Skizze von Teilaufgabe 1 b ein. [Ergebnis: F(0 | 0 | 0)] (5 BE)

   b) Der Spiegelpunkt des Punktes A an der Geraden g heißt C. Bestimmen Sie C, und tragen Sie C in die Skizze von Teilaufgabe 1 b ein. (2 BE)

   c) Die Punkte A, B, C und D sind die Eckpunkte eines Quadrats mit dem Diagonalenschnittpunkt F. Die Diagonale BD des Quadrats steht senkrecht auf der Ebene E (Teilaufgabe 1 c). Bestimmen Sie die Punkte B und D.
   [mögliches Teilergebnis: B($\sqrt{6}$ | 0 | $\sqrt{6}$)] (7 BE)

   d) Die Pyramide ABCDP hat ihre Spitze im Punkt P (Teilaufgabe 1 a). Welchen Winkel (auf 1° genau) schließt eine Seitenkante dieser Pyramide mit der Grundfläche ein?
   Bestimmen Sie das Volumen der Pyramide ABCDP. (8 BE)

3. a) Die Eckpunkte des Quadrats ABCD (Teilaufgabe 2 c) liegen auf der Kugel K, deren Mittelpunkt der Punkt P (Teilaufgabe 1 a) ist. Geben Sie die Gleichung der Kugel K an. (3 BE)

   b) Geben Sie Mittelpunkt und Radius der kleinsten Kugel an, auf der die Eckpunkte A, B, C und D liegen. (3 BE)

   (40 BE)

Lösungen

$S(2\mid 4\mid -2)$; $\vec{u} = \begin{pmatrix} -1 \\ -2 \\ 1 \end{pmatrix}$

1. a) Für die Gerade g gilt: $g: \vec{x} = \vec{s} + \lambda \cdot \vec{u} = \begin{pmatrix} 2 \\ 4 \\ -2 \end{pmatrix} + \lambda \cdot \begin{pmatrix} -1 \\ -2 \\ 1 \end{pmatrix}$

   g in Ebene $x_2 = -2$: $\quad 4 - 2\lambda = -2$
   $\qquad\qquad\qquad\qquad\qquad\; 2\lambda = 6$
   $\qquad\qquad\qquad\qquad\qquad\;\; \lambda = 3$

   $\lambda = 3$ in g: $\quad \vec{p} = \begin{pmatrix} 2 \\ 4 \\ -2 \end{pmatrix} + 3 \cdot \begin{pmatrix} -1 \\ -2 \\ 1 \end{pmatrix} = \begin{pmatrix} -1 \\ -2 \\ 1 \end{pmatrix} \;\Rightarrow\; P(-1\mid -2\mid 1)$

b) Das Dreieck PAS ist bei A rechtwinklig, wenn die Vektoren $\overrightarrow{SA}$ und $\overrightarrow{PA}$ aufeinander senkrecht stehen, d. h. $\overrightarrow{SA} \circ \overrightarrow{PA} = 0$ gilt.

   $A(2\mid -2\mid -2)$

   $\overrightarrow{SA} = \vec{a} - \vec{s} = \begin{pmatrix} 0 \\ 6 \\ 0 \end{pmatrix}$

   $\overrightarrow{PA} = \vec{a} - \vec{p} = \begin{pmatrix} 3 \\ 0 \\ -3 \end{pmatrix}$

   $\overrightarrow{SA} \circ \overrightarrow{PA} = \begin{pmatrix} 0 \\ 6 \\ 0 \end{pmatrix} \circ \begin{pmatrix} 3 \\ 0 \\ -3 \end{pmatrix} = 0 \;\Rightarrow\;$ Dreieck PAS ist rechtwinklig bei A.

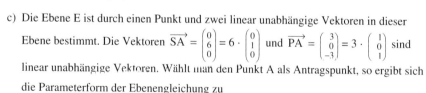

c) Die Ebene E ist durch einen Punkt und zwei linear unabhängige Vektoren in dieser Ebene bestimmt. Die Vektoren $\overrightarrow{SA} = \begin{pmatrix} 0 \\ 6 \\ 0 \end{pmatrix} = 6 \cdot \begin{pmatrix} 0 \\ 1 \\ 0 \end{pmatrix}$ und $\overrightarrow{PA} = \begin{pmatrix} 3 \\ 0 \\ -3 \end{pmatrix} = 3 \cdot \begin{pmatrix} 1 \\ 0 \\ -1 \end{pmatrix}$ sind linear unabhängige Vektoren. Wählt man den Punkt A als Antragspunkt, so ergibt sich die Parameterform der Ebenengleichung zu

$E: \vec{x} = \begin{pmatrix} 2 \\ -2 \\ -2 \end{pmatrix} + \rho \begin{pmatrix} 0 \\ 6 \\ 0 \end{pmatrix} + \sigma \begin{pmatrix} 3 \\ 0 \\ -3 \end{pmatrix}$, $\rho, \sigma \in \mathbb{R}$

Hinweis: Als Richtungsvektoren könnten auch die einfacheren Vektoren $\begin{pmatrix} 0 \\ 1 \\ 0 \end{pmatrix}$ und $\begin{pmatrix} 1 \\ 0 \\ -1 \end{pmatrix}$ verwendet werden.

Die Ebene E kann auf verschiedene Arten in die Normalform überführt werden. Man wird die bevorzugen, die im Unterricht besprochen wurde.

1. Möglichkeit:

Der Normalenvektor $\vec{n} = \begin{pmatrix} n_1 \\ n_2 \\ n_3 \end{pmatrix}$ steht auf den Richtungsvektoren der Ebene senkrecht.

$\vec{n} \circ \begin{pmatrix} 0 \\ 6 \\ 0 \end{pmatrix} = 0 \wedge \vec{n} \circ \begin{pmatrix} 3 \\ 0 \\ -3 \end{pmatrix} = 0$

Das ergibt:

1. $\quad 6n_2 = 0 \quad \Rightarrow \quad n_2 = 0$
2. $\quad 3n_1 - 3n_3 = 0$

Eine Variable ist frei wählbar z. B. $n_1 = 1 \quad \Rightarrow \quad n_3 = 1$

Das ergibt den Normalenvektor $\vec{n} = \begin{pmatrix} 1 \\ 0 \\ 1 \end{pmatrix}$

E: $\begin{pmatrix} 1 \\ 0 \\ 1 \end{pmatrix} \circ \left[\vec{x} - \begin{pmatrix} 2 \\ -2 \\ -2 \end{pmatrix} \right] = 0$

E: $\quad x_1 - 2 + x_3 + 2 = 0$

E: $\quad x_1 + x_3 = 0$

2. Möglichkeit:

Die Vektoren $\vec{x} - \vec{a}$, $\overrightarrow{SA}$ und $\overrightarrow{PA}$ sind linear abhängig (weil sie in E liegen).

$\Rightarrow \det\left(\vec{x} - a, \overrightarrow{SA}, \overrightarrow{PA}\right) = 0$

Die Determinante wird mit der Regel von Sarrus bestimmt.

E: $\begin{vmatrix} x_1 - 2 & 0 & 3 \\ x_2 + 2 & 6 & 0 \\ x_3 + 2 & 0 & -3 \end{vmatrix} \begin{matrix} x_1 - 2 & 0 \\ x_2 + 2 & 6 \\ x_3 + 2 & 0 \end{matrix} = -18(x_1 - 2) - 18(x_3 + 2) = 0$

E: $\quad -18x_1 + 36 - 18x_3 - 36 = 0$

E: $\quad -18x_1 - 18x_3 = 0 \qquad |:(-18)$

E: $\quad x_1 + x_3 = 0$

3. Möglichkeit:

Der Vektor $\vec{n}$ wird als Vektorprodukt der Vektoren $\overrightarrow{SA}$ und $\overrightarrow{PA}$ bestimmt.

$\vec{n} = \begin{pmatrix} 0 \\ 6 \\ 0 \end{pmatrix} \times \begin{pmatrix} 3 \\ 0 \\ -3 \end{pmatrix} = \begin{pmatrix} -18 - 0 \\ 0 - 0 \\ 0 - 18 \end{pmatrix} = \begin{pmatrix} -18 \\ 0 \\ -18 \end{pmatrix} = -18 \cdot \begin{pmatrix} 1 \\ 0 \\ 1 \end{pmatrix}$

E: $\begin{pmatrix} 1 \\ 0 \\ 1 \end{pmatrix} \circ \left[\vec{x} - \begin{pmatrix} 2 \\ -2 \\ -2 \end{pmatrix} \right] = 0$

E: $\quad x_1 + x_3 = 0$

Da der Normalenvektor $\vec{n} = \begin{pmatrix} 1 \\ 0 \\ 1 \end{pmatrix}$ der Ebene E auf dem Richtungsvektor $\vec{u} = \begin{pmatrix} 0 \\ 1 \\ 0 \end{pmatrix}$ der x_2-Achse senkrecht steht ($\vec{n} \circ \vec{u} = 0$), ist die Ebene E parallel zur x_2-Achse.

Da der Ursprung 0 auf der Ebene E liegt, enthält die Ebene E die x_2-Achse.

2. a) Da der Punkt F auf der Geraden g liegt, erfüllen seine Koordinaten die der Geraden s, d. h. F(2 − λ | 4 − 2λ | −2 + λ).

   Der Vektor $\overrightarrow{AF}$ und der Richtungsvektor der Geraden g stehen aufeinander senkrecht, d. h. $\overrightarrow{AF} \circ \vec{u}_g = 0$ (siehe Skizze in 1 b).

   $$\overrightarrow{AF} = \vec{f} - \vec{a} = \begin{pmatrix} -\lambda \\ 6 - 2\lambda \\ \lambda \end{pmatrix} \qquad \vec{u}_g = \begin{pmatrix} -1 \\ -2 \\ 1 \end{pmatrix}$$

   $$\overrightarrow{AF} \circ \vec{u}_g = \begin{pmatrix} -\lambda \\ 6 - 2\lambda \\ \lambda \end{pmatrix} \circ \begin{pmatrix} -1 \\ -2 \\ 1 \end{pmatrix} = \lambda - 12 + 4\lambda + \lambda = 0$$

   $$6\lambda - 12 = 0 \Rightarrow \lambda = 2 \Rightarrow F(0 | 0 | 0)$$

   (F ist der Ursprung).

b) Da der Punkt F der Fußpunkt des Lotes von A auf die Gerade g ist, ist F der Mittelpunkt zwischen den symmetrischen Punkten A und C.
   Da F = 0 (Ursprung) $\Rightarrow$ C(−2 | 2 | 2), weil $\overrightarrow{A0} = \overrightarrow{0C}$, d. h. $-\vec{a} = \vec{c}$ gilt.

c) In einem Quadrat halbieren sich die Diagonalen gegenseitig rechtwinklig, d. h.
   $|\overrightarrow{FB}| = |\overrightarrow{FD}| = |\overrightarrow{AF}| = |\overrightarrow{CF}| = \sqrt{4+4+4} = \sqrt{12} = 2\sqrt{3}$ LE.

   Da die Diagonale BD senkrecht auf E steht, ist der Richtungsvektor dieser Geraden parallel zum Normalenvektor von E.
   Geht man von F um $\pm 2\sqrt{3} \cdot \vec{n}_E^\circ$ nach beiden Seiten, so erhält man die Punkte B und D.

   $$|\vec{n}_E| = \sqrt{1+1} = \sqrt{2} \Rightarrow \vec{n}_E^\circ = \frac{1}{\sqrt{2}} \begin{pmatrix} 1 \\ 0 \\ 1 \end{pmatrix}$$

   $$\vec{b} = \begin{pmatrix} 0 \\ 0 \\ 0 \end{pmatrix} + \frac{2\sqrt{3}}{\sqrt{2}} \begin{pmatrix} 1 \\ 0 \\ 1 \end{pmatrix} = \frac{2\sqrt{6}}{2} \begin{pmatrix} 1 \\ 0 \\ 1 \end{pmatrix} = \begin{pmatrix} \sqrt{6} \\ 0 \\ \sqrt{6} \end{pmatrix} \Rightarrow B(\sqrt{6} | 0 | \sqrt{6})$$

   $$\vec{d} = \begin{pmatrix} 0 \\ 0 \\ 0 \end{pmatrix} - \frac{2\sqrt{3}}{\sqrt{2}} \begin{pmatrix} 1 \\ 0 \\ 1 \end{pmatrix} = -\frac{2\sqrt{6}}{2} \begin{pmatrix} 1 \\ 0 \\ 1 \end{pmatrix} = \begin{pmatrix} -\sqrt{6} \\ 0 \\ -\sqrt{6} \end{pmatrix} \Rightarrow D(-\sqrt{6} | 0 | -\sqrt{6})$$

d) Da die Diagonale BD den Normalenvektor $\vec{n}$ der Ebene E besitzt, in der die Punkte A, C und P liegen, liegt die Grundfläche ABCD in einer Ebene, deren Normalenvektor der Richtungsvektor der Geraden g ist.

Man bestimmt den Winkel φ' zwischen dem Normalenvektor der Quadratebene $\vec{u}_g$ und z. B. der Kante $\overrightarrow{AP}$.

$\varphi = 90° - \varphi'$ ist dann der gesuchte Winkel.

Da die Pyramide gerade ist und die Grundfläche ein Quadrat ist, sind alle diese Winkel gleich groß.

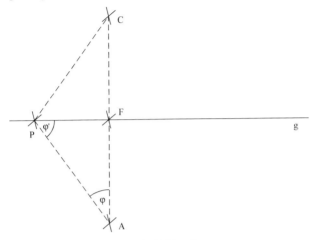

B und D liegen vor bzw. hinter der Zeichenebene

$\overrightarrow{AP} = \begin{pmatrix} -3 \\ 0 \\ 3 \end{pmatrix} \Rightarrow |\overrightarrow{AP}| = \sqrt{9+9} = \sqrt{18} = 3\sqrt{2}$

$\vec{u}_g = \begin{pmatrix} -1 \\ -2 \\ 1 \end{pmatrix} \Rightarrow |\vec{u}_g| = \sqrt{1+4+1} = \sqrt{6}$

$\cos \varphi' = \dfrac{\overrightarrow{AP} \circ \vec{u}_g}{|\overrightarrow{AP}| \cdot |\vec{u}_g|} = \dfrac{\begin{pmatrix} -3 \\ 0 \\ 3 \end{pmatrix} \circ \begin{pmatrix} -1 \\ -2 \\ 1 \end{pmatrix}}{3\sqrt{2} \cdot \sqrt{6}} = \dfrac{3+3}{3\sqrt{2} \cdot \sqrt{6}} = \dfrac{6}{3\sqrt{12}} \Rightarrow \varphi' = 54{,}74° \approx 55°$

$\Rightarrow \varphi = 90° - \varphi' = 90° - 55° = 35°$

Für das Volumen der Pyramide gilt:

$V = \dfrac{1}{3} G \cdot h$.

Die Grundfläche G ist die Fläche des Quadrats, die sich aus

$G = \dfrac{1}{2} e^2$ mit $e = \overline{AC}$ berechnen läßt.

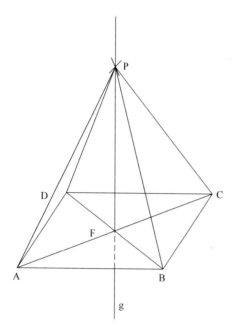

$\overrightarrow{AC} = \begin{pmatrix} -4 \\ 4 \\ 4 \end{pmatrix} \Rightarrow e = |\overrightarrow{AC}| = \sqrt{16+16+16} = \sqrt{48} = 4\sqrt{3}$ LE

$\Rightarrow G = \frac{1}{2}e^2 = \frac{1}{2} \cdot 48 = 24$ FE

Die Höhe h ist die Länge der Strecke [FP].

$\overrightarrow{FP} = \begin{pmatrix} -1 \\ -2 \\ 1 \end{pmatrix} \Rightarrow h = |\overrightarrow{FP}| = \sqrt{1+4+1} = \sqrt{6}$

$\Rightarrow V = \frac{1}{3} \cdot 24 \cdot \sqrt{6} = 8\sqrt{6}$ VE $\approx 19{,}6$ VE

3. a) Da die Pyramide ABCDP gerade ist und die Grundfläche ABCD ein Quadrat ist, sind die Punkte ABCD gleichweit von der Spitze P entfernt, d. h. die Punkte ABCD liegen auf einer Kugel um den Punkt P als Mittelpunkt und dem Radius

$r = |\overrightarrow{AP}| = \sqrt{18} = 3\sqrt{2}$ (siehe 2 d).

Für eine Kugel um den Mittelpunkt M mit Radius r gilt:

K: $[\vec{x} - \vec{m}]^2 = r^2$, d. h. mit M = P gilt:

K: $\left[\vec{x} - \begin{pmatrix} -1 \\ -2 \\ 1 \end{pmatrix}\right]^2 = 18$ bzw. $(x_1+1)^2 + (x_2+2)^2 + (x_3-1)^2 = 18$

b) Aus der Skizze zu 2 d ist ersichtlich, daß der Mittelpunkt der kleinsten Kugel K' der Punkt F ist, da die Punkte ABCD auf einer Mittelpunktebene liegen $\Rightarrow$ F(0 | 0 | 0).
Für den Radius r' gilt:

$r' = |\overrightarrow{AF}| = \sqrt{4+4+4} = \sqrt{12} = 2\sqrt{3}$ (siehe 2 c)

Damit ergibt sich als Kugelgleichung:

K': $\left[\vec{x} - \begin{pmatrix} 0 \\ 0 \\ 0 \end{pmatrix} \right]^2 = 12$ bzw.

K': $x_1^2 + x_2^2 + x_3^2 = 12$

Grundkurs Mathematik: Abiturprüfung 1997
Analytische Geometrie VI

In einem kartesischen Koordinatensystem sind der Punkt C(4 | 0 | 4), die Ebene E_1:
$2x_1 - x_2 + 2x_3 + 2 = 0$ und die Gerade g: $\vec{x} = \begin{pmatrix} 2 \\ 0 \\ 0 \end{pmatrix} + \lambda \begin{pmatrix} 1 \\ 0 \\ 2 \end{pmatrix}$, $\lambda \in \mathbb{R}$, gegeben.

1. a) Zeigen Sie, daß der Punkt C auf der Geraden g liegt. (2 BE)

   b) Berechnen Sie die Koordinaten des Schnittpunkts A der Geraden g mit der Ebene E_1. [Ergebnis: A(1 | 0 | –2)] (4 BE)

   c) Berechnen Sie den Winkel zwischen einem Richtungsvektor der Geraden g und einem Normalenvektor der Ebene E_1 auf 0,1° genau.
   Unter welchem Winkel schneidet also die Gerade g die Ebene E_1? (5 BE)

   d) Ermitteln Sie den Abstand des Punkts C von der Ebene E_1.
   Prüfen Sie, ob der Punkt C und der Ursprung 0 des Koordinatensystems auf verschiedenen Seiten der Ebene E_1 liegen. (5 BE)

Die Ebene E_2 enthält die Gerade g und steht senkrecht auf der Ebene E_1.

2. a) Stellen Sie eine Gleichung der Ebene E_2 in Normalenform auf.
   [mögliches Ergebnis: E_2: $2x_1 + 2x_2 - x_3 - 4 = 0$] (5 BE)

   b) Bestimmen Sie eine Gleichung der Schnittgeraden s der beiden Ebenen E_1 und E_2.
   $\left[\text{mögliches Ergebnis: s: } \vec{x} = \begin{pmatrix} 0 \\ 2 \\ 0 \end{pmatrix} + \mu \begin{pmatrix} -1 \\ 2 \\ 2 \end{pmatrix}, \mu \in \mathbb{R} \right]$ (6 BE)

   c) Bestimmen Sie auf der Geraden s den Punkt B so, daß das Dreieck ABC (A: Teilaufgabe 1 b) bei C einen rechten Winkel besitzt.
   Fertigen Sie eine Skizze an, die das Dreieck ABC sowie die Geraden g und s enthält.
   [Ergebnis: B(–4 | 10 | 8)] (7 BE)

   d) Durch Rotation des Dreiecks ABC um die Gerade AB als Achse entsteht ein Doppelkegel, der aus zwei geraden Kreiskegeln mit gemeinsamer Grundfläche besteht.
   Berechnen Sie das Volumen dieses Doppelkegels. (6 BE)

   (40 BE)

Lösungen

$C(4 \mid 0 \mid 4)$; $E_1: 2x_1 - x_2 + 2x_3 + 2 = 0$; $g: \vec{x} = \begin{pmatrix} 2 \\ 0 \\ 0 \end{pmatrix} + \lambda \begin{pmatrix} 1 \\ 0 \\ 2 \end{pmatrix}$, $\lambda \in \mathbb{R}$

1. a) C in g: $4 = 2 + \lambda \Rightarrow \lambda = 2$
   $0 = 0$ w.
   $4 = 2\lambda \Rightarrow \lambda = 2$
   $\Rightarrow C \in g$

b) g in E_1: $x_1 = 2 + \lambda$
   $x_2 = 0$
   $x_3 = 2\lambda$
   $2(2 + \lambda) + 2 \cdot 2\lambda + 2 = 0$
   $4 + 2\lambda + 4\lambda + 2 = 0$
   $6\lambda + 6 = 0$
   $6\lambda = -6$
   $\lambda = -1$

Das ergibt für die Koordinaten des Punktes A:
$x_1 = 2 - 1 = 1$; $x_2 = 0$; $x_3 = 2 \cdot (-1) = -2 \Rightarrow A(1 \mid 0 \mid -2)$

c) Für den Winkel φ' der Geraden g mit dem Normalenvektor $\vec{n}_{E_1}$ gilt (siehe Skizze):

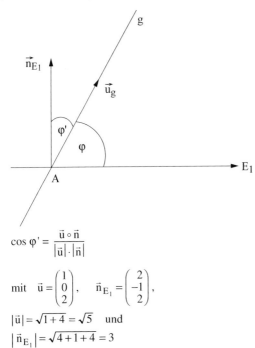

$\cos \varphi' = \dfrac{\vec{u} \circ \vec{n}}{|\vec{u}| \cdot |\vec{n}|}$

mit $\vec{u} = \begin{pmatrix} 1 \\ 0 \\ 2 \end{pmatrix}$, $\vec{n}_{E_1} = \begin{pmatrix} 2 \\ -1 \\ 2 \end{pmatrix}$,

$|\vec{u}| = \sqrt{1 + 4} = \sqrt{5}$ und
$|\vec{n}_{E_1}| = \sqrt{4 + 1 + 4} = 3$

$$\cos \varphi' = \frac{\begin{pmatrix}1\\0\\2\end{pmatrix} \circ \begin{pmatrix}2\\-1\\2\end{pmatrix}}{\sqrt{5} \cdot 3} = \frac{2+4}{3\sqrt{5}} = \frac{6}{3\sqrt{5}} \Rightarrow \varphi' = 26{,}57° \approx 26{,}6°$$

Für den Schnittwinkel φ der Geraden g und der Ebene E_1 gilt (siehe Skizze):
$\varphi = 90° - \varphi' = 90° - 26{,}6° = 63{,}4°$.

d) Der Abstand des Punktes C von der Ebene E_1 wird mit der Hesseform E_{1H} der Ebenengleichung ausgerechnet, indem C in E_{1H} eingesetzt wird.

Wegen $|\vec{n}_{E_1}| = 3$ folgt:

E_{1H}: $-\frac{1}{3}(2x_1 - x_2 + 2x_3 + 2) = 0$

Da in der Ebenengleichung E_1: $2x_1 - x_2 + 2x_3 + 2 = 0$ das x-freie Glied das positive Vorzeichen besitzt, muß als Normaleneinheitsvektor für die Hesseform

$\vec{n}°_{E_1} = -\frac{1}{3}\begin{pmatrix}2\\-1\\2\end{pmatrix}$ gewählt werden.

C in E_{1H}:
$d = |d_{CE_1}| = \left|-\frac{1}{3}(8+8+2)\right| = |-6| = 6$ LE

Wegen $d_{CE_1} < 0$ liegen der Ursprung 0 und der Punkt C auf der gleichen Seite der Ebene E_1.

2. a) Der Normalenvektor $\vec{n}_{E_1}$ der Ebene E_1 ist ein Richtungsvektor der Ebene E_2.
Eine Parameterform von E_2 lautet:

E_2: $\vec{x} = \begin{pmatrix}2\\0\\0\end{pmatrix} + \rho\begin{pmatrix}1\\0\\2\end{pmatrix} + \sigma\begin{pmatrix}2\\-1\\2\end{pmatrix}$, $\rho, \sigma \in \mathbb{R}$

Die Ebene E_2 kann auf verschiedene Arten in Normalenform überführt werden. Man wird die im Unterricht geübte Möglichkeit verwenden.

1. Möglichkeit:

Der Normalenvektor $\vec{n}_{E_2} = \begin{pmatrix}n_1\\n_2\\n_3\end{pmatrix}$ steht auf den Richtungsvektoren der Ebene senkrecht.

$\vec{n} \circ \begin{pmatrix}1\\0\\2\end{pmatrix} = 0 \wedge \vec{n} \circ \begin{pmatrix}2\\-1\\2\end{pmatrix} = 0$

Das ergibt:
1. $n_1 + 2n_3 = 0$
2. $2n_1 - n_2 + 2n_3 = 0$

Eine Variable ist frei wählbar, z. B. $n_1 = 2$. Dann errechnet sich aus 1. der Wert $n_3 = -1$ und aus 2. der Wert $n_2 = 2$.

Das ergibt den Normalenvektor $\vec{n}_{E_2} = \begin{pmatrix} 2 \\ 2 \\ -1 \end{pmatrix}$ und damit die Ebene E_2.

$E_2: \begin{pmatrix} 2 \\ 2 \\ -1 \end{pmatrix} \circ \left[\vec{x} - \begin{pmatrix} 2 \\ 0 \\ 0 \end{pmatrix} \right] = 0$

$E_2: 2x_1 - 4 + 2x_2 - x_3 = 0$

$E_2: 2x_1 + 2x_2 - x_3 - 4 = 0$

2. Möglichkeit:

Die Vektoren $\vec{x} - \begin{pmatrix} 2 \\ 0 \\ 0 \end{pmatrix}$, $\begin{pmatrix} 1 \\ 0 \\ 2 \end{pmatrix}$ und $\begin{pmatrix} 2 \\ -1 \\ 2 \end{pmatrix}$ sind linear abhängig (weil sie in der Ebene E_2 liegen). $\Rightarrow$ Die Determinante aus diesen drei Vektoren hat den Wert 0.

Die Determinante wird mit der Regel von Sarrus berechnet.

$E_2: \begin{vmatrix} x_1 - 2 & 1 & 2 \\ x_2 & 0 & -1 \\ x_3 & 2 & 2 \end{vmatrix} \begin{matrix} x_1 - 2 & 1 \\ x_2 & 0 \\ x_3 & 2 \end{matrix} = -x_3 + 4x_2 + 2(x_1 - 2) - 2x_2 = 0$

$E_2: -x_3 + 2x_2 + 2x_1 - 4 = 0$

$E_2: \quad 2x_1 + 2x_2 - x_3 - 4 = 0$

3. Möglichkeit:

Der Vektor $\vec{n}_{E_2}$ wird als Vektorprodukt der Richtungsvektoren bestimmt.

$\vec{n}_{E_2} = \begin{pmatrix} 1 \\ 0 \\ 2 \end{pmatrix} \times \begin{pmatrix} 2 \\ -1 \\ 2 \end{pmatrix} = \begin{pmatrix} 0+2 \\ 4-2 \\ -1-0 \end{pmatrix} = \begin{pmatrix} 2 \\ 2 \\ -1 \end{pmatrix}$

$E_2: \begin{pmatrix} 2 \\ 2 \\ -1 \end{pmatrix} \circ \left[\vec{x} - \begin{pmatrix} 2 \\ 0 \\ 0 \end{pmatrix} \right] = 0$

$E_2: 2x_1 + 2x_2 - x_3 - 4 = 0$

b) Die Schnittgerade s der Ebenen E_1 und E_2 läßt sich auf verschiedene Arten berechnen. Es sollen vier Möglichkeiten angegeben werden.

1. Möglichkeit:

Bestimmung der Geraden s durch zwei Punkte, die sowohl in E_1 als auch in E_2 liegen. Es gilt:
$A \in E_1$ und $A \in E_2$
Falls man dies nicht erkennt, berechnet man zwei Punkte.

1. $2x_1 - x_2 + 2x_3 + 2 = 0$
2. $2x_1 + 2x_2 - x_3 - 4 = 0$

$x_3 = 0$: 1. $-$ 2.: $\quad -3x_2 + 6 = 0 \Rightarrow x_2 = 2$
$\quad\quad\quad$ in 1.: $\quad -2 + 2x_3 + 2 = 0 \Rightarrow x_3 = 0 \quad \Rightarrow S_1(0 \mid 2 \mid 0)$

$x_2 = 0$: 1. $-$ 2.: $\quad 3x_3 + 6 = 0 \Rightarrow x_3 = -2$
$\quad\quad\quad$ in 1.: $\quad 2x_1 - 4 + 2 = 0 \Rightarrow x_1 = 1 \quad \Rightarrow S_2(1 \mid 0 \mid -2) = A !!$

$s = S_1 S_2$: $\vec{x} = \begin{pmatrix} 0 \\ 2 \\ 0 \end{pmatrix} + \mu \begin{pmatrix} 1 \\ -2 \\ -2 \end{pmatrix}$

2. Möglichkeit:

$A(1 \mid 0 \mid -2) \in s$

Der Richtungsvektor von s ergibt sich als das Vektorprodukt der beiden Normalenvektoren, da s sowohl auf $\vec{n}_{E_1}$ als auch auf $\vec{n}_{E_2}$ senkrecht steht, da s in E_1 und in E_2 liegt.

$\vec{u}_s = \begin{pmatrix} 2 \\ -1 \\ 2 \end{pmatrix} \times \begin{pmatrix} 2 \\ 2 \\ -1 \end{pmatrix} = \begin{pmatrix} 1-4 \\ 4+2 \\ 4+2 \end{pmatrix} = \begin{pmatrix} -3 \\ 6 \\ 6 \end{pmatrix} = 3 \cdot \begin{pmatrix} -1 \\ 2 \\ 2 \end{pmatrix}$

$\Rightarrow$ s: $\vec{x} = \begin{pmatrix} 1 \\ 0 \\ -2 \end{pmatrix} + \mu \begin{pmatrix} -1 \\ 2 \\ 2 \end{pmatrix}$

3. Möglichkeit:

Die Schnittgerade s ist eine einparametrige Punktemenge, die beide Ebenen erfüllen. Die beiden Ebenen E_1 und E_2 stellen zwei Gleichungen mit drei Variablen dar, d.h. eine Variable darf beliebig gesetzt werden, z.B. $x_2 = \mu$. $x_2 = \mu$ wird in E_1 und in E_2 eingesetzt.

1. $2x_1 - \mu + 2x_3 + 2 = 0$
2. $2x_1 + 2\mu - x_3 - 4 = 0$

1. $-$ 2. $\quad -3\mu + 3x_3 + 6 = 0$
$\quad\quad\quad\quad\quad 3x_3 = -6 + 3\mu$
$\quad\quad\quad\quad\quad x_3 = -2 + \mu$

in 2. $\quad 2x_1 + 2\mu + 2 - \mu - 4 = 0$
$\quad\quad\quad\quad 2x_1 = -\mu + 2$
$\quad\quad\quad\quad x_1 = -0{,}5\mu + 1$

Für die Ortsvektoren $\vec{x}$ aller Punkte X, die die Gerade s bilden, gilt:

$$\begin{pmatrix} x_1 \\ x_2 \\ x_3 \end{pmatrix} = \begin{pmatrix} 1-0{,}5\mu \\ \mu \\ -2+\mu \end{pmatrix} = \begin{pmatrix} 1 \\ 0 \\ -2 \end{pmatrix} + \mu \begin{pmatrix} -0{,}5 \\ 1 \\ 1 \end{pmatrix}$$

Mit $\begin{pmatrix} -0{,}5 \\ 1 \\ 1 \end{pmatrix} = 0{,}5 \cdot \begin{pmatrix} -1 \\ 2 \\ 2 \end{pmatrix}$ ergibt sich für die Schnittgerade

s: $\vec{x} = \begin{pmatrix} 1 \\ 0 \\ -2 \end{pmatrix} + \mu \begin{pmatrix} -1 \\ 2 \\ 2 \end{pmatrix}$

4. Möglichkeit:

Da die Ebene E_2: $\vec{x} = \begin{pmatrix} 2 \\ 0 \\ 0 \end{pmatrix} + \rho \begin{pmatrix} 1 \\ 0 \\ 2 \end{pmatrix} + \sigma \begin{pmatrix} 2 \\ -1 \\ 2 \end{pmatrix}$ in der Parameterform bekannt ist, kann man

die Richtungsgeraden s_1: $\vec{x} = \begin{pmatrix} 2 \\ 0 \\ 0 \end{pmatrix} + \rho \begin{pmatrix} 1 \\ 0 \\ 2 \end{pmatrix}$ und s_2: $\vec{x} = \begin{pmatrix} 2 \\ 0 \\ 0 \end{pmatrix} + \sigma \begin{pmatrix} 2 \\ -1 \\ 2 \end{pmatrix}$ der Ebene E_2 mit

der Ebene E_1 zum Schnitt bringen und so zwei gemeinsame Punkte S_1 und S_2 bestimmen.

s_1 in E_1: $\quad 4 + 2\rho + 4\rho + 2 = 0$
$\qquad\qquad\quad 6\rho + 6 = 0$
$\qquad\qquad\quad \rho = -1 \quad \Rightarrow \quad S_1(1 \mid 0 \mid -2) = A!$

s_2 in E_1: $4 + 4\sigma + \sigma + 4\sigma + 2 = 0$
$\qquad\qquad\quad 9\sigma + 6 = 0$
$\qquad\qquad\quad \sigma = -\dfrac{2}{3} \quad \Rightarrow \quad S_2\left(\dfrac{2}{3} \Big| \dfrac{2}{3} \Big| -\dfrac{4}{3}\right)$

$s = S_1S_2$: $\vec{x} = \begin{pmatrix} 1 \\ 0 \\ -2 \end{pmatrix} + \mu' \begin{pmatrix} -\frac{1}{3} \\ \frac{2}{3} \\ \frac{2}{3} \end{pmatrix} = \begin{pmatrix} 1 \\ 0 \\ -2 \end{pmatrix} + \mu \begin{pmatrix} -1 \\ 2 \\ 2 \end{pmatrix}$, da $\begin{pmatrix} -\frac{1}{3} \\ \frac{2}{3} \\ \frac{2}{3} \end{pmatrix} = \dfrac{1}{3} \begin{pmatrix} -1 \\ 2 \\ 2 \end{pmatrix}$ gilt.

c) Skizze (mit Ebenen E_1 und E_2)

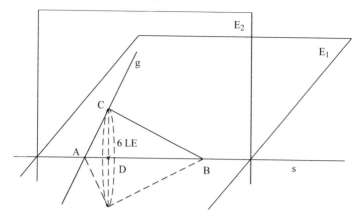

Skizze (ohne Ebenen E_1 und E_2)

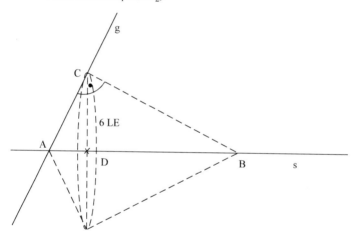

Da der Punkt B auf der Geraden s liegt, können seine Koordinaten durch die von s ausgedrückt werden, d. h. es gilt:
$B(-\mu \mid 2 + 2\mu \mid 2\mu)$

Das Dreieck ABC besitzt bei C einen rechten Winkel, wenn die Vektoren $\overrightarrow{AC}$ und $\overrightarrow{BC}$ aufeinander senkrecht stehen, d. h. $\overrightarrow{AC} \circ \overrightarrow{BC} = 0$ gilt.

$$\overrightarrow{AC} = \vec{c} - \vec{a} = \begin{pmatrix} 3 \\ 0 \\ 6 \end{pmatrix}; \quad \overrightarrow{BC} = \vec{c} - \vec{b} = \begin{pmatrix} 4+\mu \\ -2-2\mu \\ 4-2\mu \end{pmatrix}$$

$$\overrightarrow{AC} \circ \overrightarrow{BC} = \begin{pmatrix} 3 \\ 0 \\ 6 \end{pmatrix} \circ \begin{pmatrix} 4+\mu \\ -2-2\mu \\ 4-2\mu \end{pmatrix} = 12 + 3\mu + 24 - 12\mu = 0$$

$$36 - 9\mu = 0$$
$$9\mu = 36$$
$$\mu = 4 \quad \Rightarrow \quad B(-4 \mid 10 \mid 8)$$

d) Durch die Rotation um die Achse AB entsteht ein Doppelkegel, dessen Radius die Strecke $\overline{DC}$ und dessen Höhen die Strecken $\overline{AD}$ und $\overline{BD}$ sind (siehe Skizze).
Für das Volumen eines Kegels gilt:

$$V_{Ke} = \frac{1}{3} r^2 \pi \cdot h$$

Für den Doppelkegel gilt folglich:

$$V_{DK} = \frac{1}{3} r^2 \pi \cdot h_1 + \frac{1}{3} r^2 \pi \cdot h_2 = \frac{1}{3} r^2 \pi \cdot (h_1 + h_2) = \frac{1}{3} r^2 \pi \cdot h,$$

wobei $r = \overline{DC} = 6$ LE aus 1 d bekannt ist.
Die Gesamthöhe h ist die Länge $\overline{AB}$ der Strecke [AB].

$$\overrightarrow{AB} = \vec{b} - \vec{a} = \begin{pmatrix} -5 \\ 10 \\ 10 \end{pmatrix} \quad \Rightarrow \quad h = |\overrightarrow{AB}| = \sqrt{25 + 100 + 100} = \sqrt{225} = 15 \text{ LE}$$

$$\Rightarrow \quad V_{DK} = \frac{1}{3} \cdot 6^2 \cdot \pi \cdot 15 \text{ VE} = 180\pi \text{ VE} \approx 565{,}5 \text{ VE}$$

Falls man dies nicht erkennt, kann man die Koordinaten des Punktes D, der sich als Lot vom Punkt C auf die Gerade s ergibt, berechnen. Dann gilt:

$$r = \overline{CD}, \quad h_1 = \overline{AD}, \quad h_2 = \overline{BD}$$

$$D \in s \quad \Rightarrow \quad D(-\mu \mid 2 + 2\mu \mid 2\mu)$$

$$\overrightarrow{DC} = \vec{c} - \vec{d} = \begin{pmatrix} 4+\mu \\ -2-2\mu \\ 4-2\mu \end{pmatrix} \quad \overrightarrow{DC} \perp \vec{u}_s \quad \Rightarrow \quad \begin{pmatrix} 4+\mu \\ -2-2\mu \\ 4-2\mu \end{pmatrix} \circ \begin{pmatrix} -1 \\ 2 \\ 2 \end{pmatrix} = 0$$

$$-4 - \mu - 4 - 4\mu + 8 - 4\mu = 0$$
$$-9\mu = 0 \quad \Rightarrow \quad \mu = 0$$
$$\Rightarrow \quad D(0 \mid 2 \mid 0)$$

$$\overrightarrow{DC} = \vec{c} - \vec{d} = \begin{pmatrix} 4 \\ -2 \\ 4 \end{pmatrix} \quad \Rightarrow \quad r = |\overrightarrow{DC}| = \sqrt{16 + 4 + 16} = \sqrt{36} = 6 \text{ LE}$$

$$\vec{AB} = \vec{d} - \vec{a} = \begin{pmatrix} -1 \\ 2 \\ 2 \end{pmatrix} \Rightarrow h_1 = |\vec{AB}| = \sqrt{1+4+4} = \sqrt{9} = 3 \text{ LE}$$

$$\vec{BD} = \vec{d} - \vec{b} = \begin{pmatrix} 4 \\ 8 \\ -8 \end{pmatrix} \Rightarrow h_2 = |\vec{BD}| = \sqrt{16+64+64} = \sqrt{144} = 12 \text{ LE}$$

$$\Rightarrow V_{DK} = \frac{1}{3} \cdot 6^2 \cdot \pi \cdot 3 + \frac{1}{3} \cdot 6^2 \cdot \pi \cdot 12 = 36\pi + 144\pi = 180\pi \text{ VE} \approx 565{,}5 \text{ VE}$$

Grundkurs Mathematik: Abiturprüfung 1998
Infinitesimalrechnung I

Gegeben ist die Funktion

$$f: x \mapsto \frac{x}{2}[1+(\ln x)^2] \text{ mit der Definitionsmenge } D_f = \mathbb{R}^+.$$

Ihr Graph wird mit G_f bezeichnet.

Hinweis: Im Folgenden darf der Grenzwert $\lim\limits_{x \to 0} [x(\ln x)^n] = 0$ für $n \in \mathbb{N}$ ohne Beweis verwendet werden.

1. a) Zeigen Sie, dass $f'(x) = \frac{1}{2}(1+\ln x)^2$ ist und folgern Sie daraus ohne Verwendung der zweiten Ableitung, dass G_f keinen Extrempunkt besitzt. (6 BE)

   b) Ermitteln Sie das Krümmungsverhalten von G_f und weisen Sie nach, dass G_f genau einen Terrassenpunkt besitzt. Berechnen Sie dessen Koordinaten. (5 BE)

   c) Untersuchen Sie das Verhalten von $f(x)$ und $f'(x)$ für $x \overset{>}{\to} 0$ und für $x \to +\infty$. Geben Sie die Wertemenge W_f der Funktion f an. (5 BE)

   d) Berechnen Sie die Koordinaten der Schnittpunkte von G_f mit der Winkelhalbierenden des ersten Quadranten. (4 BE)
   [zur Kontrolle: $(e^{-1} | e^{-1})$, $(e | e)$]

2. Berechnen Sie f(1,5) sowie f(4) und zeichnen Sie G_f unter Verwendung aller bisherigen Ergebnisse im Bereich $0 < x \leq 4$ (Längeneinheit 2 cm). (6 BE)

3. a) Weisen Sie nach, dass $F: x \mapsto \frac{x^2}{8}[2(\ln x)^2 - 2\ln x + 3]$ mit $x \in \mathbb{R}^+$ eine Stammfunktion von f ist. (3 BE)

   b) Berechnen Sie für $0 < u < e^{-1}$ den Inhalt der Gesamtfläche A(u), die im Bereich $u \leq x \leq e$ zwischen G_f und der Winkelhalbierenden des ersten Quadranten liegt. Berechnen Sie $\lim\limits_{u \to 0} A(u)$. (7 BE)

4. Die Funktion f ist umkehrbar (Nachweis nicht erforderlich). Der Graph der Umkehrfunktion von f wird mit $G_{f^{-1}}$ bezeichnet.
   Geben Sie ohne Berechnung des Terms der Umkehrfunktion den Winkel an, unter dem G_f und $G_{f^{-1}}$ sich im Punkt $(e^{-1} | e^{-1})$ schneiden, und begründen Sie Ihr Ergebnis anschaulich. (4 BE)
   (40 BE)

Lösungen

$f: x \mapsto \frac{x}{2}[1+(\ln x)^2]$; $D_f = \mathbb{R}^+$; G_f

1. a) Die 1. Ableitung f' wird mithilfe der Produktregel und der Kettenregel gebildet.

   $f'(x) = \frac{1}{2}[1+(\ln x)^2] + \frac{x}{2} \cdot 2 \cdot \ln x \cdot \frac{1}{x} =$

   $= \frac{1}{2} + \frac{1}{2}(\ln x)^2 + \ln x = \frac{1}{2}[(\ln x)^2 + 2\ln x + 1] = \frac{1}{2}(\ln x + 1)^2 = \frac{1}{2}(1 + \ln x)^2$

   Das ist der für die 1. Ableitung angegebene Ausdruck.

   Da für $f'(x) = \frac{1}{2}(\ln x + 1)^2 \geq 0$ gilt, zeigt die 1. Ableitung keinen Vorzeichenwechsel, d. h. es gibt keinen Änderung der Monotonie und damit keinen Extremwert.

   Für $x = e^{-1} = \frac{1}{e}$ liegt ein Punkt mit waagrechter Tangente vor. Ansonsten steigt der Graph G_f streng monoton an.

   b) Die 2. Ableitung f" wird mithilfe der Kettenregel gebildet.

   $f''(x) = 2 \cdot \frac{1}{2}(\ln x + 1) \cdot \frac{1}{x} = \frac{1}{x}(\ln x + 1)$

   $f''(x)$ hat an der Stelle $x = e^{-1} = \frac{1}{e}$ eine einfach Nullstelle, d. h. das Krümmungsverhalten ändert sich. Es gilt:

   $f''(x) > 0$ für $x \in]e^{-1}; \infty[$ $\Rightarrow$ G_f ist linksgekrümmt (konkav)
   $f''(x) < 0$ für $x \in]0; e^{-1}[$ $\Rightarrow$ G_f ist rechtsgekrümmt (konvex)

   $\Rightarrow$ Für $x = e^{-1}$ liegt ein Wendepunkt mit waagrechter Tangente vor, d. h. ein Terrassenpunkt.
   Mit $f(e^{-1}) = e^{-1}$ gilt: $T(e^{-1} | e^{-1})$ Terrassenpunkt

   b) Mit dem Hinweis $\lim\limits_{x \to 0+0}[x(\ln x)^n] = 0$ für $n \in \mathbb{N}$ errechnen sich die Grenzwerte wie folgt:

   $\lim\limits_{x \to 0+0} f(x) = \lim\limits_{x \to 0+0}\left[\frac{x}{2} + \frac{x}{2}(\ln x)^2\right] = 0 + 0 = 0$

   $\lim\limits_{x \to \infty} f(x) = \lim\limits_{x \to \infty}\left[\frac{x}{2} + \frac{x}{2}(\ln x)^2\right] = \infty$, weil beide Summanden unendlich groß werden.

   $\lim\limits_{x \to 0+0} f'(x) = \lim\limits_{x \to 0+0}\left[\frac{1}{2}(\ln x + 1)^2\right] = \infty$, weil $\ln x \to -\infty$ und damit $(\ln x)^2 \to +\infty$ gilt.

   $\lim\limits_{x \to \infty} f'(x) = \lim\limits_{x \to \infty}\left[\frac{1}{2}(\ln x + 1)^2\right] = \infty$, weil $\ln x \to \infty$ und damit $(\ln x)^2 \to \infty$ gilt.

   Aus den Grenzwerten der Funktion für $x \to 0+0$ und für $x \to \infty$ und der strengen Monotonie folgt für die Wertemenge $W_f =]0; \infty[\neq \mathbb{R}^+$.

d) Für die Schnittpunkte des Graphen G_f mit der Winkelhalbierenden des ersten Quadranten gilt:
$$f(x) = x$$
$$\frac{x}{2}[1+(\ln x)^2] = x$$
$$x - \frac{x}{2}[1+(\ln x)^2] = 0$$
$$x\left(1 - \frac{1}{2}[1+(\ln x)^2]\right) = 0$$
$[x = 0]$ nicht in D_f
$$1 - \frac{1}{2}[1+(\ln x)^2] = 0$$
$$1 - \frac{1}{2} - \frac{1}{2}(\ln x)^2 = 0$$
$$\frac{1}{2}(\ln x)^2 = \frac{1}{2}$$
$$(\ln x)^2 = 1$$
$$\ln x = \pm 1$$
$$\ln x = 1 \quad \Rightarrow \quad x = e$$
$$\ln x = -1 \quad \Rightarrow \quad x = e^{-1} = \frac{1}{e}$$
Damit ergeben sich die Schnittpunkte $S_1(e^{-1} \mid e^{-1})$ und $S_2(e \mid e)$.

2. Zur Zeichnung sind nur die Werte f(1,5) ≈ 0,87 und f(4) ≈ 5,84 verlangt. Eine ausführliche Wertetabelle erleichtert die Zeichnung.

x	$\frac{1}{e} \approx 0{,}37$	0,5	1	1,5	2	e = 2,72	3	4
f(x)	0,37	0,37	0,5	0,87	1,48	2,72	3,31	5,84

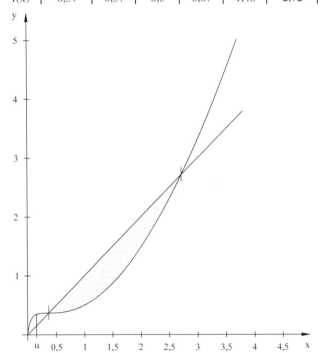

3. a) Die Funktion F ist eine Stammfunktion zur Funktion f, wenn gilt: F'(x) = f(x).

$$F(x) = \frac{x^2}{8}[2(\ln x)^2 - 2\ln x + 3]$$

Die Ableitung wird mithilfe der Produktregel und der Kettenregel gebildet.

$$F'(x) = \frac{x}{4}[2(\ln x)^2 - 2\ln x + 3] + \frac{x^2}{8}\left[2 \cdot 2\ln x \cdot \frac{1}{x} - \frac{2}{x}\right] =$$

$$= \frac{x}{2}(\ln x)^2 - \frac{x}{2}\ln x + \frac{3}{4}x + \frac{x}{2}\ln x - \frac{x}{4} =$$

$$= \frac{x}{2}(\ln x)^2 + \frac{x}{2} = \frac{x}{2}[(\ln x)^2 + 1] = f(x)$$

Damit ist gezeigt, dass F eine Stammfunktion zur Funktion f ist.

b) Die Fläche A(u) ist in der Zeichnung zu 2 schraffiert. Sie zerfällt in zwei Flächenstücke, für die mit den Schnittpunkten aus 1 d gilt:

$$A(u) = \int_u^{e^{-1}} (f(x)-x)\,dx + \int_{e^{-1}}^{e} (x-f(x))\,dx =$$

$$= \left[\frac{x^2}{8}[2(\ln x)^2 - 2\ln x + 3] - \frac{x^2}{2}\right]_u^{e^{-1}} + \left[\frac{x^2}{2} - \frac{x^2}{8}[2(\ln x)^2 - 2\ln x + 3]\right]_{e^{-1}}^{e} =$$

$$= \frac{7}{8e^2} - \frac{1}{2e^2} + \frac{u^2}{8}[2(\ln u)^2 - 2\ln u + 3] + \frac{u^2}{2} + \frac{e^2}{2} - \frac{3e^2}{8} - \frac{1}{2e^2} + \frac{7}{8e^2} =$$

$$= \frac{7}{8e^2} - \frac{4}{8e^2} + \frac{u^2}{8}[2(\ln u)^2 - 2\ln u + 3] + \frac{u^2}{2} + \frac{4}{8}e^2 - \frac{3}{8}e^2 - \frac{4}{8e^2} + \frac{7}{8e^2} =$$

$$= \frac{3}{4e^2} + \frac{1}{8}e^2 + \frac{u^2}{8}[2(\ln u)^2 - 2\ln u + 3] + \frac{u^2}{2}$$

Mit dem Hinweis $\lim_{x \to 0+0} [x \cdot (\ln x)^n] = 0$ gilt:

$$\lim_{u \to 0} \frac{u^2}{8}[2(\ln u)^2 - 2\ln u + 3] = 0.$$

Ferner ergibt $\lim_{u \to 0} \frac{u^2}{2} = 0$. Damit erhält man für den Grenzwert

$$\lim_{u \to 0} A(u) = \frac{3}{4e^2} + \frac{1}{8}e^2 \approx 1{,}025.$$

4. Im Punkt $S_1(e^{-1} | e^{-1})$ besitzt der Graph G_f der Funktion f nach Aufgabe 1 a eine waagrechte Tangente. Da der Graph $G_{f^{-1}}$ der Umkehrfunktion nach der Spiegelung an der Geraden y = x im Punkt S_1 eine senkrechte Tangente besitzt, muss für den Schnittwinkel φ der Graphen G_f und $G_{f^{-1}}$ in S_1 gelten: $\varphi = 90°$.

oder:

Für die Funktion f gilt: $m = f'(e^{-1}) = 0$

Für die Steigung der Umkehrfunktion f^{-1} gilt: $m' = (f^{-1})'(e^{-1}) = \frac{1}{m} = \frac{1}{0} = \tan \alpha$.

Da dieser Ausdruck für die Steigung nicht definiert ist, muss eine lotrechte Tangente vorliegen, da nur für $\alpha = 90°$ der Tangens nicht definiert ist. Damit ergibt sich der Schnittwinkel $\varphi = 90°$ als Schnitt einer horizontalen und einer vertikalen Tangente.

Grundkurs Mathematik: Abiturprüfung 1998
Infinitesimalrechnung II

Gegeben ist für $k \in \mathbb{R}^+$ die Schar von Funktionen

$$f_k: x \mapsto \frac{1}{(kx+1)^2} \text{ mit maximalem Definitionsbereich } D_k.$$

Der Graph von f_k wird mit G_k bezeichnet.

1. a) Bestimmen Sie D_k. Untersuchen Sie das Verhalten von f_k an den Grenzen des Definitionsbereichs und geben Sie die Asymptoten von G_k an. (7 BE)

   b) Zeigen Sie, dass in D_k gilt:
   $$f_k\left(-\frac{1}{k}-x\right) = f_k\left(-\frac{1}{k}+x\right)$$
   Welche Symmetrieeigenschaft von G_k ist damit nachgewiesen? (5 BE)

   c) Ermitteln Sie das Monotonieverhalten von f_k. (5 BE)

   d) Zeigen Sie, dass alle Graphen der Schar genau einen gemeinsamen Punkt P haben und stellen Sie eine Gleichung der Tangente t_k im Punkt P auf. (6 BE)
   [Teilergebnis: P(0 | 1)]

Im Folgenden sei $k = 0,5$.

2. Berechnen Sie die Abszissen der Punkte von $G_{0,5}$, deren Ordinate den Wert 4 hat. Zeichnen Sie $G_{0,5}$ sowie $t_{0,5}$ (vgl. Teilaufgabe 1 d) unter Verwendung aller bisherigen Ergebnisse im Bereich $-8 \leq x \leq 4$ (Längeneinheit 1 cm). (7 BE)

3. a) Zeigen Sie, dass
   $$F: x \mapsto \frac{-4}{x+2} \text{ mit } D_F = D_{0,5}$$
   eine Stammfunktion von $f_{0,5}$ ist. (3 BE)

   b) Ermitteln Sie die obere Integrationsgrenze t so, dass $\int_0^t f_{0,5}(x)\,dx = 1$ ist. (3 BE)

   c) Der Graph $G_{0,5}$, die x-Achse, die Gerade $x = 2$ und die Gerade $x = u$ ($u > 2$) schließen ein Flächenstück vom Inhalt $A(u)$ ein.
   Berechnen Sie $\lim_{u \to \infty} A(u)$. (4 BE)

(40 BE)

Lösungen

$f_k(x) = \dfrac{1}{(kx+1)^2}$; $D_k = D_{max}$; Graph G_k; $k \in \mathbb{R}^+$

1. a) f_k ist für alle x definiert, für die $kx + 1 \neq 0$ gilt, d. h. $x \neq -\dfrac{1}{k}$

    $\Rightarrow \quad D_k = \mathbb{R} \setminus \left\{-\dfrac{1}{k}\right\}$

    Damit sind folgende Grenzwerte zu berechnen:

    $\lim\limits_{x \to \infty} f_k(x) = \lim\limits_{x \to \infty} \dfrac{1}{(kx+1)^2} = 0$, weil der Nenner gegen Unendlich strebt.

    $\lim\limits_{x \to -\infty} f_k(x) = \lim\limits_{x \to -\infty} \dfrac{1}{(kx+1)^2} = 0$, weil der Nenner gegen Unendlich strebt.

    $\lim\limits_{x \to -\frac{1}{k}+0} f_k(x) = \lim\limits_{x \to -\frac{1}{k}+0} \dfrac{1}{(kx+1)^2} = \left[\dfrac{1}{[+0]^2}\right] = \infty$

    $\lim\limits_{x \to -\frac{1}{k}-0} f_k(x) = \lim\limits_{x \to -\frac{1}{k}-0} \dfrac{1}{(kx+1)^2} = \left[\dfrac{1}{[-0]^2}\right] = \infty$

    An der Stelle $x = -\dfrac{1}{k}$ liegt ein Pol ohne Vorzeichenwechsel vor, d. h. der Graph G_k besitzt eine senkrechte Asymptote.

    Aus den Grenzwerten für $x \to \pm\infty$ folgt, dass die x-Achse, d. h. $y = 0$ waagrechte Asymptote der Graphen G_k ist.

    b) L.S.: $f_k\left(-\dfrac{1}{k} - x\right) = \dfrac{1}{(-1-kx+1)^2} = \dfrac{1}{(-kx)^2} = \dfrac{1}{k^2 x^2}$

    R.S.: $f_k\left(-\dfrac{1}{k} + x\right) = \dfrac{1}{(-1+kx+1)^2} = \dfrac{1}{(kx)^2} = \dfrac{1}{k^2 x^2}$

    Wegen L.S. = R.S. ist die Behauptung nachgewiesen. Aus der Gleichung folgt, dass die Graphen G_k achsensymmetrisch zur Geraden $x = -\dfrac{1}{k}$, d. h. der senkrechten Asymptote sind.

    c) Die Ableitung f' wird mithilfe der Quotientenregel und der Kettenregel gebildet.

    $f_k'(x) = \dfrac{-2(kx+1) \cdot k}{(kx+1)^4} = \dfrac{-2k}{(kx+1)^3}$

    Da für den Zähler $-2k < 0$ gilt, folgt aus dem Vorzeichen des Nenners

    $f_k'(x) > 0$ für $x < -\dfrac{1}{k} \quad \Rightarrow \quad$ streng monoton zunehmend

    $f_k'(x) < 0$ für $x > -\dfrac{1}{k} \quad \Rightarrow \quad$ streng monoton abnehmend

d) Es sei $k_1 \neq k_2$. Für die gemeinsamen Punkte zweier verschiedener Graphen gilt:
$$f_{k_1}(x) = f_{k_2}(x)$$
$$\frac{1}{(k_1 x + 1)^2} = \frac{1}{(k_2 x + 1)^2}, \text{ d.h.}$$
$$(k_1 x + 1)^2 = (k_2 x + 1)^2$$
$$k_1^2 x^2 + 2k_1 x + 1 = k_2^2 x^2 + 2k_2 x + 1$$
$$k_1^2 x^2 - k_2^2 x^2 + 2k_1 x - 2k_2 x = 0$$
$$x[(k_1^2 - k_2^2)x + 2(k_1 - k_2)] = 0$$
$$x[(k_1 + k_2)(k_1 - k_2)x + 2(k_1 - k_2)] = 0$$
$$(k_1 - k_2)x[(k_1 + k_2)x + 2] = 0$$
$(k_1 - k_2)x = 0 \quad \Rightarrow \quad x = 0, \quad \text{da} \quad k_1 \neq k_2$
$(k_1 - k_2)x + 2 = 0 \quad \Rightarrow \quad x = \dfrac{-2}{k_1 + k_2} \quad$ abhängig von k!

Unabhängig von k ist nur die Lösung $x = 0$. Wegen $f_k(0) = 1$ ist $P(0 \mid 1)$ der einzige Punkt den alle Graphen G_k gemeinsam haben.

Für die Tangente t_k im Punkt P gilt: t_k: $y = m \cdot (x - x_0) + y_0$ mit $m = f_k'(0)$, $x_0 = 0$, $y_0 = 1$:
$$m = f_k'(0) = -2k \quad \Rightarrow \quad t_k: y = -2kx + 1$$

2. $f_{0,5}(x) = \dfrac{1}{\left(\frac{1}{2}x + 1\right)^2} = \dfrac{1}{\frac{1}{4}(x+2)^2} = \dfrac{4}{(x+2)^2}$

Für die Ordinatenwerte 4 gilt:
$f_{0,5}(x) = 4$
$\dfrac{4}{(x+2)^2} = 4$
$(x+2)^2 = 1$
$x + 2 = \pm 1$
$x + 2 = 1 \quad \Rightarrow \quad x = -1$
$x + 2 = -1 \quad \Rightarrow \quad x = -3$

oder

die gleichen Werte erhält man, wenn man $f_{0,5}$ in der ursprünglichen Form verwendet:
$\dfrac{1}{\left(\frac{1}{2}x + 1\right)^2} = 4$

$\dfrac{1}{\frac{1}{2}x + 1} = \pm 2 \quad \Big| \cdot \left(\frac{1}{2}x + 1\right)$

$1 = x + 2 \quad \Rightarrow \quad x = -1$
$1 = -x - 2 \quad \Rightarrow \quad x = -3$

Zur Zeichnung wird eine Wertetabelle erstellt.

x	−8	−7	−6	−5	−4	−3	−2,5	−1,5	−1	0	1	2	3	4
$f_{0,5}(x)$	0,11	0,16	0,25	0,44	1	4	16	16	4	1	0,44	0,25	0,16	0,11

$t_{0,5}$: $y = -x + 1$

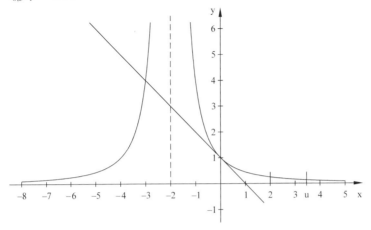

3. a) Eine Funktion F ist eine Stammfunktion zur Funktion f, wenn gilt:
   $F'(x) = f(x)$.
   $$F(x) = \frac{-4}{x+2}$$

   Die Ableitung wird mithilfe der Quotientenregel bestimmt.
   $$F'(x) = \frac{4}{(x+2)^2} = f_{0,5}(x)$$
   Damit ist gezeigt, dass F eine Stammfunktion zur Funktion f ist.

   b) $\int_0^t f_{0,5}(x)\,dx = 1$

   $$\left[\frac{-4}{x+2}\right]_0^t = 1$$
   $$\frac{-4}{t+2} + 2 = 1$$
   $$\frac{-4}{t+2} = -1$$
   $$-4 = -t - 2$$
   $$t = 2$$

   Für t = 2 ist die angegebene Bedingung erfüllt.

c) Die Fläche A(u) ist in der Zeichnung zu 2 schraffiert. Für deren Inhalt gilt:
$$A(u) = \int_2^u f(x)\,dx = \left[\frac{-4}{x+2}\right]_2^u = -\frac{4}{u+2} + 1$$

Für $u \to \infty$ erhält man:
$\lim\limits_{u \to \infty} A(u) = 1$, weil $\lim\limits_{u \to \infty} \frac{4}{u+2} = 0$ gilt.

Grundkurs Mathematik: Abiturprüfung 1998
Wahrscheinlichkeitsrechnung / Statistik III

In einer Fernsehshow werden Spiele mit 7 Kandidaten durchgeführt.

1. Da erfahrungsgemäß ein eingeladener Kandidat mit einer Wahrscheinlichkeit von 5 % nicht zur Sendung erscheint, werden insgesamt 9 Personen eingeladen. Mit welcher Wahrscheinlichkeit sind bei der Sendung mindestens 7 Kandidaten anwesend? (4 BE)

2. Bei der Begrüßung sitzen die 7 Kandidaten, 4 Frauen und 3 Männer, in einer Reihe. Wie viele Sitzanordnungen gibt es, wenn hinsichtlich der Personen unterschieden wird und

   a) die beiden Randplätze von Männern besetzt werden sollen, (3 BE)

   b) sich in der Reihe Männer und Frauen stets abwechseln sollen? (3 BE)

Die Spiele werden mit einer „Glückswand" durchgeführt. Diese besteht aus 20 Feldern, auf die – zunächst unsichtbar – zufällig fünfmal die Zahl 200, viermal die Zahl 500 und dreimal die Zahl 1 000 verteilt werden. Die übrigen Felder bleiben leer.

3. Wie viele derartige Verteilungen gibt es? (4 BE)

4. In der ersten Spielrunde decken die Kandidaten bei jedem Versuch zwei Felder zugleich auf. Ein Versuch gilt als erfolgreich, wenn dabei zwei gleiche Zahlen erscheinen.

   a) Mit welcher Wahrscheinlichkeit verläuft ein Versuch erfolgreich?
      [Ergebnis: 0,1] (5 BE)

   b) Ein Kandidat, der bei 3 Versuchen nicht wenigstens einmal erfolgreich ist, scheidet aus. Mit welcher Wahrscheinlichkeit scheiden genau 5 von den 7 Kandidaten aus? (6 BE)

5. In der Endrunde darf ein Kandidat nacheinander beliebig viele der 20 Felder aufdecken. Erscheint ein Leerfeld, so hat er verloren. Anderenfalls gewinnt er die Summe der aufgedeckten Zahlen als DM-Betrag. (2 BE)

   a) Ein Kandidat hat bereits zwei Zahlenfelder aufgedeckt. Mit welcher Wahrscheinlichkeit geht er leer aus, wenn er noch ein drittes Feld aufdeckt? (4 BE)

   b) Untersuchen Sie die folgenden Ereignisse auf Unabhängigkeit: (7 BE)
      A: „Das erste aufgedeckte Feld zeigt die Zahl 200."
      B: „Die ersten beiden aufgedeckten Felder ergeben eine Summe größer als 1 000."

6. Kandidat K behauptet, hellseherische Fähigkeiten zu besitzen und Zahlenfelder mit erhöhter Wahrscheinlichkeit zu erkennen. In einem Test muss er 200-mal versuchen, ein Tausenderfeld zu finden. Nach jedem Versuch werden die Zahlen neu verteilt. K sollen mit einer Wahrscheinlichkeit von höchstens 10 % irrtümlich hellseherische Fähigkeiten zugebilligt werden. Ermitteln Sie die Entscheidungsregel. (6 BE)

(40 BE)

Lösungen

1. Wenn mindestens 7 Kandidaten anwesend sein sollen, dann dürfen höchstens zwei fehlen. Das Fehlen tritt mit der konstanten Wahrscheinlichkeit von 5 % auf.
   n = 9; p = 0,05:
   Es wird das Urnenmodell des „Ziehens mit Zurücklegen", d. h. die Binomialverteilung verwendet. Z gebe die Anzahl der abwesenden Kandidaten an. Gesucht ist die Wahrscheinlichkeit
   $B_{0,05}^{9}(Z \leq 2) = 0,99164 = 99,2\,\%$ (kumulative Tabelle)

   oder

   Die Kandidaten sind mit einer Wahrscheinlichkeit von 95 % anwesend.
   Es wird das Urnenmodell des „Ziehen mit Zurücklegen", d. h. die Binomialverteilung verwendet. Wenn Z_1 die Anzahl der anwesenden Kandidaten angibt, dann ist die folgende Wahrscheinlichkeit gesucht:
   $B_{0,95}^{9}(Z_1 \geq 7) = 1 - B_{0,95}^{9}(Z \leq 6) = 1 - (1 - 0,99164) = 0,99164 = 99,2\,\%$
   (kumulative Tabelle)

2. a) Es werden zwei der drei Männer ausgewählt. Die beiden Randplätze können vertauscht werden. Die restlichen fünf Personen können auf 5! Arten angeordnet werden.
   Es gibt $\binom{3}{2} \cdot 2 \cdot 5! = 720$ verschiedene Sitzordnungen.

   b) Eine „bunte" Reihe ist nur so möglich, dass die beiden Randpersonen Frauen sind. Die beiden Gruppen können jeweils auf 3! bzw. 4! Arten angeordnet werden.
   Es gibt $3! \cdot 4! = 144$ solche Anordnungen.

3. Es werden fünf der 20 Felder für die Zahl 200, vier der restlichen 15 Felder für die Zahl 500 und drei der verbleibenden zwölf Felder für die Zahl 1 000 ausgewählt. Die restlichen acht Felder sind dann leer.
   Es gibt $\binom{20}{5} \cdot \binom{15}{4} \cdot \binom{11}{3} \cdot \binom{8}{8} = 3\,491\,888\,400 = 3,49 \cdot 10^9$ verschiedene Anordnungen.

   oder:

   Könnte man alle Felder unterscheiden, gäbe es 20! Anordnungen. Von diesen sind aber die 5! Anordnungen für die Zahl 200, die 4! für die Zahl 500, die 3! für die Zahl 1 000 und die 8! der Leerfelder gleich, d. h.
   es gibt $\frac{20!}{5! \cdot 4! \cdot 3! \cdot 8!} = 3\,491\,888\,400 = 3,49 \cdot 10^9$ verschiedene Anordnungen.

4. a) Es liegt ein „Ziehen ohne Wiederholung" vor. Für zwei gleiche Zahlen gilt, z. B. aus einem vereinfachten Baumdiagramm

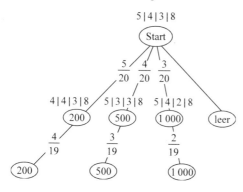

$$P(\{200, 200\}) + P(\{500, 500\}) + P(\{1\,000, 1\,000\}) =$$
$$= \frac{5}{20} \cdot \frac{4}{19} + \frac{4}{20} \cdot \frac{3}{19} + \frac{3}{20} \cdot \frac{2}{19} = \frac{38}{380} = \frac{1}{10} = 0{,}1$$

b) Ein Kandidat scheidet aus, wenn er dreimal nicht erfolgreich war, d. h. mit der Wahrscheinlichkeit $p' = 0{,}9^3 = 0{,}729$.
Für $n = 7$ und $p' = 0{,}729$ ergibt die Bernoulli-Kette (Binomialverteilung) als Wahrscheinlichkeit, wenn Z' die Anzahl der ausscheidenden Kandidaten angibt
$$B^7_{0{,}729}(Z' = 5) = \binom{7}{5} \cdot 0{,}729^5 \cdot 0{,}271^2 = 0{,}31754 = 31{,}8\,\% \quad \text{(Taschenrechner)}$$

5. a) Wenn der Kandidat bereits zwei Zahlenfelder aufgedeckt hat, bleiben noch acht Leerfelder unter den restlichen 18 Feldern, d. h. er deckt ein Leerfeld mit einer Wahrscheinlichkeit
$$P(\text{Leerfeld}) = \frac{8}{18} = \frac{4}{9} \text{ auf.}$$

b) Fünf der 20 Felder tragen die Zahl 200, d. h.
$$P(A) = \frac{5}{20} = \frac{1}{4}$$
Das Ereignis B ist bei den Zahlenkombinationen
200 / 1 000; 1 000 / 200; 500 / 1 000; 1 000 / 500; 1 000 / 1 000
eingetreten. Dafür gilt mit den Überlegungen zu 4 a:
$$P(B) = 2 \cdot \frac{5}{20} \cdot \frac{3}{19} + 2 \cdot \frac{4}{20} \cdot \frac{3}{19} + \frac{3}{20} \cdot \frac{2}{19} = \frac{60}{380} = \frac{3}{19}$$

Das Ereignis $A \cap B$ ist nur bei 200 / 1 000 eingetreten, d. h.
$$P(A \cap B) = \frac{5}{20} \cdot \frac{3}{19} = \frac{1}{4} \cdot \frac{3}{19} = P(A) \cdot P(B)$$
$\Rightarrow$ Die Ereignisse A und B sind stochastisch unabhängig.

6. Wenn K hellseherische Fähigkeiten besitzt, dann muss seine Wahrscheinlichkeit für das Finden eines Tausenderfeldes größer sein als die beim reinen Raten, d. h.

$p > \dfrac{3}{20} = 0{,}15$

Irrtümliche hellseherische Fähigkeiten werden ihm zugebilligt, wenn $p \leq 0{,}15$ gilt, er aber „genügend" viele Tausenderfelder findet, d. h. die Hypothese
H: $p \leq 0{,}15$ wird abgelehnt im Bereich $\overline{A} = \{k+1, \ldots, 200\}$
Die Wahrscheinlichkeit dafür, soll höchstens 10 % betragen.

X gebe die Anzahl der gefundenen Tausenderfelder an. Dann muss gelten:
$B^{200}_{0,15}(X \geq k+1) \leq 0{,}10$

$1 - B^{200}_{0,15}(X \leq k) \leq 0{,}10$

$B^{200}_{0,15}(X \leq k) \geq 0{,}90$

Aus der kumulativen Tabelle liest man ab: $k = 37$
$\Rightarrow \overline{A} = \{38, \ldots, 200\}$
Wenn K 38 oder mehr Tausenderfelder findet, werden ihm irrtümlicherweise hellseherische Fähigkeiten zugesprochen. Die Wahrscheinlichkeit für diesen Irrtum beträgt höchstens 10 %.

Grundkurs Mathematik: Abiturprüfung 1998
Wahrscheinlichkeitsrechnung / Statistik IV

In einem Kaufhaus sollen aufgrund verlängerter Ladenschlusszeiten 12 neue Mitarbeiter eingestellt werden.

1. In Abteilung A sind 5 Stellen zu besetzen, in Abteilung B 7 Stellen. Für Abteilung A bewerben sich 8 und für Abteilung B 10 Personen.
   Wie viele Möglichkeiten gibt es, die offenen Stellen zu besetzen, wenn die Stellen innerhalb jeder Abteilung
   a) nicht unterschieden werden, (3 BE)
   b) als verschieden angesehen werden? (3 BE)

2. Bei der Begrüßung sitzen die 12 neuen Mitarbeiter, 8 Frauen und 4 Männer, in zwei Reihen mit je 6 Stühlen.
   Wie viele Sitzanordnungen gibt es, wenn nur nach Frauen und Männern unterschieden wird, und
   a) in jeder Reihe zwei Männer sitzen, (3 BE)
   b) die 4 Männer nebeneinander sitzen? (3 BE)

3. Die Wahrscheinlichkeit, dass Mitarbeiter in Kaufhäusern bereit sind, auch abends zu arbeiten, sei p.
   a) Wie groß ist im Fall $p = 0{,}8$ die Wahrscheinlichkeit dafür, dass von den 12 neuen Mitarbeitern mindestens 10 bereit sind, auch abends zu arbeiten? (7 BE)
   b) Wie groß müsste p mindestens sein, damit mit einer Wahrscheinlichkeit von mindestens 50 % alle 12 neuen Mitarbeiter bereit sind, auch abends zu arbeiten? (4 BE)

4. 45 % aller Kunden des Kaufhauses sind männlich, 50 % aller Kunden kaufen auch abends ein. 25 % aller Kunden sind weiblich und kaufen abends nicht ein.
   Untersuchen Sie die folgenden Ereignisse auf Unabhängigkeit:
   M: „Ein zufällig ausgewählter Kunde ist männlich."
   A: „Ein zufällig ausgewählter Kunde kauft auch abends ein." (5 BE)

5. Die Kaufhausleitung will die verlängerten Öffnungszeiten nur beibehalten, wenn diese von wenigstens 40 % der Kunden gewünscht werden. Dazu werden 200 zufällig ausgewählte Kunden befragt. Die Wahrscheinlichkeit dafür, irrtümlich von den verlängerten Öffnungszeiten abzugehen, soll höchstens 5 % betragen.
   a) Ermitteln Sie die zugehörige Entscheidungsregel. (7 BE)
   b) Wie groß ist bei der Entscheidungsregel aus Teilaufgabe 5 a die Wahrscheinlichkeit dafür, die verlängerten Öffnungszeiten beizubehalten, obwohl diese nur von 30 % der Kunden gewünscht werden? (5 BE)

(40 BE)

Lösungen

1. a) Wenn die Stellen innerhalb der Abteilung nicht unterschieden werden, dann müssen fünf aus den acht Bewerbern für die Abteilung A und sieben aus den zehn Bewerbern für die Abteilung B, d. h. k-Mengen ausgewählt werden.
   Es gibt $\binom{8}{5} \cdot \binom{10}{7} = 6\,720$ Möglichkeiten.

   b) Wenn die Stellen innerhalb der Abteilung unterschieden werden, werden k-Tupel ausgewählt, d. h. die fünf bzw. die sieben ausgewählte Bewerber können noch auf 5! bzw. 7! Arten angeordnet werden.
   Es gibt $\binom{8}{5} \cdot 5! \cdot \binom{10}{7} \cdot 7! = 4\,064\,256\,000 = 4{,}06 \cdot 10^9$ Möglichkeiten.
   oder mit der Formel für k-Tupel ohne Wiederholung
   Es gibt $\frac{8!}{(8-5)!} \cdot \frac{10!}{(10-7)!} = 4\,064\,256\,000 = 4{,}06 \cdot 10^9$ Möglichkeiten.

2. a) Da die einzelnen Personen nicht unterschieden werden, sondern nur nach Männern und Frauen gefragt wird, muss man für jede Reihe zwei der sechs Plätze für Männer, d. h. k-Mengen ausgewählt werden.
   Es gibt $\binom{6}{2} \cdot \binom{6}{2} = 225$ verschiedene Sitzordnungen.

   b) Die vier Männer können entweder in der 1. oder in der 2. Reihe die Plätze 1 – 4, 2 – 5 bzw. 3 – 6 besetzen, d. h.
   es gibt $2 \cdot 3 = 6$ Möglichkeiten der Sitzordnung.

3. a) Z gebe die Anzahl der Mitarbeiter an, die bereit sind, auch abends zu arbeiten.
   Es liegt eine Binomialverteilung mit n = 12 und p = 0,8 vor.
   Gefragt ist die Wahrscheinlichkeit
   $$B_{0{,}8}^{12}(Z \geq 10) = \binom{12}{10} \cdot 0{,}8^{10} \cdot 0{,}2^2 + \binom{12}{11} \cdot 0{,}8^{11} \cdot 0{,}2^1 + \binom{12}{12} \cdot 0{,}8^{12} \cdot 0{,}2^0 =$$
   $$= 0{,}28347 + 0{,}20616 + 0{,}06872 =$$
   $$= 0{,}55835 = 55{,}8\,\% \qquad \text{(Taschenrechner)}$$

   b) Mit den Überlegungen aus 3 a muss gelten:
   Es liegt eine Binomialverteilung mit n = 12 und unbekanntem Parameter p vor. Die Wahrscheinlichkeit für genau 12 „Treffer" soll mindestens 50 % betragen, d. h.
   $$B_p^{12}(Z = 12) \geq 0{,}50$$
   $$\binom{12}{12} p^{12} \cdot (1-p)^0 \geq 0{,}50$$
   $$p^{12} \geq 0{,}50$$
   $$p \geq \sqrt[12]{0{,}50} = 0{,}94387 = 94{,}4\,\%$$
   p muss mindestens 94,4 % betragen.

4. Aus den Angaben kann eine Vierfeldertafel erstellt werden, in der die angegebenen Werte unterstrichen sind. Die restlichen sind ergänzt.

	A	$\overline{A}$	
M	0,20	0,25	<u>0,45</u>
$\overline{M}$	0,30	<u>0,25</u>	0,55
	<u>0,50</u>	0,50	1

Wegen P(M ∩ A) = 0,2 ≠ 0,225 = 0,45 · 0,50 = P(M) · P(A) folgt, dass die Ereignisse M und A stochastisch abhängig sind.

oder

wenn man die Vierfeldertafel nicht erstellt, kann man auch aus den Eigenschaften der Ereignisalgebra auf das Ergebnis kommen. Dazu benötigt man die beiden Gesetzmäßigkeiten

$P(A \cup B) = P(A) + P(B) - P(A \cap B)$ und

$P(\overline{A \cup B}) = P(\overline{A} \cap \overline{B})$

Damit ergibt sich aus:
P(M) = 0,45
P(A) = 0,50 und
$P(\overline{M} \cap \overline{A}) = 0,25$
P(M) · P(A) = 0,45 · 0,50 = 0,225
$P(M \cap A) = P(M) + P(A) - P(M \cup A)$

$= P(M) + P(A) - (1 - P(\overline{M \cup A}))$

$= P(M) + P(A) - (1 - P(\overline{M} \cap \overline{A}))$

$= 0,45 + 0,50 - (1 - 0,25) = 0,20$

Wegen P(M) · P(A) = 0,225 ≠ 0,2 = P(M ∩ A) sind die Ereignisse M und A stochastisch abhängig.

5. a) Getestet wird die Hypothese H: p ≥ 0,40 an n = 200 Kunden. Man geht irrtümlich von den verlängerten Öffnungszeiten ab, wenn sich zu wenige der Kunden für die Verlängerung aussprechen, d. h. wenn sich ein Ergebnis aus $\overline{A} = \{0, ..., k\}$ einstellt.
Diese Irrtumswahrscheinlichkeit soll höchstens 5 % betragen.

X gebe die Anzahl der Kunden an, die der Verlängerung zustimmen. Dann muss gelten:
$B_{0,4}^{200}(X \leq k) \leq 0,05$

Aus der kumulativen Tabelle liest man ab: k = 68
⇒ $\overline{A} = \{0, ..., 68\}$
Man geht irrtümlich von der Verlängerung der Öffnungszeiten ab, obwohl mindestens 40 % dafür sind, wenn sich in der Stichprobe der Länge n = 200 nur höchstens 68 für die Verlängerung aussprechen.

b) Die verlängerten Öffnungszeiten werden beibehalten, obwohl sie nur von 30 % der Kunden gewünscht werden, wenn sich 69 oder mehr für die Beibehaltung aussprechen. Gesucht ist die Wahrscheinlichkeit

$$B_{0,3}^{200}(X \geq 69) = 1 - B_{0,3}^{200}(X \leq 68) =$$
$$= 1 - 0{,}90405 =$$
$$= 0{,}09595 \approx 9{,}6\,\% \quad \text{(kumulative Tabelle)}$$

Grundkurs Mathematik: Abiturprüfung 1998
Analytische Geometrie V

In einem kartesischen Koordinatensystem bestimmen die Punkte A(0|−4|3), B(1|4|−2) und C(−2|4|1) die Ebene E.

1. a) Zeigen Sie, dass das Dreieck ABC einen rechten Winkel besitzt und berechnen Sie den Flächeninhalt dieses Dreiecks. (6 BE)

   b) Ermitteln Sie die Koordinaten des Schwerpunkts S, des Umkreismittelpunkts U (Thaleskreis!) und des Höhenschnittpunkts H dieses rechtwinkligen Dreiecks ABC.
   Erläutern Sie, warum die Punkte S, U und H auf einer Geraden liegen.
   In welchem Verhältnis teilt U die Strecke [SH]? (9 BE)

   c) Bestimmen Sie eine Gleichung der durch die Punkte A, B und C bestimmten Ebene E in Normalenform. (5 BE)
   [mögliches Ergebnis: E: $2x_1 + x_2 + 2x_3 - 2 = 0$]

2. Gegeben ist weiter die Gerade g: $\vec{x} = \begin{pmatrix} 16 \\ 3 \\ -3 \end{pmatrix} + \lambda \begin{pmatrix} 5 \\ 2 \\ -6 \end{pmatrix}$ mit $\lambda \in \mathbb{R}$.

   a) Bestimmen Sie die Koordinaten des Punkts T auf der Geraden g, der von A den kürzesten Abstand besitzt. (6 BE)
   [zur Kontrolle: T(6|−1|9)]

   b) Untersuchen Sie die gegenseitige Lage von g und E. (5 BE)

   c) Berechnen Sie die Länge der Strecke [AT] und den Abstand des Punkts T von der Ebene E.
   Warum steht die Gerade AT sowohl auf der Ebene E als auch auf der Geraden g senkrecht?
   Fertigen Sie eine Skizze an, die die Geraden AT und g sowie die Ebene E enthält. (6 BE)

   d) Geben Sie eine Gleichung der Kugel an, deren Mittelpunkt auf der Geraden g liegt und die die Ebene E in A berührt. (3 BE)

   (40 BE)

Lösungen

A(0 | −4 | 3)   B(1 | 4 | −2)   C(−2 | 4 | 1)

1. a) An den Kantenvektoren $\overrightarrow{AB} = \begin{pmatrix} 1 \\ 8 \\ -5 \end{pmatrix}$, $\overrightarrow{AC} = \begin{pmatrix} -2 \\ 8 \\ -2 \end{pmatrix}$ und $\overrightarrow{BC} = \begin{pmatrix} -3 \\ 0 \\ 3 \end{pmatrix}$

erkennt man, dass das Dreieck ABC bei C einen rechten Winkel besitzt, da

$\overrightarrow{AC} \circ \overrightarrow{BC} = \begin{pmatrix} -2 \\ 8 \\ -2 \end{pmatrix} \circ \begin{pmatrix} -3 \\ 0 \\ 3 \end{pmatrix} = 6 - 6 = 0$, d. h. $\overrightarrow{AC} \perp \overrightarrow{BC}$ gilt.

Für den Flächeninhalt eines rechtwinkligen Dreiecks gilt:

$A_\Delta = \frac{1}{2} \cdot |\overrightarrow{AC}| \cdot |\overrightarrow{BC}|$, da die Kathete $\overline{BC}$ Höhe auf die Kathete $\overline{AC}$ ist.

$|\overrightarrow{AC}| = \sqrt{4 + 64 + 4} = \sqrt{72}$, $|\overrightarrow{BC}| = \sqrt{9 + 0 + 9} = \sqrt{18}$

$\Rightarrow$ $A_\Delta = \frac{1}{2} \cdot \sqrt{72} \cdot \sqrt{18} = 18$ FE

b) Aus der Skizze des rechtwinkligen Dreiecks kann man ablesen:
Der Höhenschnittpunkt H ist der Schnittpunkt
der Katheten, d. h. H = C.

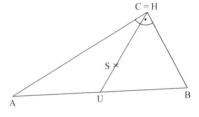

Der Umkreismittelpunkt U ist der Mittelpunkt M der Strecke [AB], da der Umkreis
der Thaleskreis über [AB] ist.

$\vec{u} = \frac{1}{2}(\vec{a} + \vec{b}) = \frac{1}{2}\begin{pmatrix} 1 \\ 0 \\ 1 \end{pmatrix}$ $\Rightarrow$ $U(\frac{1}{2} | 0 | \frac{1}{2})$

Der Schwerpunkt S wird mithilfe der Formel
berechnet:

$\vec{s} = \frac{1}{3}(\vec{a} + \vec{b} + \vec{c}) = \frac{1}{3}\begin{pmatrix} -1 \\ 4 \\ 2 \end{pmatrix}$ $\Rightarrow$ $S(-\frac{1}{3} | \frac{4}{3} | \frac{2}{3})$

Da die Strecke [UH] Schwerlinie (= Verbindungsstrecke Eckpunkt – gegenüberliegende
Seitenmitte) ist und der Schwerpunkt S auf dieser Schwerlinie liegt folgt, dass die drei
Punkte U, S und H auf einer Geraden liegen.
Rechnerische Bestätigung:

UH: $\vec{x} = \begin{pmatrix} \frac{1}{2} \\ 0 \\ \frac{1}{2} \end{pmatrix} + \rho \begin{pmatrix} -\frac{5}{2} \\ 4 \\ +\frac{1}{2} \end{pmatrix}$

S in UH:

$-\frac{1}{3} = \frac{1}{2} - \frac{5}{2}\rho$ $\Rightarrow$ $\rho = \frac{1}{3}$

$\frac{4}{3} = 4\rho$ $\Rightarrow$ $\rho = \frac{1}{3}$ $\Rightarrow$ S ∈ UH

$\frac{2}{3} = \frac{1}{2} + \rho$ $\Rightarrow$ $\rho = \frac{1}{3}$

Das verlangte Teilverhältnis kann man mithilfe der Definition ausrechnen:
$\overrightarrow{SU} = \tau \cdot \overrightarrow{UH}$

$\begin{pmatrix} \frac{5}{6} \\ -\frac{8}{6} \\ -\frac{1}{6} \end{pmatrix} = \tau \cdot \begin{pmatrix} -\frac{5}{2} \\ 4 \\ \frac{1}{2} \end{pmatrix} \Rightarrow \tau = -\frac{1}{3}$

oder elemtargeometrisch:
Da der Schwerpunkt die Schwerlinie im Verhältnis 2:1 teilt, wobei die längere Strecke zum Eckpunkt zeigt, und der Teilpunkt U ein äußerer Teilpunkt ist, d. h. $\tau < 0$ gilt, folgt:
$\tau = -\frac{\overline{SU}}{\overline{UH}} = -\frac{1}{3}$, weil $\overline{UH}$ dreimal so lang ist wie $\overline{SU}$.

c) Die Ebene E ist durch einen Punkt und zwei linear unabhängige Richtungen in der Ebene bestimmt. Da z. B. die Vektoren $\overrightarrow{AB}$ und $\overrightarrow{AC}$ (siehe Skizze zu b) linear unabhängig sind, gilt mit dem Antragspunkt A

E: $\vec{x} = \begin{pmatrix} 0 \\ -4 \\ 3 \end{pmatrix} + \lambda \begin{pmatrix} 1 \\ 8 \\ -5 \end{pmatrix} + \mu \begin{pmatrix} -2 \\ 8 \\ -2 \end{pmatrix}$, $\lambda, \mu \in \mathbb{R}$

Hinweis: Als zweiter Richtungsvektor könnte auch der einfachere Vektor $\begin{pmatrix} -1 \\ 4 \\ -1 \end{pmatrix}$ verwendet werden.

Die Ebene E kann auf verschieden Arten in die Normalenform überführt werden. Man wird die bevorzugen, die im Unterricht besprochen wurde.

1. Möglichkeit:
Der Normalenvekor $\vec{n} = \begin{pmatrix} n_1 \\ n_2 \\ n_3 \end{pmatrix}$ steht auf den Richtungsvektoren der Ebene senkrecht.

$\vec{n} \circ \begin{pmatrix} 1 \\ 8 \\ -5 \end{pmatrix} = 0 \quad \wedge \quad \vec{n} \circ \begin{pmatrix} -2 \\ 8 \\ -2 \end{pmatrix} = 0$

Das ergibt:
1. $n_1 + 8n_2 - 5n_3 = 0$
2. $-2n_1 + 8n_2 - 2n_3 = 0$

Eine Variable ist frei wählbar, z. B. $n_1 = 2$
1. $8n_2 - 5n_3 = -2$
2. $8n_2 - 2n_3 = 4$

1.-2.: $-3n_3 = -6 \Rightarrow n_3 = 2$
in 1: $8n_2 - 10 = -2 \Rightarrow n_2 = 1$

Das ergibt den Normalenvektor $\vec{n} = \begin{pmatrix} 2 \\ 1 \\ 2 \end{pmatrix}$

E: $\begin{pmatrix} 2 \\ 1 \\ 2 \end{pmatrix} \circ \left[\vec{x} - \begin{pmatrix} 0 \\ -4 \\ 3 \end{pmatrix} \right] = 0$ 	E: $2x_1 + x_2 + 2x_3 + 4 - 6 = 0$
E: $2x_1 + x_2 + 2x_3 - 2 = 0$

2. Möglichkeit:

Die Vektoren $\vec{x}-\vec{a}$, $\overrightarrow{AB}$ und $\overrightarrow{AC}$ sind linear abhängig (weil sie in E liegen), d. h. $\det(\vec{x}-\vec{a}, \overrightarrow{AB}, \overrightarrow{AC}) = 0$.

Die Determinante wird mit der Regel von Sarrus bestimmt.

$$E: \begin{vmatrix} x_1 & 1 & -2 \\ x_2+4 & 8 & 8 \\ x_3-3 & -5 & -2 \end{vmatrix} \begin{matrix} x_1 & 1 \\ x_2+4 & 8 \\ x_3-3 & -5 \end{matrix} = -16x_1 + 8(x_3-3) + 10(x_2+4) + 16(x_3-3) + 40x_1 + 2(x_2+4) = 0$$

E: $-16x_1 + 8x_3 - 24 + 10x_2 + 40 + 16x_3 - 48 + 40x_1 + 2x_2 + 8 = 0$
E: $24x_1 + 12x_2 + 24x_3 - 24 = 0 \quad |:12$
E: $2x_1 + x_2 + 2x_3 - 2 = 0$

3. Möglichkeit:

Der Vektor $\vec{n}$ wird als Vektorprodukt der Vektoren $\overrightarrow{AB}$ und $\overrightarrow{AC}$ bestimmt.

$$\vec{n} = \begin{pmatrix} 2 \\ 8 \\ -5 \end{pmatrix} \times \begin{pmatrix} -2 \\ 8 \\ -2 \end{pmatrix} = \begin{pmatrix} -16+40 \\ 10+2 \\ 8+16 \end{pmatrix} = \begin{pmatrix} 24 \\ 12 \\ 24 \end{pmatrix} = 12 \cdot \begin{pmatrix} 2 \\ 1 \\ 2 \end{pmatrix}$$

$$E: \begin{pmatrix} 2 \\ 1 \\ 2 \end{pmatrix} \circ \left[\vec{x} - \begin{pmatrix} 0 \\ -4 \\ 3 \end{pmatrix} \right] = 0$$

E: $2x_1 + x_2 + 2x_3 + 4 - 6 = 0$
E: $2x_1 + x_2 + 2x_3 - 2 = 0$

2. $g: \vec{x} = \begin{pmatrix} 16 \\ 3 \\ -3 \end{pmatrix} + \lambda \begin{pmatrix} 5 \\ 2 \\ -6 \end{pmatrix}$

a) Da T auf g liegt, gilt: $T(16 + 5\lambda \mid 3 + 2\lambda \mid -3 - 6\lambda)$

$$\Rightarrow \quad \overrightarrow{AT} = \vec{t} - \vec{a} = \begin{pmatrix} 16+5\lambda \\ 7+2\lambda \\ -6-6\lambda \end{pmatrix}$$

Der Abstand $e = |\overrightarrow{AT}|$ soll einen minimalen Wert besitzen.
Falls e minimal $\Rightarrow$ e^2 ist auch minimal.

$e^2 = (16 + 5\lambda)^2 + (7 + 2\lambda)^2 + (-6 - 6\lambda)^2 =$
$= 256 + 160\lambda + 25\lambda^2 + 49 + 28\lambda + 4\lambda^2 + 36 + 72\lambda + 36\lambda^2 =$
$= 65\lambda^2 + 260\lambda + 341$

e^2 ist eine quadratische Funktion in λ. Die zugehörige Parabel ist nach oben geöffnet, sodass am Scheitel ein Minimum vorliegt. Den Scheitelwert bestimmt man mit den Methoden der Analysis:

$\dfrac{de^2}{d\lambda} = 130\lambda + 260$

$\dfrac{de^2}{d\lambda} = 0: \quad 130\lambda + 260 = 0 \quad \Rightarrow \quad \lambda = -2$

Für λ = –2 erhält man ein Minimum des Abstandes, d. h. für den Punkt
T(16 – 10 | 3 – 4 | –3 – 12) ⇒ T(6 | –1 | 9)

oder:

man bestimmt eine Ebene L, die senkrecht auf g steht und durch A verläuft. Der Schnittpunkt von L mit g ergibt den gesuchten Punkt T.

L: $\begin{pmatrix} 5 \\ 2 \\ -6 \end{pmatrix} \circ \left[\vec{x} - \begin{pmatrix} 0 \\ -4 \\ 3 \end{pmatrix} \right] = 0$

L: $5x_1 + 2x_2 - 6x_3 - (-8 - 18) = 0$
L: $5x_1 + 2x_2 - 6x_3 + 26 = 0$

g ∩ L:
$x_1 = 16 + 5\lambda$
$x_2 = 3 + 2\lambda$
$x_3 = -3 - 6\lambda$

in L: $5(16 + 5\lambda) + 2(3 + 2\lambda) - 6(-3 - 6\lambda) + 26 = 0$
$80 + 25\lambda + 6 + 4\lambda + 18 + 36\lambda + 26 = 0$
$65\lambda + 130 = 0$
$65\lambda = -130$
$\lambda = -2$

eingesetzt in g:
$x_1 = 6$
$x_2 = -1$ ⇒   T(6 | –1 | 9)
$x_3 = 9$

b) Zur Bestimmung der gegenseitigen Lage der Geraden g und der Ebene E werden die Koordinaten von g in E eingesetzt.
$x_1 = 16 + 5\lambda$
$x_2 = 3 + 2\lambda$
$x_3 = -3 - 6\lambda$

in E: $2(16 + 5\lambda) + (3 + 2\lambda) + 2(-3 - 6\lambda) - 2 = 0$
$32 + 10\lambda + 3 + 2\lambda - 6 - 12\lambda - 2 = 0$
$27 = 0 \text{ f.}$

Für jeden Wert von λ ergibt sich beim Einsetzen von g in E eine falsche Aussage, d. h. g und E haben keinen Punkt gemeinsam. Das ist der Fall, wenn die Gerade g echt parallel zur Ebene E verläuft.

c) $\overrightarrow{AT} = \begin{pmatrix} 6 \\ 3 \\ 6 \end{pmatrix}$ ⇒ $|\overrightarrow{AT}| = \sqrt{36 + 9 + 36} = \sqrt{81} = 9 \text{ LE}$

Der Abstand d_{TE} des Punktes T von der Ebene E wird berechnet, indem man T in die Hesseform von E einsetzt.

$E_H: \frac{1}{3}(2x_1 + x_2 + 2x_3 - 2) = 0$

$d_{TE} = \left| \frac{1}{3}(12 - 1 + 18 - 2) \right| = 9 \text{ LE}$

Da das Lot die kürzeste Verbindung zweier Punkte ist und $\overrightarrow{AT} = d_{TE}$ gilt, muss $\overrightarrow{AT} \perp E$ und, da g echt parallel zu E ist, auch $\overrightarrow{AT} \perp g$ gelten.

Skizze:

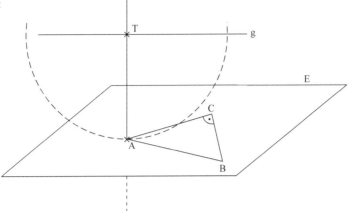

d) Wenn die Kugel die Ebene E im Punkt A berühren soll, muss T der Mittelpunkt und $\overline{AT}$ der Radius der Kugel sein.

K: $\left[\vec{x} - \begin{pmatrix} 6 \\ -1 \\ 9 \end{pmatrix} \right]^2 = 9^2 = 81$

Grundkurs Mathematik: Abiturprüfung 1998
Analytische Geometrie VI

Die Geraden

$$g: \vec{x} = \begin{pmatrix} -2 \\ -4 \\ 2 \end{pmatrix} + \lambda \begin{pmatrix} 1 \\ 2 \\ 2 \end{pmatrix} \text{ und } h: \vec{x} = \begin{pmatrix} 3 \\ -1 \\ -2 \end{pmatrix} + \mu \begin{pmatrix} 0 \\ -1 \\ -2 \end{pmatrix} \text{ mit } \lambda, \mu \in \mathbb{R}$$

bestimmen die Ebene E (Nachweis nicht erforderlich).
Zusätzlich ist die Ebene H: $x_1 + x_2 = 0$ gegeben.

1. a) Bestimmen Sie eine Gleichung der Ebene E in Normalenform. (5 BE)
   [mögliches Ergebnis: E: $2x_1 - 2x_2 + x_3 - 6 = 0$]

   b) Bestimmen Sie die Koordinaten a, b und c so, dass die Punkte A(a|0|0), B(0|b|0) und C(0|0|c) die Schnittpunkte der Ebene E mit den Koordinatenachsen sind.
   Legen Sie ein Koordinatensystem an (vgl. Skizze) und tragen Sie das Dreieck ABC ein. (3 BE)

   c) Die Ebenen E und H schneiden sich in der Geraden k. Bestimmen Sie eine Gleichung der Geraden k. (5 BE)

   $$\left[\text{mögliches Ergebnis: } k: \vec{x} = \begin{pmatrix} 0 \\ 0 \\ 6 \end{pmatrix} + \tau \begin{pmatrix} 1 \\ -1 \\ -4 \end{pmatrix}, \tau \in \mathbb{R}\right]$$

   d) Zeigen Sie, dass das Dreieck ABC gleichschenklig ist.
   Geben Sie den Fußpunkt F des Lots von dem Punkt C auf die Gerade AB an und tragen Sie das Lot und den Lotfußpunkt F in Ihre Zeichnung aus Teilaufgabe 1 b ein.
   Begründen Sie, dass die Strecke [CF] auf der Geraden k liegt. (6 BE)

   e) Bestimmen Sie den Schnittwinkel α (auf 0,1° genau) der Geraden k und der x_3-Achse. Kennzeichnen Sie diesen Winkel in Ihrer Zeichnung. (4 BE)

   f) Durch Spiegeln der Punkte A und B am Ursprung O erhält man die Punkte A' und B'. Tragen Sie diese Punkte in Ihre Zeichnung ein. Berechnen Sie den Rauminhalt der Pyramide AB'A'BC. (5 BE)

2. a) Bestimmen Sie den Abstand eines beliebigen Punkts P(0|0|p) der x_3-Achse von der Ebene E in Abhängigkeit von p. (3 BE)

   b) Bestimmen Sie die beiden Punkte der x_3-Achse, die von der x_1x_2-Ebene genauso weit entfernt sind wie von der Ebene E. (5 BE)
   [Teilergebnis: $P_1(0|0|1,5)$]

   c) Geben Sie eine Gleichung der Kugel an, die der Pyramide AB'A'BC (vgl. Teilaufgabe 1 f) einbeschrieben ist. (4 BE)

   (40 BE)

Lösungen

1. a) Die Ebene E ist durch einen Punkt und zwei linear unabhängige Vektoren dieser Ebene bestimmt. Da die Richtungsvektoren nicht kollinear sind und ein Nachweis nicht verlangt ist, kann man davon ausgehen, dass sich die beiden Geraden in einem Punkt schneiden. Für die Ebene E erhält man mit dem Antragspunkt Q(–2 | –4 | 2):

$$E: \vec{x} = \begin{pmatrix} -2 \\ -4 \\ 2 \end{pmatrix} + \lambda \begin{pmatrix} 1 \\ 2 \\ 2 \end{pmatrix} + \mu \begin{pmatrix} 0 \\ -1 \\ -2 \end{pmatrix}$$

Die Ebene kann auf verschiedene Arten in die Normalform überführt werden. Man wird die bevorzugten, die im Unterricht besprochen wurde.

1. Möglichkeit:

Der Normalenvekor $\vec{n} = \begin{pmatrix} n_1 \\ n_2 \\ n_3 \end{pmatrix}$ steht auf den Richtungsvektoren der Ebene senkrecht.

$$\vec{n} \circ \begin{pmatrix} 1 \\ 2 \\ 2 \end{pmatrix} = 0 \quad \wedge \quad \vec{n} \circ \begin{pmatrix} 0 \\ -1 \\ -2 \end{pmatrix} = 0$$

Das ergibt:
1. $n_1 + 2n_2 + 2n_3 = 0$
2. $\quad\quad -n_2 - 2n_3 = 0$

Eine Variable ist frei wählbar, z. B. $n_3 = 1$
1. $n_1 + n_3 = -2$
2. $\quad -n_2 = 2$

aus 2: $n_2 = -2$
in 1: $n_1 = 2$

Das ergibt den Normalenvektor $\vec{n} = \begin{pmatrix} 2 \\ -2 \\ 1 \end{pmatrix}$

$$E: \begin{pmatrix} 2 \\ -2 \\ 1 \end{pmatrix} \circ \left[\vec{x} - \begin{pmatrix} -2 \\ -4 \\ 2 \end{pmatrix} \right] = 0$$

$E: 2x_1 - 2x_2 + x_3 + 4 - 8 - 2 = 0$
$E: 2x_1 - 2x_2 + x_3 - 6 = 0$

2. Möglichkeit:

Die Vektoren $\vec{x} - \vec{q}$, $\vec{u}$ und $\vec{v}$ sind linear abhängig, wenn $\vec{u}$ und $\vec{v}$ die beiden Richtungsvektoren der Ebene E (siehe oben) sind, d. h.
$\det(\vec{x} - \vec{q}, \vec{u}, \vec{v}) = 0$.

$$E: \begin{vmatrix} x_1+2 & 1 & 0 \\ x_2+4 & 2 & -1 \\ x_3-2 & 2 & -2 \end{vmatrix} \begin{matrix} x_1+2 & 1 \\ x_2+4 & 2 \\ x_3-2 & 2 \end{matrix} = -4(x_1+2) - (x_3-2) + 2(x_1+2) + 2(x_2+4) = 0$$

$E: -4x_1 - 8 - x_3 + 2 + 2x_1 + 4 + 2x_2 + 8 = 0$
$E: -2x_1 + 2x_2 - x_3 + 6 = 0 \quad |\cdot(-1)$
$E: 2x_1 - 2x_2 + x_3 - 6 = 0$

3. Möglichkeit:

Der Normalenvektor $\vec{n}$ wird als das Vektorprodukt der Vektoren $\vec{u}$ und $\vec{v}$ bestimmt.

$$\vec{n} = \begin{pmatrix} 1 \\ 2 \\ 2 \end{pmatrix} \times \begin{pmatrix} 0 \\ -1 \\ -2 \end{pmatrix} = \begin{pmatrix} -4+2 \\ 0+2 \\ -1+0 \end{pmatrix} = \begin{pmatrix} -2 \\ 2 \\ -1 \end{pmatrix} = (-1) \cdot \begin{pmatrix} 2 \\ -2 \\ 1 \end{pmatrix}$$

E: $\begin{pmatrix} 2 \\ -2 \\ 1 \end{pmatrix} \circ \left[\vec{x} - \begin{pmatrix} -2 \\ -4 \\ 2 \end{pmatrix} \right] = 0$

E: $2x_1 - 2x_2 + x_3 + 4 - 8 - 2 = 0$
E: $2x_1 - 2x_2 + x_3 - 6 = 0$

b) Für die Achsenschnittpunkte gilt:

A: $2a - 6 = 0 \implies a = 3 \implies A(3|0|0)$
B: $-2b - 6 = 0 \implies b = -3 \implies B(0|-3|0)$
C: $c - 6 = 0 \implies c = 6 \implies C(0|0|6)$

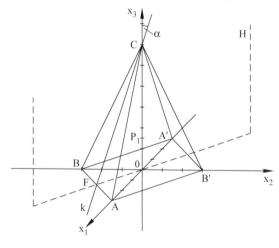

c) Die Schnittgerade k zweier Ebenen lässt sich auf verschiedene Arten berechnen.

1. Möglichkeit:

Man bestimmt zwei Punkte, die sowohl in E als auch in H liegen.

1. $2x_1 - 2x_2 + x_3 - 6 = 0$
2. $x_1 + x_2 = 0$

$\overline{}$

$\qquad\qquad x_1 = 0 \qquad$ aus 2.: $x_2 = 0$
$\qquad\qquad\qquad\qquad\qquad$ in 1.: $x_3 = 6 \;\Rightarrow\; S_1(0|0|6)$

$x_3 = 0$:

1. $\quad 2x_1 - 2x_2 - 6 = 0$
2. $\quad x_1 + x_2 = 0 \quad | \cdot 2$

$\overline{}$

1. $- 2 \cdot 2 \quad -4x_2 - 6 = 0 \;\Rightarrow\; x_2 = -1{,}5$
in 2.: $\qquad\qquad x_1 = 1{,}5 \qquad\Rightarrow\; S_2(1{,}5|-1{,}5|0)$

$k = S_1S_2: \vec{x} = \begin{pmatrix}0\\0\\6\end{pmatrix} + \tau' \begin{pmatrix}1{,}5\\-1{,}5\\-6\end{pmatrix} = \begin{pmatrix}0\\0\\6\end{pmatrix} + \tau \begin{pmatrix}1\\-1\\-4\end{pmatrix}$

2. Möglichkeit:

Die Schnittgerade k ist eine einparametrige Punktemenge, die beide Ebenen erfüllt. Da die beiden Ebenen E und H zwei Gleichungen mit drei Variablen darstellen, darf eine Variable beliebig gewählt werden, z. B. $x_1 = \tau$. Setzt man $x_1 = \tau$ in H und E ein, so ergibt sich:

x_1 in H: $\tau + x_2 = 0 \;\Rightarrow\; x_2 = -\tau$
x_1, x_2 in E: $2\tau + 2\tau + x_3 - 6 = 0 \;\Rightarrow\; x_3 = 6 - 4\tau$

Damit erhält man für die Ortsvektoren $\vec{x}$ aller Punkte X, die die Gerade k bilden:

$k: \vec{x} = \begin{pmatrix}x_1\\x_2\\x_3\end{pmatrix} = \begin{pmatrix}\tau\\-\tau\\6-\tau\end{pmatrix} = \begin{pmatrix}0\\0\\6\end{pmatrix} + \tau \begin{pmatrix}1\\-1\\-4\end{pmatrix}$

3. Möglichkeit:

Da die Ebene E: $\vec{x} = \begin{pmatrix}-2\\-4\\2\end{pmatrix} + \lambda \begin{pmatrix}1\\2\\2\end{pmatrix} + \mu \begin{pmatrix}0\\-1\\-2\end{pmatrix}$ in der Parameterform bekannt ist, kann man

die Richtungsgeraden

$s_1: \vec{x} = \begin{pmatrix}-2\\-4\\2\end{pmatrix} + \lambda \begin{pmatrix}1\\2\\2\end{pmatrix}$ und $s_2: \vec{x} = \begin{pmatrix}-2\\-4\\2\end{pmatrix} + \mu \begin{pmatrix}0\\-1\\-2\end{pmatrix}$

mit der Ebene H zum Schnitt bringen und so zwei gemeinsame Punkte S_1' und S_2' bestimmen.

s_1 in H: $-2+\lambda-4+2\lambda=0$
$3\lambda-6=0$
$\lambda=2 \Rightarrow S_1'(0|0|6)$

s_2 in H: $-2-4-\mu=0$
$-6-\mu=0$
$\mu=-6 \Rightarrow S_2'(-2|2|14)$

$k=S_1'S_2'$: $\vec{x}=\begin{pmatrix}0\\0\\6\end{pmatrix}+\tau'\begin{pmatrix}-2\\2\\8\end{pmatrix}=\begin{pmatrix}0\\0\\6\end{pmatrix}+\tau\begin{pmatrix}1\\-1\\-4\end{pmatrix}$

d) Aus der Zeichnung zu b ist ersichtlich, dass die Seiten [AC] und [BC] gleiche Länge besitzen. Das wird rechnerisch bestätigt.

$\overrightarrow{AC}=\begin{pmatrix}-3\\0\\6\end{pmatrix} \Rightarrow |\overrightarrow{AC}|=\sqrt{9+36}=\sqrt{45}$

$\overrightarrow{BC}=\begin{pmatrix}0\\3\\6\end{pmatrix} \Rightarrow |\overrightarrow{BC}|=\sqrt{9+36}=\sqrt{45}$

Da $|\overrightarrow{AC}|=|\overrightarrow{BC}|$ gilt, ist das Dreieck ABC gleichschenkelig.

Der Fußpunkt F des Lotes im gleichschenkligen Dreieck ABC ist der Mittelpunkt der Strecke [AB], der dann auch der Fußpunkt des Lotes von Punkt C auf die Gerade AB sein muss.

$\vec{f}=\frac{1}{2}(\vec{a}+\vec{b})=\frac{1}{2}\begin{pmatrix}3\\-3\\0\end{pmatrix} \Rightarrow F(1,5|-1,5|0)$

Da $[CF]\subset H$ (winkelhalbierende Ebene zwischen der x_1-Achse und der negativen x_2-Achse (siehe Zeichnung), die auch Symmetrieebene des Dreiecks ABC ist) und

$[CF]\subset E$ (da das Dreieck ABC in E liegt) folgt, dass [CF] auf der Schnittgeraden k der beiden Ebenen liegen muss.

e) Der Schnittwinkel zwischen der Geraden k und der x_3-Achse ist der spitze Winkel, den die Vektoren $\vec{e}_3=\begin{pmatrix}0\\0\\1\end{pmatrix}$ und $\vec{u}_k=\begin{pmatrix}1\\-1\\-4\end{pmatrix}$ miteinander einschließen. Es gilt:

$\cos\alpha=\left|\dfrac{\begin{pmatrix}0\\0\\1\end{pmatrix}\cdot\begin{pmatrix}1\\-1\\-4\end{pmatrix}}{1\cdot\sqrt{18}}\right|=\dfrac{4}{\sqrt{18}} \Rightarrow \alpha=19,5°$

Der Winkel α ist in der Skizze zu 1 b gekennzeichnet.

f) Die Punkte A'(−3 | 0 | 0) und B'(0 | 3 | 0) ergeben sich wegen der Symmetrie wie in der Zeichnung. Da die Diagonalen des Vierecks AB'A'B gleich lang sind und senkrecht aufeinander stehen, ist das Viereck ein Quadrat mit der Diagonalenlänge d = 6 LE.

Die Fläche A_Q des Quadrates berechnet sich zu $A_Q = \frac{1}{2}d^2$. Damit erhält man für das Volumen der Pyramide AB'A'BC mit der Höhe $h = |\overrightarrow{OC}| = 6$ LE.

$$V_P = \frac{1}{3} \cdot G \cdot h = \frac{1}{3} \cdot A_Q \cdot h = \frac{1}{3} \cdot \frac{1}{2} \cdot 6^2 \cdot 6 = 36 \text{ VE}$$

oder:

Aus der Diagonalenlänge d = 6 LE kann man die Quadratseite a aus $d = a\sqrt{2}$ zu $a = \frac{d}{\sqrt{2}} = \frac{6}{\sqrt{2}}$ LE ausgerechnet werden. Das ergibt für die Fläche des Quadrats

$A_Q = a^2 = \left(\frac{d}{\sqrt{2}}\right)^2 = \frac{1}{2}d^2 = 18$ FE. Damit erhält man das Volumen der Pyramide AB'A'BC mit der Höhe $h = |\overrightarrow{OC}| = 6$ LE

$$V_P = \frac{1}{3} \cdot G \cdot h = \frac{1}{3} \cdot 18 \cdot 6 = 36 \text{ VE}$$

2. a) Den Abstand d_{PE} eines beliebigen Punktes P(0 | 0 | p) von der Ebene E erhält man, wenn man P in die Hesseform von E einsetzt.

$$E_H: \frac{1}{3}(2x_1 - 2x_2 + x_3 - 6) = 0$$

$$d_{PE} = \left|\frac{1}{3}(p - 6)\right|$$

b) Der Abstand des Punktes P(0 | 0 | p) von der x_1-x_2-Ebene ist p. Es muss gelten:

$$\left|\frac{1}{3}(p - 6)\right| = p$$

$$\frac{1}{3}(p - 6) = \pm p$$

$\frac{1}{3}(p - 6) = -p \Rightarrow \frac{1}{3}p - 2 = -p \Rightarrow \frac{4}{3}p = 2 \Rightarrow p = 1,5 \Rightarrow P_1(0 | 0 | 1,5)$

$\frac{1}{3}(p - 6) = p \Rightarrow \frac{1}{3}p - 2 = p \Rightarrow -\frac{2}{3}p = 2 \Rightarrow p = -3 \Rightarrow P_2(0 | 0 | -3)$

c) Der Mittelpunkt M der Kugel, die der Pyramide AB'A'BC einbeschrieben ist, muss innerhalb der Kugel liegen und von der Grundflächenebene (x_1-x_2-Ebene) und den Seitenflächenebenen (wegen der Symmetrie der Pyramide von der Ebene E) gleiche Entfernung besitzen. Nach Aufgabe b ist dies aber der Punkt P_1, der von beiden Ebenen die Entfernung 1,5 LE besitzt. (Der Punkt P_2 liegt außerhalb der Pyramide AB'A'BC.) Damit ergibt sich für die Gleichung der Kugel

$$K: \left[\vec{x} - \begin{pmatrix} 0 \\ 0 \\ 1,5 \end{pmatrix}\right]^2 = 1,5^2 = 2,25$$

Grundkurs Mathematik (Bayern): Abiturprüfung 1999
Infinitesimalrechnung I

Gegeben ist für $k \in \mathbb{R}^+$ die Schar von Funktionen

$$f_k : x \mapsto -\frac{x^2}{x+k}$$

mit maximalem Definitionsbereich D_k. Der Graph von f_k wird mit G_k bezeichnet.

1. a) Geben Sie D_k sowie die Nullstelle von f_k an und untersuchen Sie das Verhalten der Funktion an den Grenzen des Definitionsbereichs. (6 BE)

   b) Ermitteln Sie das Monotonieverhalten von f_k und bestimmen Sie Art und Lage der Extrempunkte von G_k.
   $$\left[\text{zur Kontrolle: } f_k'(x) = -\frac{x(x+2k)}{(x+k)^2}\right]$$
   (8 BE)

   c) Bestimmen Sie eine Gleichung der Geraden g, auf der die Extrempunkte aller Graphen G_k liegen. (3 BE)

Im Folgenden sei $k = 1$.

2. a) Ermitteln Sie eine Gleichung der schiefen Asymptote des Graphen G_1 und zeigen Sie, dass diese den Graphen nicht schneidet. (5 BE)

   b) Zeichnen Sie den Graphen G_1 unter Verwendung aller bisherigen Ergebnisse zusammen mit seinen Asymptoten und der Geraden g im Bereich $-5 < x < 3$ (Längeneinheit 1 cm).
   Berücksichtigen Sie dafür auch, dass der Graph G_1 symmetrisch zum Punkt $(-1 \mid 2)$ ist (Nachweis nicht erforderlich). (6 BE)

   c) Geben Sie eine Beziehung zwischen $f_1(-1+t)$ und $f_1(-1-t)$ für $t \neq 0$ an, welche die in Teilaufgabe 2b genannte Punktsymmetrie algebraisch beschreibt. (3 BE)

3. a) Zeigen Sie, dass
   $$F: x \mapsto -\frac{1}{2}x^2 + x - \ln(x+1)$$
   für $x > -1$ Stammfunktion von f_1 ist. (3 BE)

   b) Der Graph G_1, die y-Achse und die zwei Geraden mit den Gleichungen $y = -x + 1$ sowie $x = u$ ($u > 0$) schließen ein Flächenstück vom Inhalt $A(u)$ ein. Bestimmen Sie $A(u)$ und berechnen Sie u so, dass $A(u) = 1$ ist. (6 BE)

   (40 BE)

$f_k : x \mapsto -\dfrac{x^2}{x+k}$; $D_k = D_{max}$; Graph G_k; $k \in \mathbb{R}^+$

Lösung

1. a) f_k ist für alle x definiert, für die $x + k \neq 0$ ist, d. h. für $x \neq -k \Rightarrow D_k = \mathbb{R} \setminus \{-k\}$

   Nullstelle = Schnittstelle mit der x-Achse: $y = f_k(x) = 0$:
   $x^2 = 0 \Rightarrow x = 0$ ist ein doppelte Nullstelle, d. h. jeder Graph der Funktionenschar berührt die x-Achse im Punkt N (0 | 0).

   Aus $D_k = \mathbb{R} \setminus \{-k\}$ ergibt sich, dass die folgenden vier Grenzwerte zu berechnen sind:

   $$\lim_{x \to \infty} f_k(x) = \lim_{x \to \infty} \left(-\frac{x^2}{x+k} \right) = \lim_{x \to \infty} \left(-\frac{x}{1+\frac{k}{x}} \right) = -\infty ,$$

   weil $\dfrac{k}{x} \to 0$ gilt und damit f_k das Verhalten von $-x$ besitzt.

   $$\lim_{x \to -\infty} f_k(x) = \lim_{x \to -\infty} \left(-\frac{x^2}{x+k} \right) = \lim_{x \to -\infty} \left(-\frac{x}{1+\frac{k}{x}} \right) = +\infty ,$$

   weil $\dfrac{k}{x} \to 0$ gilt und damit f_k das Verhalten von $-x$ besitzt.

   $$\lim_{x \to -k+0} f_k(x) = \lim_{x \to -k+0} \left(-\frac{x^2}{x+k} \right) \left[= -\frac{k^2}{+0} \right] = -\infty$$

   $$\lim_{x \to -k-0} f_k(x) = \lim_{x \to -k-0} \left(-\frac{x^2}{x+k} \right) \left[= -\frac{k^2}{-0} \right] = +\infty$$

   An der Stelle $x = -k$ liegt ein Pol mit Vorzeichenwechsel vor. Der Graph G_k besitzt die senkrechte Asymptote $x = -k$.

   b) Das Monotonieverhalten erhält man aus der 1. Ableitung, die mithilfe der Quotientenregel gebildet wird:

   $$f_k'(x) = -\frac{2x(x+k) - x^2 \cdot 1}{(x+k)^2} = -\frac{2x^2 + 2kx - x^2}{(x+k)^2} = -\frac{x^2 + 2kx}{(x+k)^2} = -\frac{x(x+2k)}{(x+k)^2}$$

   Da der Nenner $(x+k)^2$ in D_k stets positiv ist, ergibt sich das Vorzeichen der 1. Ableitung aus dem Vorzeichen des Zählers.
   Wegen des Minuszeichens vor dem gesamten Quotienten folgt:
   $f_k'(x) > 0$, wenn $x \cdot (x + 2k) < 0$ gilt, d. h. die beiden Faktoren müssen unterschiedliche Vorzeichen besitzen:

   $x > 0 \wedge x + 2k < 0$ $\vee$ $x < 0 \wedge x + 2k > 0$

   $\underbrace{x > 0 \wedge x < -2k}_{\text{leer}}$ $\underbrace{x < 0 \wedge x > -2k}_{]-2k;0[}$

Wenn man noch berücksichtigt, dass für x = –k eine Definitionslücke vorliegt, gilt:
f_k ist streng monoton zunehmend für x ∈]–2k; 0[\ {–k}, d.h. für x ∈]–2k; –k[und
x ∈]–k; 0[.

In]–∞; –2k[∪]0; ∞[erhält man entsprechend gleiche Vorzeichen der beiden Faktoren und damit $f_k'(x) < 0$, d.h.

f_k ist streng monoton abnehmend in]–∞; –2k[∪]0; ∞[.

Für x = –2k und x = 0 findet ein Vorzeichenwechsel der 1. Ableitung statt, d.h. dort liegen Extrempunkte vor.

x = –2k: Fallen geht in Steigen über: Tiefpunkt
x = 0:   Steigen geht in Fallen über: Hochpunkt

Mit $f_k(-2k) = 4k$ ergeben sich folglich:

T (–2k | 4k) Tiefpunkt; H (0 | 0) Hochpunkt

c) Alle Graphen G_k haben den gemeinsamen Hochpunkt H (0 | 0).
Wegen k ∈ ℝ⁺ liegen alle Tiefpunkte T (–2k | 4k) im 3.Quadranten. Die Gerade g ist die Verbindungsgerade dieser beiden Punkte mit der Gleichung y = m · x mit $m = \frac{\Delta y}{\Delta x}$.

$$m = \frac{\Delta y}{\Delta x} = \frac{4k - 0}{-2k - 0} = -2$$

⇒ g: y = –2x mit $D_g = \mathbb{R}_0^-$

oder:

Für den Tiefpunkt T gilt: x = –2k ∧ y = 4k.
Man eliminiert den Parameter k aus dem x-Wert. Mit $k = -\frac{x}{2}$ ergibt sich beim Einsetzen in den y-Wert $y = 4 \cdot \left(-\frac{x}{2}\right) = -2x$ als Gleichung der gesuchten Geraden g, auf der auch der Hochpunkt H (0 | 0) und damit alle Extrempunkte liegen.

Für k = 1 ergibt sich die Funktion $f_1 : x \mapsto f_1(x) = -\frac{x^2}{x+1}$, $D_1 = \mathbb{R} \setminus \{-1\}$

2. a) Die Gleichung der schiefen Asymptote wird durch Polynomdivision bestimmt.

$$(-x^2 + 0x + 0) : (x + 1) = -x + 1 - \frac{1}{x+1}$$

$$\underline{-(-x^2 - x)}$$
$$\quad x + 0$$
$$\underline{-(x + 1)}$$
$$\quad -1$$

⇒ $f_1(x) = -x + 1 - \frac{1}{x+1}$

Wegen $\lim\limits_{x \to \pm\infty} \dfrac{1}{x+1} = 0$ folgt, dass $y = a(x) = -x + 1$ die Gleichung der schiefen Asymptote ist.

Zur Überprüfung des Schnitts setzt man die beiden Funktionsterme gleich:

$$f_1(x) = a(x)$$

$$-x + 1 - \dfrac{1}{x+1} = -x + 1$$

$$-\dfrac{1}{x+1} = 0 \quad \text{ist nicht möglich,}$$

d.h. die schiefe Asymptote und der Graph haben keinen Schnittpunkt

oder:

$$-\dfrac{x^2}{x+1} = -x + 1 \quad |\cdot(x+1)$$

$$-x^2 = -x^2 + 1$$

$$0 = 1 \text{ f.}$$

d.h. die schiefe Asymptote und der Graph G_1 haben keinen Schnittpunkt.

b) Wertetabelle:

x	−5	−4	−3	−2	−1,5	−1,25	−0,75	−0,5	0	1	2	3
$f_1(x)$	6,25	5,33	4,5	4	4,5	6,25	−2,25	−0,5	0	−0,5	−1,33	−2,25

Obwohl die Wertetabelle nicht verlangt war, erleichtert sie die Zeichnung.
Verwendet werden ferner:
– das Verhalten der Funktion an den Rändern von D_1
– Hochpunkt H (0 | 0)
– Tiefpunkt T(−2 | 4)
– senkrechte Asymptote $x = -1$
– schiefe Asymptote $y = -x + 1$
– $D_g = \mathbb{R}_0^-$

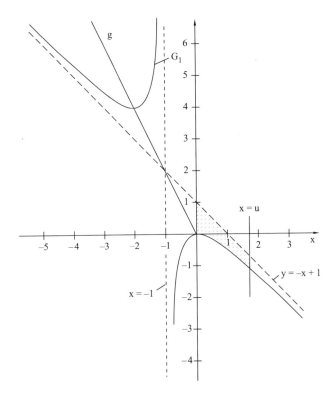

c) Die Punktsymmetrie zum Punkt P (–1 | 2) sagt aus:

Wenn die x-Werte symmetrisch zu $x = -1$ liegen, dann müssen die y-Werte symmetrisch zu $y = 2$ liegen, d. h.

$f_1(-1-t) - 2 = 2 - f_1(-1+t) \Rightarrow f_1(-1-t) + f_1(-1+t) = 4$

3. a) Die Funktion F_1 ist eine Stammfunktion zur Funktion f_1, wenn gilt

$F_1'(x) = f_1(x)$ (und $D_{F_1} = D_1$)

$F_1(x) = -\frac{1}{2}x^2 + x - \ln(x+1)$

$F_1'(x) = -x + 1 - \frac{1}{x+1} = f_1(x)$ (siehe Aufgabe 2a)

oder

$F_1'(x) = -x + 1 - \frac{1}{x+1} = \frac{-x^2 + 1 - 1}{x+1} = -\frac{x^2}{x+1} = f_1(x)$

$\Rightarrow F_1$ ist eine Stammfunktion zur Funktion f_1.

b) Die gesuchte Fläche ist in der Zeichnung (siehe Aufgabe 2b) schraffiert. Für diese Fläche soll gelten:

$$A(u) = \int_0^u (a(x) - f_1(x))\,dx = 1$$

Verwendet man f_1 in der Form von 2a, so gilt:

$$A(u) = \int_0^u \left(-x + 1 + x - 1 + \frac{1}{x+1}\right) dx = \int_0^u \frac{1}{x+1}\,dx = \left[\ln(x+1)\right]_0^u =$$
$$= \ln(u+1) - \ln 1 = \ln(u+1), \text{ weil } \ln 1 = 0 \text{ gilt.}$$

oder

$$A(u) = \int_0^u a(x)\,dx - \int_0^u f_1(x)\,dx = \left[-\frac{1}{2}x^2 + x\right]_0^u - \left[-\frac{1}{2}x^2 + x - \ln(x+1)\right]_0^u =$$
$$= -\frac{1}{2}u^2 + u + \frac{1}{2}u^2 - u + \ln(u+1) - \ln 1 = \ln(u+1)$$

$A(u) \quad = 1$

$\ln(u+1) = 1$

$u + 1 \quad = e^1 = e \Rightarrow u = e - 1$

Grundkurs Mathematik (Bayern): Abiturprüfung 1999
Infinitesimalrechnung II

Gegeben ist die Funktion

$$f: x \mapsto \frac{1}{x(1-\ln x)}$$

mit maximalem Definitionsbereich D_f.
Ihr Graph wird mit G_f bezeichnet.

1. a) Bestimmen Sie D_f und ermitteln Sie das Verhalten von f an den Grenzen des Definitionsbereichs.
   (Hinweis: $\lim\limits_{x \to 0} (x \cdot \ln x) = 0$ darf ohne Beweis verwendet werden.) (7 BE)

   b) Zeigen Sie, dass in D_f gilt:
   $f'(x) = [f(x)]^2 \cdot \ln x$
   Ermitteln Sie damit das Monotonieverhalten der Funktion f.
   Bestimmen Sie ohne Verwendung der zweiten Ableitung die Lage und Art des Extrempunkts von G_f. (7 BE)

Gegeben ist nun zusätzlich die Funktion

$$h: x \mapsto \frac{2}{x} \text{ mit } D_h = \mathbb{R}^+.$$

Ihr Graph wird mit G_h bezeichnet.

2. a) In welchem Punkt S $(x_s | y_s)$ schneiden sich G_f und G_h? Berechnen Sie die Steigung der Tangenten an G_f und G_h im Punkt S. Ermitteln Sie daraus den Schnittwinkel dieser beiden Tangenten (auf Grad genau).
   [zur Kontrolle: $x_s = \sqrt{e}$] (8 BE)

   b) Fertigen Sie eine Zeichnung der Graphen G_f und G_h im Bereich $0 < x < 6$ (Längeneinheit 2 cm) unter Verwendung aller bisherigen Ergebnisse. (7 BE)

3. a) Zeigen Sie, dass die Funktion
   $F: x \mapsto -\ln(1-\ln x)$ für $0 < x < e$ eine Stammfunktion von f ist. (3 BE)

   b) Berechnen Sie den Inhalt des Flächenstücks, das die Graphen von f und h sowie die Gerade mit der Gleichung $x = 1$ einschließen.
   Um wie viel Prozent weicht dieser ab vom Inhalt des Dreiecks mit den Eckpunkten (1 | 2), (1 | 1) und S (vgl. Teilaufgabe 2a)? (8 BE)

(40 BE)

Lösung

$$f(x) = \frac{1}{x(1-\ln x)}; \quad D_f = D_{max}; \quad \text{Graph } G_f$$

1. a) Da $y = \ln x$ nur für $x \in \mathbb{R}^+$ definiert ist, müssen alle möglichen x-Werte positiv sein. Da der Nenner nicht Null werden darf, muss noch der Wert x mit $1 - \ln x = 0 \Rightarrow \ln x = 1 \Rightarrow x = e$ aus $\mathbb{R}^+$ herausgenommen werden, d.h.
$D_f = \mathbb{R}^+ \setminus \{e\}$.

Aus der Definitionsmenge ergibt sich, dass die folgenden vier Grenzwerte bestimmt werden müssen:

$$\lim_{x \to \infty} f(x) = \lim_{x \to \infty} \frac{1}{x(1-\ln x)} = 0, \text{ weil der Nenner gegen } -\infty \text{ strebt.}$$

$$\lim_{x \to 0+0} f(x) = \lim_{x \to 0+0} \frac{1}{x(1-\ln x)} = +\infty, \text{ weil der Nenner gegen } +0 \text{ strebt.}$$

$$\lim_{x \to e+0} f(x) = \lim_{x \to e+0} \frac{1}{x(1-\ln x)} \left[= \frac{1}{e \cdot (-0)} = \frac{1}{-0} \right] = -\infty$$

$$\lim_{x \to e-0} f(x) = \lim_{x \to e-0} \frac{1}{x(1-\ln x)} \left[= \frac{1}{e \cdot (+0)} = \frac{1}{+0} \right] = +\infty$$

An der Stelle $x = e$ liegt eine Unendlichkeitsstelle mit Vorzeichenwechsel vor. Der Graph G_f besitzt die senkrechte Asymptote $x = e$.

b) Die 1. Ableitung wird mithilfe der Quotientenregel bestimmt. Man benötigt dabei auch noch die Produktregel.

$$f'(x) = \frac{-1}{[x(1-\ln x)]^2} \cdot \left[1 \cdot (1-\ln x) + x \cdot \left(-\frac{1}{x} \right) \right] = \frac{-[1-\ln x - 1]}{[x(1-\ln x)]^2} =$$

$$= \frac{\ln x}{[x(1-\ln x)]^2} = \frac{1}{[x(1-\ln x)]^2} \cdot \ln x = [f(x)]^2 \cdot \ln x$$

Damit ist die Behauptung nachgewiesen.

Da $[f(x)]^2$ in D_f stets positiv ist, bestimmt allein der Term $\ln x$ das Vorzeichen der 1. Ableitung und damit das Monotonieverhalten. Es gilt:

$f'(x) > 0$ für $\ln x > 0$, d.h. für $x > 1$ ($\wedge x \neq e$)

f ist streng monoton zunehmend für $x \in]1; \infty[\setminus \{e\}$, d.h. für $x \in]1; e[$ und $x \in]e; \infty[$

$f'(x) < 0$ für $\ln x < 0$, d.h. für $0 < x < 1$

f ist streng monoton abnehmend für $x \in]0; 1[$

Für $x = 1$ wechselt die 1. Ableitung ihr Vorzeichen, d.h. es liegt ein Extrempunkt vor. Da das Fallen in Steigen übergeht, liegt ein Tiefpunkt vor.

Mit $f(1) = 1$ gilt: $T(1 | 1)$ Tiefpunkt

$h(x) = \dfrac{2}{x}$; $D_h = \mathbb{R}^+$; Graph G_h

2. a) Zur Bestimmung des Schnittpunkts werden die beiden Funktionsterme gleichgesetzt:

$$h(x) = f(x)$$
$$\frac{2}{x} = \frac{1}{x(1-\ln x)} \quad | \cdot x(1-\ln x)$$
$$2(1-\ln x) = 1$$
$$2 - 2\ln x = 1$$
$$2\ln x = 1$$
$$\ln x = \frac{1}{2} \Rightarrow x = e^{\frac{1}{2}} = \sqrt{e}$$
$$y_s = \frac{2}{\sqrt{e}} \Rightarrow S\left(\sqrt{e} \, \Big| \, \frac{2}{\sqrt{e}}\right)$$

Den Schnittwinkel φ bestimmt man aus den Steigungen im Punkt S:

$$m = f'(\sqrt{e}) = [f(\sqrt{e})]^2 \cdot \ln\sqrt{e} = \left[\frac{2}{\sqrt{e}}\right]^2 \cdot \frac{1}{2} = \frac{4}{e} \cdot \frac{1}{2} = \frac{2}{e}$$

$$h'(x) = -\frac{2}{x^2}$$

$$m' = h'(\sqrt{e}) = -\frac{2}{e}$$

Mit der Formel $\tan\varphi = \left|\dfrac{m-m'}{1+m \cdot m'}\right|$ erhält man:

$$\tan\varphi = \left|\frac{\frac{2}{e}+\frac{2}{e}}{1-\frac{4}{e^2}}\right| = \left|\frac{\frac{4}{e}}{\frac{e^2-4}{e^2}}\right| = \frac{4e}{e^2-4}$$

$$\Rightarrow \varphi = 72{,}69° \approx 73°$$

b) Zur Zeichnung verwendet man
 – das Verhalten an den Rändern von D
 – den Tiefpunkt T(1 | 1)
 – die senkrechte Asymptote x = e
 – den Schnittpunkt $S\left(\sqrt{e} \, \Big| \, \dfrac{2}{\sqrt{e}}\right) \approx S\,(1{,}65 \mid 1{,}21)$

Obwohl keine Wertetabelle verlangt ist, erleichtert sie die Zeichnung ganz enorm:

x	0,1	0,25	0,5	1	1,5	2	2,25	2,5	3	3,5	4	5	6
f(x)	3,03	1,68	1,18	1	1,12	1,63	2,35	4,78	−3,38	−1,13	−0,65	−0,33	−0,21

x	0,5	1	2	3	4	5	6
h(x)	4	2	1	0,67	0,5	0,4	0,33

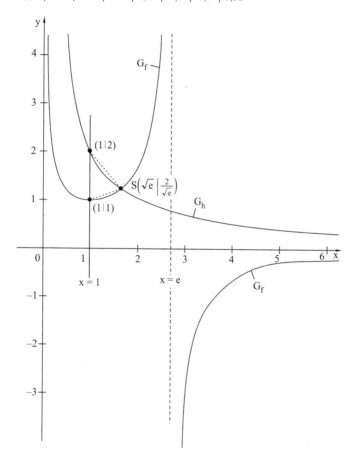

3. a) Die Funktion F ist eine Stammfunktion zur Funktion f, wenn $F'(x) = f(x)$ gilt:
$F(x) = -\ln(1 - \ln x)$, $D_F =]0; e[$
Die Ableitung F wird mithilfe der Kettenregel bestimmt.
$$F'(x) = -\frac{1}{1-\ln x} \cdot \left(-\frac{1}{x}\right) = \frac{1}{x(1-\ln x)} = f(x)$$
$\Rightarrow$ F ist eine Stammfunktion zur Funktion f.

b) Den Inhalt des gesuchten Flächenstücks („Kurvendreieck") erhält man mithilfe der Integralrechnung zu
$$A = \int_1^{\sqrt{e}} (h(x) - f(x))dx = [2 \cdot \ln x + \ln(1 - \ln x)]_1^{\sqrt{e}} =$$
$$= 2 \cdot \frac{1}{2} + \ln\left(1 - \frac{1}{2}\right) - \underbrace{2 \cdot \ln 1}_{=0} - \underbrace{\ln(1 - \ln 1)}_{=0} = 1 + \ln\frac{1}{2} = 1 - \ln 2 \approx 0{,}3069 \text{ FE}.$$

Die Dreiecksfläche A_Δ wird über $A_\Delta = \frac{1}{2} \cdot g \cdot h$ mit $g = \sqrt{e} - 1$ und $h = 2 - 1 = 1$ berechnet zu
$$A_\Delta = \frac{1}{2} \cdot (\sqrt{e} - 1) \cdot 1 = \frac{1}{2}\sqrt{e} - \frac{1}{2} \approx 0{,}3244 \text{ FE}.$$

Zur Berechnung des Prozentwertes wird die Abweichung auf A_Δ bezogen. Es gilt:
$$p = \frac{A_\Delta - A}{A_\Delta} \cdot 100\% = 5{,}39\%$$

Die Fläche A ist um 5,4% kleiner als die Dreieckfläche A_Δ.

Grundkurs Mathematik (Bayern): Abiturprüfung 1999
Wahrscheinlichkeitsrechnung/ Statistik III

Vroni hat zu ihrer Geburtstagsfeier 3 Freundinnen und 4 Freunde eingeladen.

1. Die Partygäste Max und Peter kommen erfahrungsgemäß (unabhängig voneinander) mit den Wahrscheinlichkeiten 30% bzw. 40% zu spät. Berechnen Sie die Wahrscheinlichkeit dafür, dass zu Vronis Party
   a) beide zu spät kommen, (2 BE)
   b) mindestens einer zu spät kommt. (3 BE)

2. Bei dem Spiel „Flaschenglücksrad" sitzen alle 8 Jugendliche in einem Kreis um eine am Boden liegende Flasche. Die Flasche wird gedreht und zeigt anschließend zufällig auf einen der Mitspieler, der dann ein Pfand abgeben muss. Die Wahrscheinlichkeit, getroffen zu werden, ist für jeden Mitspieler $\frac{1}{8}$.
   a) Wie groß ist die Wahrscheinlichkeit dafür, dass Peter bei 12-maligem Andrehen der Flasche mindestens zwei Pfandstücke abgeben muss? (6 BE)
   b) Wie oft muss die Flasche mindestens angedreht werden, damit Vroni mit einer Wahrscheinlichkeit von mehr als 95% wenigstens ein Pfandstück abgeben muss? (6 BE)

3. Für eine Pantomime werden aus den 8 Jugendlichen auf zufällige Weise 4 ausgewählt. Wie groß ist die Wahrscheinlichkeit dafür, dass Vroni und Peter zusammen in der ausgewählten Gruppe sind? (5 BE)

4. Auf der Tanzfläche tanzen nur Paare aus jeweils einem Mädchen und einem Jungen. Wie viele verschiedene Zusammenstellungen der Paare auf der Tanzfläche gibt es, wenn
   a) alle 8 Teilnehmer der Party mittanzen, (3 BE)
   b) von den jungen Männern nur Max und Peter tanzen? (3 BE)

5. Bei einem Würfelspiel beobachten Max und Peter, dass ein Würfel auffällig oft die Zahl 6 zeigt. Sie vermuten, dass der Würfel gezinkt ist, und beschließen, einen Test durchzuführen. Dazu werfen Sie den Würfel 100-mal. Die Wahrscheinlichkeit dafür, den Würfel irrtümlich als gezinkt einzustufen, soll höchstens 5% betragen. Ermitteln Sie die Entscheidungsregel. (7 BE)

6. Vroni hat für die Partyteilnehmer 8 Törtchen gebacken. In den Teig hat sie 3 Glücksbringer gerührt, die dadurch zufällig auf die 8 Förmchen verteilt worden sind.
   Wie groß ist die Wahrscheinlichkeit dafür, dass Peter in seinem Törtchen genau einen Glücksbringer findet? (5 BE)

(40 BE)

Lösung

1. Es werden die Ereignisse A: „Max kommt zu spät" und B: „Peter kommt zu spät" definiert.
   Es gilt: $P(A) = 0{,}3$ und $P(B) = 0{,}4$.
   Wegen der Unabhängigkeit der Ereignisse A und B kann man die Regel $P(A \cap B) = P(A) \cdot P(B)$ verwenden.
   Man erhält für die gesuchten Wahrscheinlichkeiten:

   a) P(beide zu spät) $= P(A \cap B) = P(A) \cdot P(B) = 0{,}3 \cdot 0{,}4 = 0{,}12 = 12\,\%$
   Mit einer Wahrscheinlichkeit von 12 % kommen beide zu spät.

   b) P(mindestens einer zu spät) $= P(A \cap \overline{B}) + P(\overline{A} \cap B) + P(A \cap B) =$
   $= P(A) \cdot P(\overline{B}) + P(\overline{A}) \cdot P(B) + P(A) \cdot P(B) = 0{,}3 \cdot 0{,}6 + 0{,}7 \cdot 0{,}4 + 0{,}3 \cdot 0{,}4 =$
   $= 0{,}18 + 0{,}28 + 0{,}12 = 0{,}58 = 58\,\%$
   oder
   P(mindestens einer zu spät) $= 1 - $ P(keiner zu spät) $=$
   $= 1 - P(\overline{A} \cap \overline{B}) = 1 - P(\overline{A}) \cdot P(\overline{B}) = 1 - 0{,}7 \cdot 0{,}6 = 1 - 0{,}42 = 0{,}58 = 58\,\%$
   Mit einer Wahrscheinlichkeit von 58 % kommt mindestens einer zu spät.

2. a) Z_1 gebe die Anzahl der „Treffer" an, d. h. wie oft die Flasche auf einen Mitspieler zeigt. Aus dem Urnenmodell des Ziehens mit Zurücklegen (mithilfe der Binomialverteilung) mit $p = \frac{1}{8}$ und $n = 12$ erhält man die gesuchte Wahrscheinlichkeit

   $B^{12}_{\frac{1}{8}}(Z_1 \geq 2) = 1 - B^{12}_{\frac{1}{8}}(Z_1 \leq 1) = 1 - B^{12}_{\frac{1}{8}}(Z_1 = 0) - B^{12}_{\frac{1}{8}}(Z_1 = 1) =$

   $= 1 - \binom{12}{0} \cdot \left(\frac{1}{8}\right)^0 \cdot \left(\frac{7}{8}\right)^{12} - \binom{12}{1} \cdot \left(\frac{1}{8}\right)^1 \cdot \left(\frac{7}{8}\right)^{11} = 0{,}4533 = 45{,}33\,\%$
   (Taschenrechner)

   Mit einer Wahrscheinlichkeit von 45,3 % muss Peter mindestens zwei Pfandstücke abgeben.

b) Es gilt stets: P(mindestens ein ...) = 1 − P(kein ...), d.h.

$1-(1-p)^n > \gamma$ mit $p = \frac{1}{8}$, $\gamma = 0{,}95$ und gesuchter Anzahl n.

$$1 - \left(\frac{7}{8}\right)^n > 0{,}95$$

$$1 - 0{,}95 > \left(\frac{7}{8}\right)^n$$

$$\left(\frac{7}{8}\right)^n < 0{,}05$$

$$n \cdot \ln\left(\frac{7}{8}\right) < \ln 0{,}05 \quad |:\ln\left(\frac{7}{8}\right) < 0 \ (!)$$

$$n > \frac{\ln 0{,}05}{\ln\left(\frac{7}{8}\right)} = 22{,}43 \Rightarrow n \geq 23$$

oder:

Ansatz über eine Bernoullikette mit der unbekannten Länge n, mit mindestens einem Treffer und dem Parameter $p = \frac{1}{8}$:

$$B^n_{\frac{1}{8}}(Z \geq 1) > 0{,}95$$

$$1 - B^n_{\frac{1}{8}}(Z = 0) > 0{,}95$$

$$B^n_{\frac{1}{8}}(Z = 0) < 0{,}05$$

$$\binom{n}{0} \cdot \left(\frac{1}{8}\right)^0 \cdot \left(\frac{7}{8}\right)^n < 0{,}05$$

$$\left(\frac{7}{8}\right)^n < 0{,}05$$

... (Rechnung wie vorher)

Man muss die Flasche mindestens 23-mal drehen.

3. Für das Ereignis E: „Vroni und Peter in der ausgewählten Gruppe" erhält man die Wahrscheinlichkeit wie folgt:
Es werden insgesamt vier der acht Jugendlichen ausgewählt. Da Peter und Vroni dabei sein sollen, müssen neben diesen beiden noch zwei der restlichen sechs Jugendlichen ausgewählt werden. Es gilt mit $|\Omega| = \binom{8}{4}$ und $|E| = \binom{2}{2} \cdot \binom{6}{2}$:

$$P(E) = \frac{|E|}{|\Omega|} = \frac{\binom{2}{2} \cdot \binom{6}{2}}{\binom{8}{4}} = 0{,}21429 = 21{,}43\,\% \quad \text{(Taschenrechner)}$$

Mit einer Wahrscheinlichkeit von 21,4 % befinden sich Vroni und Peter in der ausgewählten Gruppe.

4. a) Der erste Junge hat vier Mädchen als Tanzpartnerin zur Wahl, der zweite drei, der dritte zwei und der vierte noch eines. Es gibt $4 \cdot 3 \cdot 2 \cdot 1 = 4! = 24$ verschiedene Zusammenstellungen.

   b) Der erste der beiden, der eine Tanzpartnerin wählt, hat vier Möglichkeiten der Auswahl, der zweite drei Möglichkeiten. Es gibt $4 \cdot 3 = 12$ verschiedene Zusammenstellungen.

5. Z_2 gebe die Anzahl der Sechser an.

   Der Würfel soll nicht gezinkt sein, d.h. man kann von der Hypothese H_0: $p_0 = \frac{1}{6}$ ausgehen. Diese Hypothese wird irrtümlich zurückgewiesen, wenn „zu viele" Sechser fallen, d.h. sich ein Ergebnis aus dem Ablehnungsbereich $\overline{A} = \{k+1, ..., 100\}$ einstellt. Die Wahrscheinlichkeit für dieses irrtümliche Zurückweisen soll höchstens 5% betragen. Es liegt eine Binomialverteilung mit $n = 100$ und $p = \frac{1}{6}$ vor. Es gilt:

   $$B^{100}_{\frac{1}{6}}(Z_2 \geq k+1) \leq 0{,}05$$

   $$1 - B^{100}_{\frac{1}{6}}(Z \leq k) \leq 0{,}05$$

   $$B^{100}_{\frac{1}{6}}(Z \leq k) \geq 0{,}95$$

   Aus der kumulativen Tabelle liest man ab: $k = 23$.
   Das ergibt $\overline{A} = \{24, ..., 100\}$, d.h. der Würfel wird mit einer Irrtumswahrscheinlichkeit von höchstens 5% als gezinkt bezeichnet, wenn mindestens 24 Sechser auftreten.

6. Jeder der drei Glücksbringer kann mit einer Wahrscheinlichkeit $p = \frac{1}{8}$ in eines der acht Törtchen gelangen. Z_3 gebe die Anzahl der Glücksbringer in einem Törtchen an. Es liegt eine Binomialverteilung mit $p = \frac{1}{8}$ und $n = 3$ vor. Gesucht ist die Wahrscheinlichkeit

   $$B^{3}_{\frac{1}{8}}(Z_3 = 1) = \binom{3}{1} \cdot \left(\frac{1}{8}\right)^1 \cdot \left(\frac{7}{8}\right)^2 = 0{,}28711 = 28{,}71\,\% \quad \text{(Taschenrechner)}$$

   Mit einer Wahrscheinlichkeit von 28,7% findet Peter in seinem Törtchen genau einen Glücksbringer.

Grundkurs Mathematik (Bayern): Abiturprüfung 1999
Wahrscheinlichkeitsrechnung/ Statistik IV

Eine Firma stellt „Billig-Glühlämpchen" her. Dabei entstehen erfahrungsgemäß 10% Ausschuss. Die nicht kontrollierten Lämpchen werden in Kartons zu 50 Packungen mit je 20 Stück abgepackt.

1. a) Wie groß ist die Wahrscheinlichkeit, dass in einer 20er Packung mehr als drei Lämpchen defekt sind?
   [Ergebnis: 13,3%] (4 BE)

   b) Mit welcher Wahrscheinlichkeit ist in einem 50er Karton höchstens eine 20er Packung mit mehr als drei defekten Lämpchen? (5 BE)

2. Dem Elektrogeschäft Krötl wurde eine Serie von 20er Packungen mit jeweils genau 5 defekten Lämpchen geliefert.

   a) Ein Kunde kauft 10 Lämpchen, die gleichzeitig einer vollen 20er Packung entnommen werden. Mit welcher Wahrscheinlichkeit sind unter diesen zehn Lämpchen genau 2 defekt? (4 BE)

   b) Auf wie viele Arten kann man 2 defekte und 8 intakte, sonst nicht unterscheidbare Lämpchen als Lichterkette in einer Reihe anordnen, wenn
   (1) keine weiteren Bedingungen vorliegen,
   (2) die defekten Lämpchen nicht nebeneinander liegen sollen? (5 BE)

   c) Ein weiterer Kunde möchte drei Lämpchen kaufen. Der Verkäufer entnimmt ein Lämpchen aus einer vollen 20er Packung mit 5 defekten Lämpchen und prüft es. Ist es defekt, wirft er es weg, sonst gibt er es dem Kunden und entnimmt der Packung das nächste zu prüfende Lämpchen. Mit welcher Wahrscheinlichkeit ist das vierte vom Verkäufer geprüfte Lämpchen das dritte intakte? (7 BE)

3. Aufgrund eines zunächst unerkannten Defekts hat eine Maschine Lämpchen mit 30% Ausschuss produziert. Diese Lämpchen wurden so wie oben beschrieben verpackt. Um die Kartons mit Lämpchen höherer Ausschussquote nachträglich auszusondern, wird folgendes Testverfahren durchgeführt: Ein Karton wird ausgesondert, wenn von 25 zufällig entnommenen Lämpchen mehr als 3 defekt sind. (Rechnen Sie im Folgenden wie bei „Ziehen mit Zurücklegen".)

   a) Mit welcher Wahrscheinlichkeit wird bei diesem Test ein Karton nicht ausgesondert, obwohl er Lämpchen erhöhter Ausschussquote enthält? (4 BE)

   b) Mit welcher Wahrscheinlichkeit wird bei diesem Test ein Karton irrtümlich ausgesondert? (5 BE)

   c) Aus Sicht der Firma wird ein Karton mit zu großer Wahrscheinlichkeit irrtümlich ausgesondert. Für einen verbesserten Test sollen den Kartons jeweils 50 Lämpchen entnommen werden. Die Wahrscheinlichkeit, einen Karton irrtümlich auszusondern, soll höchstens 5% betragen. Ermitteln Sie die Entscheidungsregel. (6 BE)

   (40 BE)

Lösung

1. a) Z gebe die Anzahl defekter Glühlämpchen an. Es liegt eine Binomialverteilung vor (Urnenmodell des Ziehens mit Zurücklegen) mit p = 0,1 und n = 20.
Gesucht ist die Wahrscheinlichkeit

$B_{0,1}^{20}(Z > 3) = 1 - B_{0,1}^{20}(Z \leq 3) = 1 - 0{,}86705 = 0{,}13295 = 13{,}30\,\%$ (kumulative Tabelle)

Mit einer Wahrscheinlichkeit von 13,3 % sind in einer 20er Packung mehr als drei Lämpchen defekt.

b) Z' gebe die Anzahl der 20er Packungen mit mehr als drei defekten Lämpchen an. Es liegt eine Binomialverteilung vor (Urnenmodell des Ziehens mit Zurücklegen) mit p' = 0,133 (siehe Teilaufgabe a) und n' = 50. Gesucht ist die Wahrscheinlichkeit

$B_{0,133}^{50}(Z' \leq 1) = B_{0,133}^{50}(Z' = 0) + B_{0,133}^{50}(Z' = 1) =$

$= \binom{50}{0} \cdot 0{,}133^0 \cdot 0{,}867^{50} + \binom{50}{1} \cdot 0{,}133^1 \cdot 0{,}867^{49}$

$= 0{,}00690 = 0{,}69\,\%$ (Taschenrechner)

Mit einer Wahrscheinlichkeit von 0,7 % findet man höchstens eine solche 20er Packung.

2. a) Insgesamt werden zehn der 20 Lämpchen entnommen. Für das Ereignis A: „Genau zwei defekte" müssen zwei der fünf defekten und acht der 15 nicht defekten entnommen werden. Mit dem Urnenmodell des Ziehens ohne Zurücklegen ergibt sich die gesuchte Wahrscheinlichkeit zu

$P(A) = P(Z = 2) = \dfrac{\binom{5}{2} \cdot \binom{15}{8}}{\binom{20}{10}} = 0{,}34830 = 34{,}83\,\%$ (Taschenrechner)

Mit einer Wahrscheinlichkeit von 34,8 % sind genau zwei Lämpchen defekt.

b) (1) Da nur nach defekten und nicht defekten (intakten) Lämpchen unterschieden wird, braucht man nur zwei der zehn Plätze für die defekten (oder acht der zehn Plätze für die intakten) auszuwählen. Es gibt

$\binom{10}{2} = \binom{10}{8} = 45$ verschiedene Anordnungen.

oder:

Es gäbe 10! Anordnungen, wenn alle Lämpchen unterschieden würden. Nun sind aber im Sinne der Mengenlehre 8! Anordnungen der intakten und 2! Anordnungen der defekten gleich, d. h. es gibt

$\dfrac{10!}{8! \cdot 2!} = 45$ verschiedene Anordnungen.

(2) In den neun Fällen 1/2, 2/3, ..., 9/10 liegen die beiden defekten Lämpchen nebeneinander, d.h. es verbleiben
45 − 9 = 36 verschiedene Anordnungen.

c) Mit i = intakt und d = defekt ergeben sich für das Ereignis E die drei im folgenden Baumdiagramm dargestellten Möglichkeiten
iidi, idii, diii.

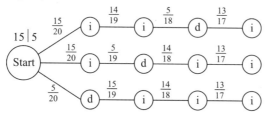

Die Wahrscheinlichkeit errechnet sich aus den drei Pfaden zu
$$P(E) = \frac{15}{20} \cdot \frac{14}{19} \cdot \frac{5}{18} \cdot \frac{13}{17} + \frac{15}{20} \cdot \frac{5}{19} \cdot \frac{14}{18} \cdot \frac{13}{17} + \frac{5}{20} \cdot \frac{15}{19} \cdot \frac{14}{18} \cdot \frac{13}{17} =$$
$$= 3 \cdot \frac{15 \cdot 14 \cdot 13 \cdot 5}{20 \cdot 19 \cdot 18 \cdot 17} = 0{,}35217 = 35{,}22\, \% \quad \text{(Taschenrechner)}$$

Mit einer Wahrscheinlichkeit von 35,2 % ist das vierte Lämpchen das dritte intakte.

3. Z gebe wieder die Anzahl der defekten Glühlämpchen an.

   a) Der Karton mit der erhöhten Ausschussquote wird nicht ausgesondert, wenn man drei oder weniger defekte Glühlämpchen findet. Aus der Binomialverteilung mit p = 0,3 und n = 25 erhält man die gesuchte Wahrscheinlichkeit zu

   $B^{25}_{0,3}(Z \leq 3) = 0{,}03324 = 3{,}32\,\%$ (kumulative Tabelle)

   Mit der Wahrscheinlichkeit von 3,3 % wird ein Karton mit erhöhter Ausschussquote nicht ausgesondert.

   b) Ein Karton wird irrtümlich ausgesondert, wenn mehr als drei defekte Glühlämpchen in der Stichprobe gefunden werden, obwohl nur 10 % Ausschuss vorliegen. Aus der Binomialverteilung mit p = 0,1 und n = 25 erhält man die gesuchte Wahrscheinlichkeit

   $B^{25}_{0,1}(Z > 3) = 1 - B^{25}_{0,1}(Z \leq 3) = 1 - 0{,}76359 = 0{,}2364 = 23{,}64\,\%$ (kumulative Tabelle).

   Mit einer Wahrscheinlichkeit von 23,6 % wird ein Karton irrtümlich ausgesondert.

   c) Ein Karton soll ausgesondert werden, wenn man mehr als k defekte Glühlämpchen in der Stichprobe findet. Die Wahrscheinlichkeit für die irrtümliche Ablehnung bei nur 10 % Ausschuss soll höchstens 5 % betragen, d.h. es gilt:

   H: p = 0,1; $\overline{A} = \{k+1, ..., 50\}$; n = 50; $\alpha \leq 0{,}05$

Aus der Binomialverteilung mit p = 0,1 und n = 50 erhält man:

$$B_{0,1}^{50}(Z \geq k+1) \leq 0,05$$

$$1 - B_{0,1}^{50}(Z \leq k) \leq 0,05$$

$$B_{0,1}^{50}(Z \leq k) \geq 0,95$$

Aus der kumulativen Tabelle liest man k = 9 ab, d.h. $\overline{A}$ = {10, ..., 50}.

Ein Karton wird ausgesondert, wenn man mehr als neun, d.h. mindestens zehn defekte Lämpchen findet.

**Grundkurs Mathematik (Bayern): Abiturprüfung 1999
Analytische Geometrie V**

Gegeben sind in einem kartesischen Koordinatensystem die Punkte A (−10 | 5 | −10), B (0 | 0 | 0), C (6 | 17 | 10), D (−8 | 19 | −5).

1. a) Zeigen Sie, dass sich die Geraden AC und BD im Punkt M (−4 | 9,5 | −2,5) unter einem rechten Winkel schneiden. (7 BE)

   b) Die Punkte A, B, C und D bilden das Viereck ABCD. In welchem Verhältnis teilt der Punkt M die Diagonalen [AC] und [BD] dieses Vierecks?
   [Teilergebnis: $\overline{BM}:\overline{MD} = 1 : 1$] (5 BE)

   c) Welche Symmetrieeigenschaft lässt sich für das Viereck ABCD aus den bisherigen Ergebnissen folgern? (2 BE)

   d) Weisen Sie nach, dass es einen Kreis mit Mittelpunkt M gibt, auf dem die Punkte A, B und D liegen.
   Wie groß ist demzufolge der Winkel ⊰ BAD? (Begründung!) (4 BE)

   e) Bestimmen Sie den Flächeninhalt des Vierecks ABCD.
   [zur Kontrolle: $A_{\text{Viereck ABCD}} = 300$] (4 BE)

Durch das Viereck ABCD ist eine Ebene E bestimmt.

2. a) Geben Sie eine Gleichung der Ebene E in Normalenform an.
   [mögliches Ergebnis: E: $11x_1 + 2x_2 - 10x_3 = 0$] (5 BE)

   b) Geben Sie eine Gleichung der Geraden g an, die die Ebene E im Punkt A senkrecht schneidet.
   Zeigen Sie, dass der Punkt S (−21 | 3 | 0) auf der Geraden g liegt. (4 BE)

   c) Berechnen Sie den Rauminhalt der Pyramide ABCDS. (3 BE)

   d) Bei der Anfertigung eines Netzes der Pyramide ABCDS wird die Seitenfläche ADS in die Ebene E nach außen geklappt. Dabei fällt S auf den Punkt S'. Bestimmen Sie die Koordinaten von S'. (6 BE)

   (40 BE)

Lösung

A $(-10\,|\,5\,|-10)$, B $(0\,|\,0\,|\,0)$, C $(6\,|\,17\,|\,10)$, D $(-8\,|\,19\,|-5)$

1. a) Eine Gerade ist durch einen Punkt und eine Richtung eindeutig festgelegt. Es gilt:

$$\text{AC}: \vec{x} = \vec{a} + \lambda \cdot \overrightarrow{AC} \quad \text{und} \quad \text{BD}: \vec{x} = \vec{b} + \mu \cdot \overrightarrow{BD} \quad \text{mit} \quad \overrightarrow{AC} = \vec{c} - \vec{a} = \begin{pmatrix} 16 \\ 12 \\ 20 \end{pmatrix} \text{ und } \overrightarrow{BD} = \begin{pmatrix} -8 \\ 19 \\ -5 \end{pmatrix}$$

$$\text{AC}: \vec{x} = \begin{pmatrix} -10 \\ 5 \\ -10 \end{pmatrix} + \lambda \cdot \begin{pmatrix} 16 \\ 12 \\ 20 \end{pmatrix} = \begin{pmatrix} -10 \\ 5 \\ -10 \end{pmatrix} + \lambda \begin{pmatrix} 4 \\ 3 \\ 5 \end{pmatrix}$$

$$\text{BD}: \vec{x} = \begin{pmatrix} 0 \\ 0 \\ 0 \end{pmatrix} + \mu \cdot \begin{pmatrix} -8 \\ 19 \\ -5 \end{pmatrix} = \mu \cdot \begin{pmatrix} -8 \\ 19 \\ -5 \end{pmatrix}$$

Wegen $\begin{pmatrix} 4 \\ 3 \\ 5 \end{pmatrix} \neq k \cdot \begin{pmatrix} -8 \\ 19 \\ -5 \end{pmatrix}$ sind AC und BD nicht parallel. Zur Bestimmung des Schnittpunkts werden die Geraden gleichgesetzt:

1. $-10 + 4\lambda = -8\mu \quad |\cdot 5$
2. $5 + 3\lambda = 19\mu$
3. $-10 + 5\lambda = -5\mu \quad |\cdot(-4)$

1. $-50 + 20\lambda = -40\mu$
3. $40 - 20\lambda = 20\mu$

1 + 3: $-10 = 20\mu \Rightarrow \mu = 0{,}5$

in 1: $-10 + 4\lambda = -4$

$\phantom{\text{in 1: }}4\lambda = 6 \Rightarrow \lambda = 1{,}5$

in 2: $5 + 4{,}5 = 19 \cdot 0{,}5$

$\phantom{\text{in 2: }}9{,}5 = 9{,}5 \text{ (w)}$

$\Rightarrow$ Schnittpunkt M durch Einsetzen von $\mu = 0{,}5$ bzw. $\lambda = 1{,}5$: M $(-4\,|\,9{,}5\,|-2{,}5)$

oder:

Da M gegeben war, braucht man nur M in AC und M in BD einsetzen und zeigen, dass M $\in$ AC (für $\lambda = 1{,}5$) und M $\in$ BD (für $\mu = 0{,}5$) gilt.

Wegen $\overrightarrow{AC} \circ \overrightarrow{BD} = \begin{pmatrix} 16 \\ 12 \\ 20 \end{pmatrix} \circ \begin{pmatrix} -8 \\ 19 \\ -5 \end{pmatrix} = -128 + 228 - 100 = 0$ stehen die Richtungsvektoren der beiden Geraden und damit die beiden Geraden aufeinander senkrecht, d.h. die Geraden AC und BD schneiden sich im Punkt M rechtwinklig.

b) Für die Teilverhältnisse τ_1, τ_2 gilt:

$$\overrightarrow{AM} = \tau_1 \cdot \overrightarrow{MC} \qquad \overrightarrow{BM} = \tau_2 \cdot \overrightarrow{MD}$$

$$\vec{m} - \vec{a} = \tau_1 \cdot (\vec{c} - \vec{m}) \qquad \vec{m} - \vec{b} = \tau_2 \cdot (\vec{d} - \vec{m})$$

$$\begin{pmatrix} 6 \\ 4{,}5 \\ 7{,}5 \end{pmatrix} = \tau_1 \cdot \begin{pmatrix} 10 \\ 7{,}5 \\ 12{,}5 \end{pmatrix} \qquad \begin{pmatrix} -4 \\ 9{,}5 \\ -2{,}5 \end{pmatrix} = \tau_2 \cdot \begin{pmatrix} -4 \\ 8{,}5 \\ -2{,}5 \end{pmatrix}$$

$$\Rightarrow \tau_1 = \frac{3}{5} \qquad\qquad \Rightarrow \tau_2 = 1$$

c) Aus $\tau_2 = 1$ folgt, dass M der Mittelpunkt der Strecke [BD] ist.

Aus $\tau_1 = \frac{3}{5}$ folgt, dass A näher an M liegt als C, wobei $|\overrightarrow{AM}| : |\overrightarrow{AM}| = 3 : 5$ gilt.

Da AC senkrecht auf BD steht und die Strecke [BD] halbiert, ist AC die Symmetrieachse des Vierecks ABCD, d. h. das Viereck ABCD ist ein Drachenviereck (siehe Skizze).

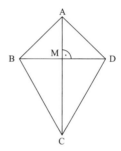

d) $\overrightarrow{AM} = \vec{m} - \vec{a} = \begin{pmatrix} 6 \\ 4{,}5 \\ 7{,}5 \end{pmatrix} \Rightarrow |\overrightarrow{AM}| = \sqrt{36 + 20{,}25 + 56{,}25} = \sqrt{112{,}5}$ LE

$\overrightarrow{BM} = \vec{m} - \vec{b} = \begin{pmatrix} -4 \\ 9{,}5 \\ -2{,}5 \end{pmatrix} \Rightarrow |\overrightarrow{BM}| = \sqrt{16 + 90{,}25 + 6{,}25} = \sqrt{112{,}5}$ LE

$\overrightarrow{DM} = \vec{m} - \vec{d} = \begin{pmatrix} 4 \\ -9{,}5 \\ 2{,}5 \end{pmatrix} \Rightarrow |\overrightarrow{DM}| = \sqrt{16 + 90{,}25 + 6{,}25} = \sqrt{112{,}5}$ LE

Wegen $|\overrightarrow{AM}| = |\overrightarrow{BM}| = |\overrightarrow{DM}|$ liegen die drei Punkte auf einem Kreis um M. Da M ∈ [BD] folgt, dass A auf dem Thaleskreis über [BD] liegt. Damit ergibt sich ∢BAD = 90°.

e) Der Flächeninhalt des Drachenvierecks lässt sich aus den zueinander senkrechten Diagonalen bestimmen. Es gilt:

$A_{Dr} = \frac{1}{2} \cdot |\overrightarrow{AC}| \cdot |\overrightarrow{BD}|$; $\overrightarrow{AC} = \begin{pmatrix} 16 \\ 12 \\ 20 \end{pmatrix} \Rightarrow |\overrightarrow{AC}| = \sqrt{256 + 144 + 400} = \sqrt{800}$ LE

$|\overrightarrow{BD}| = 2 \cdot |\overrightarrow{BM}| = 2 \cdot \sqrt{112{,}5}$ LE

$\Rightarrow A_{Dr} = \frac{1}{2} \cdot \sqrt{800} \cdot 2 \cdot \sqrt{112{,}5} = 300$ FE

2. a) Eine Ebene ist durch einen Punkt und zwei linear unabhängige Richtungen in der Ebene bestimmt, z. B.

$E: \vec{x} = \vec{a} + \lambda \cdot \overrightarrow{AC} + \sigma \cdot \overrightarrow{AB}$

$E: \vec{x} = \begin{pmatrix} -10 \\ 5 \\ -10 \end{pmatrix} + \lambda' \cdot \begin{pmatrix} 16 \\ 12 \\ 20 \end{pmatrix} + \sigma' \cdot \begin{pmatrix} 10 \\ -5 \\ 10 \end{pmatrix} = \begin{pmatrix} -10 \\ 5 \\ -10 \end{pmatrix} + \lambda \cdot \begin{pmatrix} 4 \\ 3 \\ 5 \end{pmatrix} + \sigma \cdot \begin{pmatrix} 2 \\ -1 \\ 2 \end{pmatrix}$

Die Ebene E kann auf verschiedene Arten in Normalform überführt werden.
Man wird die bevorzugen, die im Unterricht besprochen wurde.

<u>1. Möglichkeit:</u>

Der Normalenvektor $\vec{n} = \begin{pmatrix} n_1 \\ n_2 \\ n_3 \end{pmatrix}$ der Ebene steht auf den Richtungsvektoren der Ebene

senkrecht, d. h.

$\vec{n} \circ \begin{pmatrix} 4 \\ 3 \\ 5 \end{pmatrix} = 0 \;\land\; \vec{n} \circ \begin{pmatrix} 2 \\ -1 \\ 2 \end{pmatrix} = 0$

Das ergibt:

1. $4n_1 + 3n_2 + 5n_3 = 0$
2. $2n_1 - n_2 + 2n_3 = 0$

Eine Variable ist frei wählbar, z. B. $n_2 = 2$:

1. $4n_1 + 5n_3 = -6$
2. $2n_1 + 2n_3 = 2 \quad |\cdot(-2)$

1. $4n_1 + 5n_3 = -6$
2. $-4n_1 - 4n_3 = -4$

$1 + 2: \quad n_3 = -10$

in 1: $4n_1 - 50 = -6 \Rightarrow n_1 = 11$

Das ergibt $\vec{n} = \begin{pmatrix} 11 \\ 2 \\ -10 \end{pmatrix}$. Damit erhält man die Gleichung der Ebene E zu

$E: \begin{pmatrix} 11 \\ 2 \\ -10 \end{pmatrix} \circ \vec{x} = \begin{pmatrix} 11 \\ 2 \\ -10 \end{pmatrix} \circ \begin{pmatrix} -10 \\ 5 \\ -10 \end{pmatrix} = -110 + 10 + 100 = 0$

$E: 11x_1 + 2x_2 - 10x_3 = 0$

2. Möglichkeit:

Die Vektoren $\vec{x} - \vec{a}$, $\overrightarrow{AB}$ und $\overrightarrow{AC}$ sind linear abhängig, weil sie in der Ebene E liegen, d.h. $\det(\vec{x} - \vec{a}, \overrightarrow{AB}, \overrightarrow{AC}) = 0$. An Stelle von $\overrightarrow{AB}$ und $\overrightarrow{AC}$ werden die „kürzeren" Vektoren $\frac{1}{4}\overrightarrow{AC} = \begin{pmatrix} 4 \\ 3 \\ 5 \end{pmatrix}$ und $\frac{1}{5}\overrightarrow{AB} = \begin{pmatrix} 2 \\ -1 \\ 2 \end{pmatrix}$ verwendet.

Die Determinante wird mit der Regel von Sarrus bestimmt.

$$E: \begin{vmatrix} x_1 + 10 & 4 & 2 \\ x_2 - 5 & 3 & -1 \\ x_3 + 10 & 5 & 2 \end{vmatrix} \begin{matrix} x_1 + 10 & 4 \\ x_2 - 5 & 3 \\ x_3 + 10 & 5 \end{matrix} = 6(x_1 + 10) - 4(x_3 + 10) + 10(x_2 - 5) - 6(x_3 + 10) +$$

$$+ 5(x_1 + 10) - 8(x_2 - 5) = 0$$

E: $6x_1 + 60 - 4x_3 - 40 + 10x_2 - 50 - 6x_3 - 60 + 5x_1 + 50 - 8x_2 + 40 = 0$
E: $11x_1 + 2x_2 - 10x_3 = 0$

3. Möglichkeit:

Der Normalenvektor $\vec{n}$ der Ebene kann als Vektorprodukt der Vektoren $\overrightarrow{AB}$ und $\overrightarrow{AC}$ bestimmt werden. Da es auch hier wieder nur auf die Richtungen der Vektoren ankommt, werden wie oben die Vektoren $\frac{1}{4}\overrightarrow{AC} = \begin{pmatrix} 4 \\ 3 \\ 5 \end{pmatrix}$ und $\frac{1}{5}\overrightarrow{AB} = \begin{pmatrix} 2 \\ -1 \\ 2 \end{pmatrix}$ verwendet.

$$\vec{n} = \begin{pmatrix} 4 \\ 3 \\ 5 \end{pmatrix} \times \begin{pmatrix} 2 \\ -1 \\ 2 \end{pmatrix} = \begin{pmatrix} 6+5 \\ 10-8 \\ -4-6 \end{pmatrix} = \begin{pmatrix} 11 \\ 2 \\ -10 \end{pmatrix}$$

$$E: \begin{pmatrix} 11 \\ 2 \\ -10 \end{pmatrix} \circ \vec{x} = \begin{pmatrix} 11 \\ 2 \\ -10 \end{pmatrix} \circ \begin{pmatrix} -10 \\ 5 \\ -10 \end{pmatrix} = -110 + 10 + 100 = 0$$

E: $11x_1 + 2x_2 - 10x_3 = 0$

b) Der Richtungsvektor $\vec{u}_g$ der Geraden g ist der Normalenvektor $\vec{n}_E$ der Ebene E, d.h.

$$g: \vec{x} = \vec{a} + \rho \cdot \vec{n}_E = \begin{pmatrix} -10 \\ 5 \\ -10 \end{pmatrix} + \rho \cdot \begin{pmatrix} 11 \\ 2 \\ -10 \end{pmatrix}$$

S in g:
1. $-21 = -10 + 11\rho \Rightarrow \rho = -1$
2. $3 = 5 + 2\rho \Rightarrow \rho = -1$ $\Rightarrow S \in g$
3. $0 = -10 - 10\rho \Rightarrow \rho = -1$

c) Der Lotfußpunkt des Lotes von S auf die Ebene E ist der Punkt A, d.h. für die Höhe h der Pyramide gilt: $h = |\overrightarrow{AS}|$

$$\overrightarrow{AS} = \vec{s} - \vec{a} = \begin{pmatrix} -11 \\ -2 \\ 10 \end{pmatrix} \Rightarrow h = |\overrightarrow{AS}| = \sqrt{121 + 4 + 100} = \sqrt{225} = 15 \text{ LE}$$

oder:

Die Höhe h ist der Abstand des Punktes S von der Ebene E. Der Abstand des Punktes S von E wird berechnet, indem man S in die Hesse-Form E_H der Ebenengleichung einsetzt. Mit $|\vec{n}_E| = \sqrt{11^2 + 2^2 + 10^2} = 15$ gilt:

E_H: $\dfrac{1}{15}(11x_1 + 2x_2 - 10x_3) = 0$

$h = d_{SE} = \left| \dfrac{1}{15}(-231 + 6) \right| = 15 \text{ LE}$

Das Volumen der Pyramide erhält man über

$V = \dfrac{1}{3} \cdot G \cdot h = \dfrac{1}{3} \cdot A_{Dr} \cdot h = \dfrac{1}{3} \cdot 300 \cdot 15 = 1500 \text{ VE}$

d) Aus der Skizze ist ersichtlich, dass beim Umklappen der Seitenfläche ADS in die Ebene E wegen $\sphericalangle DAB = 90°$ und $\sphericalangle DAS = 90°$ auch $\sphericalangle S'AD = 90°$ sein muss.

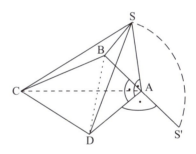

$\overrightarrow{AS'}$ hat damit die Richtung von $\overrightarrow{BA}$, d.h. es gilt:

$\vec{s}' = \vec{a} + |\overrightarrow{AS}| \cdot \overrightarrow{BA}° = \vec{a} + 15 \cdot \overrightarrow{BA}°$

Wegen $\overrightarrow{BA} = \begin{pmatrix} -10 \\ 5 \\ -10 \end{pmatrix}$ und $|\overrightarrow{BA}| = \sqrt{100 + 25 + 100} = 15 \text{ LE}$ erhält man:

$\vec{s}' = \begin{pmatrix} -10 \\ 5 \\ -10 \end{pmatrix} + 15 \cdot \dfrac{1}{15} \cdot \begin{pmatrix} -10 \\ 5 \\ -10 \end{pmatrix} = \begin{pmatrix} -10 \\ 5 \\ -10 \end{pmatrix} + \begin{pmatrix} -10 \\ 5 \\ -10 \end{pmatrix} = \begin{pmatrix} -20 \\ 10 \\ -20 \end{pmatrix}$

$\Rightarrow S'(-20 \mid 10 \mid -20)$

Grundkurs Mathematik (Bayern): Abiturprüfung 1999
Analytische Geometrie VI

In einem kartesischen Koordinatensystem sind die Punkte A (5 | 3 | –4), B (6 | –1 | 4) und D (–2 | 7 | 0) gegeben. Die Punkte A, B und D legen eine Ebene E fest.

1. a) Bestimmen Sie eine Gleichung von E in Normalenform.
   [mögliches Ergebnis: E: $4x_1 + 5x_2 + 2x_3 - 27 = 0$] (5 BE)

   b) Zeigen Sie, dass das Dreieck ABD gleichschenklig, aber nicht gleichseitig ist. (3 BE)

   c) Bestimmen Sie die Koordinaten eines Punktes C so, dass das Viereck ABCD eine Raute bildet, und berechnen Sie die Koordinaten des Diagonalenschnittpunkts M.
   [Teilergebnis: M (2 | 3 | 2)] (4 BE)

   d) Berechnen Sie den Flächeninhalt der Raute und damit den Abstand zweier gegenüberliegender Seiten der Raute.
   Geben Sie den Radius r ihres Inkreises an. (6 BE)

2. Gegeben ist weiter der Punkt S (10 | 13 | 6).

   a) Berechnen Sie den Fußpunkt F des Lots von S auf die Ebene E.
   [Ergebnis: F = M] (5 BE)

   b) Die Raute ABCD bildet zusammen mit dem Punkt S die Pyramide ABCDS. Bestimmen Sie den Winkel ∢BAS auf 0,1° genau.
   Zeichnen Sie das Dreieck ABS. (6 BE)

   c) Geben Sie eine Gleichung der Ebene H an, die den Punkt S enthält und auf der Geraden AB senkrecht steht.
   [mögliches Ergebnis: H: $x_1 - 4x_2 + 8x_3 - 6 = 0$] (3 BE)

   d) Berechnen Sie den Abstand d des Punktes A von der Ebene H.
   Kennzeichnen Sie in Ihrer Zeichnung aus Teilaufgabe 2b die Strecke, deren Länge Sie soeben mit dem Abstand d berechnet haben. (4 BE)

   e) Berechnen Sie den Flächeninhalt einer Seitenfläche der Pyramide ABCDS. (4 BE)
   (40 BE)

Lösung

A (5 | 3 | –4), B (6 | –1 | 4) und D (–2 | 7 | 0)

1. a) Eine Ebene ist durch einen Punkt und zwei linear unabhängige Richtungen in der Ebene bestimmt, z. B.

$$E: \vec{x} = \vec{a} + \lambda \cdot \overrightarrow{AB} + \mu \cdot \overrightarrow{AD} \text{ mit } \overrightarrow{AB} = \vec{b} - \vec{a} = \begin{pmatrix} 1 \\ -4 \\ 8 \end{pmatrix} \text{ und } \overrightarrow{AD} = \vec{d} - \vec{a} = \begin{pmatrix} -7 \\ 4 \\ 4 \end{pmatrix}$$

$$E: \vec{x} = \begin{pmatrix} 5 \\ 3 \\ 4 \end{pmatrix} + \lambda \cdot \begin{pmatrix} 1 \\ -4 \\ 8 \end{pmatrix} + \mu \cdot \begin{pmatrix} -7 \\ 4 \\ 4 \end{pmatrix}$$

Die Ebene E kann auf verschiedene Arten in eine Normalform überführt werden. Man wird die bevorzugen, die im Unterricht besprochen wurde.

<u>1. Möglichkeit:</u>

Der Normalenvektor $\vec{n} = \begin{pmatrix} n_1 \\ n_2 \\ n_3 \end{pmatrix}$ der Ebene steht auf den Richtungsvektoren der Ebene senkrecht, d. h.

$$\vec{n} \circ \begin{pmatrix} 1 \\ -4 \\ 8 \end{pmatrix} = 0 \land \vec{n} \circ \begin{pmatrix} -7 \\ 4 \\ 4 \end{pmatrix} = 0$$

Das ergibt:

1.　　$n_1 - 4n_2 + 8n_3 = 0$

2.　　$-7n_1 + 4n_2 + 4n_3 = 0$

Eine Variable ist frei wählbar, z. B. $n_3 = 2$:

1.　　　　$n_1 - 4n_2 = -16$

2.　　$\underline{-7n_1 + 4n_2 = -8}$

1 + 2:　　$-6n_1 = -24 \Rightarrow n_1 = 4$

in 1:　　$4 - 4n_2 = -16$

　　　　　$4n_2 = -20 \Rightarrow n_2 = 5$

Das ergibt den Normalenvektor $\vec{n} = \begin{pmatrix} 4 \\ 5 \\ 2 \end{pmatrix}$. Damit erhält man

$$E: \begin{pmatrix} 4 \\ 5 \\ 2 \end{pmatrix} \circ \vec{x} = \begin{pmatrix} 4 \\ 5 \\ 2 \end{pmatrix} \circ \begin{pmatrix} 5 \\ 3 \\ -4 \end{pmatrix} = 20 + 15 - 8 = 27$$

E: $4x_1 + 5x_2 + 2x_3 - 27 = 0$

2. Möglichkeit:

Die Vektoren $\vec{x} - \vec{a}$, $\overrightarrow{AB}$ und $\overrightarrow{AD}$ sind linear abhängig, weil sie in der Ebene E liegen, d.h. $\det(\vec{x} - \vec{a}, \overrightarrow{AB}, \overrightarrow{AD}) = 0$.

Die Determinante wird nach der Regel von Sarrus berechnet:

$$E: \begin{vmatrix} x_1 - 5 & 1 & -7 \\ x_2 - 3 & -4 & 4 \\ x_3 + 4 & 8 & 4 \end{vmatrix} \begin{matrix} x_1 - 5 & 1 \\ x_2 - 3 & -4 \\ x_3 + 4 & 8 \end{matrix} = -16(x_1 - 5) + 4(x_3 + 4) - 56(x_2 - 3) - 28(x_3 + 4)$$

$$- 32(x_1 - 5) - 4(x_2 - 3) = 0$$

E: $-16x_1 + 80 + 4x_3 + 16 - 56x_2 + 168 - 28x_3 - 112 - 32x_1 + 160 - 4x_2 + 12 = 0$

E: $-48x_1 - 60x_2 - 24x_3 + 324 = 0 \quad |:(-12)$

E: $4x_1 + 5x_2 + 2x_3 - 27 = 0$

3. Möglichkeit:

Der Normalenvektor $\vec{n}$ der Ebene kann als Vektorprodukt der Vektoren $\overrightarrow{AB}$ und $\overrightarrow{AD}$ bestimmt werden.

$$\vec{n}' = \begin{pmatrix} 1 \\ -4 \\ 8 \end{pmatrix} \times \begin{pmatrix} -7 \\ 4 \\ 4 \end{pmatrix} = \begin{pmatrix} -16 - 32 \\ -56 - 4 \\ 4 - 88 \end{pmatrix} = \begin{pmatrix} -48 \\ -60 \\ -24 \end{pmatrix} = (-12) \cdot \begin{pmatrix} 4 \\ 5 \\ 2 \end{pmatrix} \Rightarrow \vec{n} = \begin{pmatrix} 4 \\ 5 \\ 2 \end{pmatrix}$$

$$E: \begin{pmatrix} 4 \\ 5 \\ 2 \end{pmatrix} \circ \vec{x} = \begin{pmatrix} 4 \\ 5 \\ 2 \end{pmatrix} \circ \begin{pmatrix} 5 \\ 3 \\ -4 \end{pmatrix} = 20 + 15 - 8 = 27$$

E: $4x_1 + 5x_2 + 2x_3 - 27 = 0$

b) Für die drei Seiten des Dreiecks ABD gilt:

$$\overrightarrow{AB} = \vec{b} - \vec{a} = \begin{pmatrix} 1 \\ -4 \\ 8 \end{pmatrix} \Rightarrow |\overrightarrow{AB}| = \sqrt{1 + 16 + 64} = 9 \text{ LE}$$

$$\overrightarrow{AD} = \vec{d} - \vec{a} = \begin{pmatrix} -7 \\ 4 \\ 4 \end{pmatrix} \Rightarrow |\overrightarrow{AD}| = \sqrt{49 + 16 + 16} = 9 \text{ LE}$$

$$\overrightarrow{BD} = \vec{d} - \vec{b} = \begin{pmatrix} -8 \\ 8 \\ 4 \end{pmatrix} \Rightarrow |\overrightarrow{BD}| = \sqrt{64 + 64 + 16} = 12 \text{ LE}$$

Das Dreieck ABD hat die gleichen Schenkel [AB] und [AD], d.h. ist gleichschenklig mit der Spitze A, ist aber nicht gleichseitig, da $|\overrightarrow{BD}| > |\overrightarrow{AB}|$ gilt.

c) Aus der Skizze ist ersichtlich, dass z. B. gilt:

$$\vec{c} = \vec{b} + \overrightarrow{AD} = \begin{pmatrix} 6 \\ -1 \\ 4 \end{pmatrix} + \begin{pmatrix} -7 \\ 4 \\ 4 \end{pmatrix} = \begin{pmatrix} -1 \\ 3 \\ 8 \end{pmatrix}$$

$\Rightarrow$ C (–1 | 3 | 8)

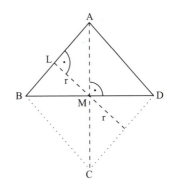

Für den Diagonalenschnittpunkt M gilt, dass er der Mittelpunkt der Strecken [AC] bzw. [BD] ist, d. h. es gilt:

$$\vec{m} = \frac{1}{2}(\vec{b} + \vec{d}) = \frac{1}{2}\begin{pmatrix} 4 \\ 6 \\ 4 \end{pmatrix} = \begin{pmatrix} 2 \\ 3 \\ 2 \end{pmatrix}$$

$\Rightarrow$ M (2 | 3 | 2)

d) Der Flächeninhalt der Raute lässt sich aus den zueinander senkrechten Diagonalen bestimmen. Es gilt: $A_R = \frac{1}{2}|\overrightarrow{AC}| \cdot |\overrightarrow{BD}|$

$$\overrightarrow{AC} = \vec{c} - \vec{a} = \begin{pmatrix} 6 \\ 0 \\ 12 \end{pmatrix} \Rightarrow |\overrightarrow{AC}| = \sqrt{36 + 144} = \sqrt{180} = 6\sqrt{5} \text{ LE}$$

$$\overrightarrow{BD} = \vec{d} - \vec{b} = \begin{pmatrix} -8 \\ 8 \\ -4 \end{pmatrix} \Rightarrow |\overrightarrow{BD}| = \sqrt{64 + 64 + 16} = 12 \text{ LE (siehe oben)}$$

$\Rightarrow A_R = \frac{1}{2} \cdot 6\sqrt{5} \cdot 12 = 36\sqrt{5}$ FE

Aus der Skizze unter c ist ersichtlich, dass der Flächeninhalt der Raute auch durch „Grundlinie mal Höhe", d. h. durch $A_R = |\overrightarrow{AB}| \cdot 2r$ berechnet werden kann. Es gilt:

$9 \cdot 2r = 36\sqrt{5} \Rightarrow r = 2\sqrt{5}$ LE

Damit erhält man als Abstand d der parallelen Seiten d = 2r = $4\sqrt{5}$ LE.

Wenn diese Berechnungsart nicht vorgeschrieben gewesen wäre, hätte man den Radius r auch als r = $|\overrightarrow{ML}|$ (siehe Skizze in c) bestimmen können, wobei L der Fußpunkt des Lotes von M auf die Seite [AB] ist.

Es würde dort gelten:

Gerade AB: $\vec{x} = \vec{a} + \lambda \cdot \overrightarrow{AB} = \begin{pmatrix} 5 \\ 3 \\ -4 \end{pmatrix} + \lambda \cdot \begin{pmatrix} 1 \\ -4 \\ 8 \end{pmatrix}$

Da L $\in$ AB $\Rightarrow$ L (5 + λ | 3 – 4λ | –4 + 8λ) $\wedge$ M (2 | 3 | 2) (siehe Teilaufgabe c)

Es muss gelten:

$\overrightarrow{ML} \perp \overrightarrow{AB}$, d. h. $\overrightarrow{ML} \circ \overrightarrow{AB} = 0$

$\overrightarrow{ML} = \vec{\ell} - \vec{m} = \begin{pmatrix} 3+\lambda \\ -4\lambda \\ -6+8\lambda \end{pmatrix}$

$\overrightarrow{ML} \circ \overrightarrow{AB} = \begin{pmatrix} 3+\lambda \\ -4\lambda \\ -6+8\lambda \end{pmatrix} \circ \begin{pmatrix} 1 \\ -4 \\ 8 \end{pmatrix} = 0$

$3 + \lambda + 16\lambda - 48 + 64\lambda = 0$

$81\lambda - 45 = 0$

$81\lambda = 45$

$\lambda = \dfrac{45}{81} = \dfrac{5}{9}$

Durch Einsetzen erhält man: $L\left(\dfrac{50}{9} \mid \dfrac{7}{9} \mid \dfrac{4}{9}\right)$

$\overrightarrow{ML} = \vec{\ell} - \vec{m} = \begin{pmatrix} \frac{32}{9} \\ -\frac{20}{9} \\ \frac{14}{9} \end{pmatrix}$

$r = \left|\overrightarrow{ML}\right| = \sqrt{\dfrac{1024 + 400 + 196}{81}} = \sqrt{\dfrac{1620}{81}} = \sqrt{20} = 2\sqrt{5}$ LE

Für den Abstand d zweier paralleler Seiten der Raute gilt dann: $d = 2r = 4\sqrt{5}$ LE.

2. S (10 | 13 | 6)

a) Die Lotgerade $\ell: \vec{x} = \vec{s} + \sigma \cdot \vec{n}_E$ durch S mit dem Normalenvektor $\vec{n}_E$ als Richtungsvektor schneidet die Ebene E im gesuchten Punkt F.

$\ell: \vec{x} = \begin{pmatrix} 10 \\ 13 \\ 6 \end{pmatrix} + \sigma \begin{pmatrix} 4 \\ 5 \\ 2 \end{pmatrix} \cap E:$

$x_1 = 10 + 4\sigma$
$x_2 = 13 + 5\sigma$ in E:
$x_3 = 6 + 2\sigma$

$4 \cdot (10 + 4\sigma) + 5 \cdot (13 + 5\sigma) + 2 \cdot (6 + 2\sigma) - 27 = 0$

$40 + 16\sigma + 65 + 25\sigma + 12 + 4\sigma - 27 = 0$

$45\sigma + 90 = 0$

$45\sigma = 90 \Rightarrow \sigma = -2$

Setzt man $\sigma = -2$ in ℓ ein, so erhält man F (2 | 3 | 2). F stimmt mit dem Mittelpunkt M von Teilaufgabe 1c überein.

b) Aus der Skizze ist ersichtlich, dass

$\varphi = \sphericalangle BAS = \sphericalangle(\overrightarrow{AB}, \overrightarrow{AS})$

$\overrightarrow{AB} = \begin{pmatrix} 1 \\ -4 \\ 8 \end{pmatrix}$ mit $|\overrightarrow{AB}| = 9$ LE

$\overrightarrow{AS} = \begin{pmatrix} 5 \\ 10 \\ 10 \end{pmatrix}$ mit $|\overrightarrow{AS}| = \sqrt{25+100+100} = 15$ LE

$\cos\varphi = \dfrac{\overrightarrow{AB} \circ \overrightarrow{AS}}{|\overrightarrow{AB}| \cdot |\overrightarrow{AS}|} = \dfrac{5-40+80}{9 \cdot 15} = \dfrac{45}{9 \cdot 15} = \dfrac{1}{3}$

$\Rightarrow \varphi = 70{,}53° \approx 70{,}5°$

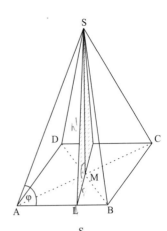

Das Dreieck ABS ist maßstäblich konstruiert.

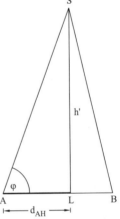

c) Der Normalenvektor $\vec{n}_H$ der Ebene H ist der Vektor $\overrightarrow{AB} = \begin{pmatrix} 1 \\ -4 \\ 8 \end{pmatrix}$ und S(10 | 13 | 6) liegt in H:

H: $x_1 - 4x_2 + 8x_3 - 6 = 0$

H: $\begin{pmatrix} 1 \\ -4 \\ 8 \end{pmatrix} \circ \vec{x} = \begin{pmatrix} 1 \\ -4 \\ 8 \end{pmatrix} \circ \begin{pmatrix} 10 \\ 13 \\ 6 \end{pmatrix} = 10 - 52 + 48 = 6$

Aus der Skizze zu 2b ist ersichtlich, dass man H auch aus H: $\vec{x} = \vec{s} + \alpha \cdot \overrightarrow{SM} + \beta \cdot \overrightarrow{SL}$ bestimmen kann, wobei L der Lotfußpunkt aus Teilaufgabe 1d ist.

Es gilt dann mit $\overrightarrow{SM} = \begin{pmatrix} -8 \\ -10 \\ -4 \end{pmatrix} = -2 \cdot \begin{pmatrix} 4 \\ 5 \\ 2 \end{pmatrix}$ und $\overrightarrow{SL} = \begin{pmatrix} -\frac{40}{9} \\ -\frac{110}{9} \\ -\frac{50}{9} \end{pmatrix} = -\dfrac{10}{9} \begin{pmatrix} 4 \\ 11 \\ 5 \end{pmatrix}$

$$H: \vec{x} = \begin{pmatrix} 10 \\ 13 \\ 6 \end{pmatrix} + \alpha \begin{pmatrix} 4 \\ 5 \\ 2 \end{pmatrix} + \beta \begin{pmatrix} 4 \\ 11 \\ 5 \end{pmatrix}$$

Die Ebene H kann dann nach einer der drei Möglichkeiten (wie unter 1a) in Normalenform umgewandelt werden, z. B. gilt:

$$\vec{n}_H = \begin{pmatrix} 4 \\ 5 \\ 2 \end{pmatrix} \times \begin{pmatrix} 4 \\ 11 \\ 5 \end{pmatrix} = \begin{pmatrix} 25-22 \\ 8-20 \\ 44-20 \end{pmatrix} = \begin{pmatrix} 3 \\ -12 \\ 24 \end{pmatrix} = 3 \cdot \begin{pmatrix} 1 \\ -4 \\ 8 \end{pmatrix}$$

$$H: \begin{pmatrix} 1 \\ -4 \\ 8 \end{pmatrix} \circ \vec{x} = \begin{pmatrix} 1 \\ -4 \\ 8 \end{pmatrix} \circ \begin{pmatrix} 10 \\ 13 \\ 6 \end{pmatrix} = 10 - 52 + 48 = 6$$

$H: x_1 - 4x_2 + 8x_3 - 6 = 0$

d) Der Abstand des Punktes A von der Ebene H wird so berechnet, dass man A in die Hesse-Form H_H der Ebenengleichung einsetzt:

Mit $\vec{n} = \begin{pmatrix} 1 \\ -4 \\ 8 \end{pmatrix}$ und $|\vec{n}| = \sqrt{1+16+64} = 9$ folgt:

$$H_H: \frac{1}{9}(x_1 - 4x_2 + 8x_3 - 6) = 0$$

$$d_{AH} = \left| \frac{1}{9}(5 - 12 - 32 - 6) \right| = 5 \text{ LE}$$

Der Abstand ist in der Zeichnung zu Teilaufgabe 2b markiert.

e) Die Seitenflächenhöhe h' lässt sich auf verschiedene Arten berechnen.

Mit der Höhe h der Pyramide $h = \left| \overrightarrow{MS} \right| = \left| \begin{pmatrix} 8 \\ 10 \\ 4 \end{pmatrix} \right| = \sqrt{64 + 100 + 16} = \sqrt{180} = 6\sqrt{5}$ LE

erhält man nach der Skizze aus 2b mithilfe des Satzes von Pythagoras

$h'^2 = h^2 + r^2 = 180 + 20 = 200 \Rightarrow h' = \sqrt{200} = 10\sqrt{2}$ LE

oder

$$h'^2 = \left| \overrightarrow{SL} \right| = \left| \begin{pmatrix} -\frac{40}{9} \\ -\frac{110}{9} \\ -\frac{50}{9} \end{pmatrix} \right| = \sqrt{\frac{1600 + 12100 + 2500}{81}} = \sqrt{\frac{16200}{81}} = \sqrt{200} = 10\sqrt{2} \text{ LE}$$

oder

$$\tan \varphi = \frac{h'}{\left| \overrightarrow{AL} \right|} = \frac{h'}{d_{AH}} \Rightarrow h' = \tan \varphi \cdot d_{AH} = 5 \cdot \tan \varphi$$

Damit ergibt sich als Flächeninhalt des Dreiecks ABS:

$$A_\Delta = \frac{1}{2} \cdot \left| \overrightarrow{AB} \right| \cdot h' = \frac{1}{2} \cdot 9 \cdot 10\sqrt{2} = 45\sqrt{2} \text{ FE} \approx 63{,}64 \text{ FE}$$

Ihre Meinung ist uns wichtig!

Ihre Anregungen sind uns immer willkommen.
Bitte informieren Sie uns mit diesem Schein über Ihre Verbesserungsvorschläge!

Titel-Nr.	Seite	Fehler, Vorschlag

STARK
Damit lernen einfacher wird ... !

Bitte hier abtrennen

9-VM9

Bitte ausfüllen und im frankierten Umschlag an uns einsenden. Für Fensterkuverts geeignet.

Zutreffendes bitte ankreuzen!

Die Absenderin/der Absender ist:

- ☐ Lehrer/in
- ☐ Fachbetreuer/in
  Fächer:
- ☐ Seminarlehrer/in
  Fächer:
- ☐ Regierungsfachberater/in
  Fächer:
- ☐ Oberstufenbetreuer/in
- ☐ Schulleiter/in

- ☐ Leiter/in Lehrerbibliothek
- ☐ Leiter/in Schülerbibliothek
- ☐ Referendar/in, Termin 2. Staatsexamen:
- ☐ Sekretariat
- ☐ Schüler/in, Klasse:
- ☐ Eltern
- ☐ Sonstiges:

Unterrichtsfächer: (Bei Lehrkräften!)

**STARK Verlag
Postfach 1852
85318 Freising**

Kennen Sie Ihre Kundennummer?
Bitte hier eintragen.

Absender (Bitte in Druckbuchstaben!)

Name/Vorname

Straße/Nr.

PLZ/Ort

Telefon privat   Geburtsjahr

Schule/Schulstempel (Bitte immer angeben!)

Bitte hier abtrennen ✂

Abitur-Training für Schüler

Den Ernstfall trainieren und souverän meistern mit maßgeschneiderter Abiturvorbereitung: konzentriertes Faktenwissen, Übungsaufgaben und schülergerechte Lösungen. Ideal zum selbstständigen Lernen zu Hause. Da erfahren Schülerinnen und Schüler, worauf es wirklich ankommt, und erhalten Sicherheit für alle Prüfungen durch dauerhaften Lernerfolg.

Mathematik

- Analysis – LK .... Best.-Nr. 94002
- Analysis – gk .... Best.-Nr. 94001
- Analytische Geometrie und lineare Algebra 1 – gk/LK .... Best.-Nr. 94005
- Stochastik – LK .... Best.-Nr. 94003
- Stochastik – gk .... Best.-Nr. 94007
- Integralrechnung – gk .... Best.-Nr. 40015
- Exponential-/Logarithmusfunktionen, gebrochenrationale Funktionen – gk ..... Best.-Nr. 40016
- Wahrscheinlichkeitsrechnung und Statistik – gk .... Best.-Nr. 40055
- Analytische Geometrie – gk .... Best.-Nr. 40075
- Infinitesimalrechnung 1/11. Klasse ..... Best.-Nr. 94006
- Infinitesimalrechnung 2/11. Klasse ..... Best.-Nr. 94008
- Wiederholung Algebra .... Best.-Nr. 92402
- Übungsaufgaben Analysis 1 – Sek. II .... Best.-Nr. 92403
- Übungsaufgaben Analysis 2 – Sek. II .... Best.-Nr. 92404
- Übungsaufgaben Analytische Geometrie – Sek. II .... Best.-Nr. 92405

Physik

- Elektromagnetische Schwingungen und Wellen – LK .... Best.-Nr. 94309
- Elektrisches und magnetisches Feld – LK ... Best.-Nr. 94308
- Kernphysik – LK .... Best.-Nr. 94305
- Wellen- und Teilchenaspekt von Licht und Materie – LK .... Best.-Nr. 94303
- Atommodelle – LK .... Best.-Nr. 94304
- Physik 1 – gk .... Best.-Nr. 94321
- Physik 2 – gk .... Best.-Nr. 94322
- Physik 11. Klasse .... Best.-Nr. 94307
- Physik 1 – FOS .... Best.-Nr. 92436
- Physik 2 – FOS .... Best.-Nr. 92437
- Physik 11. Klasse – FOS .... Best.-Nr. 92438
- Physikalisches Praktikum – FOS .... Best.-Nr. 92435

Chemie

- **NEU:** Rechnen in der Chemie .... Best.-Nr. 84735
- Chemie 1 – LK .... Best.-Nr. 94731
- Chemie 2 – LK .... Best.-Nr. 94732
- Chemie 1 – gk .... Best.-Nr. 94741
- Chemie 2 – gk .... Best.-Nr. 94742
- **NEU:** Abitur-Wissen Stoffklasssen organischer Verbindungen .... Best.-Nr. 947304
- **NEU:** Abitur-Wissen Chemie der Biomoleküle .... Best.-Nr. 947305

Biologie

- Biologie 1 – LK .... Best.-Nr. 94701
- Biologie 2 – LK .... Best.-Nr. 94702
- Biologie 1 – gk .... Best.-Nr. 94715
- Biologie 2 – gk .... Best.-Nr. 94716
- Chemie für den Leistungskurs Biologie ... Best.-Nr. 54705
- **NEU:** Abitur-Wissen Genetik .... Best.-Nr. 94703
- **NEU:** Abitur-Wissen Neurobiologie ..... Best.-Nr. 94705
- **NEU:** Abitur-Wissen Ethologie .... Best.-Nr. 94706
- **NEU:** Abitur-Wissen Evolution .... Best.-Nr. 94707
- **NEU:** Abitur-Wissen Ökologie .... Best.-Nr. 94708

Geschichte

- Geschichte – gk K 12 Bayern .... Best.-Nr. 94781
- Geschichte – gk K 13 Bayern .... Best.-Nr. 94782
- **NEU:** Abitur-Wissen Die Antike .... Best.-Nr. 94783
- **NEU:** Abitur-Wissen Die Ära Bismarck ... Best.-Nr. 94784
- **NEU:** Abitur-Wissen Imperialismus und 1. Weltkrieg .... Best.-Nr. 94785
- Abitur-Wissen Die Weimarer Republik .. Best.-Nr. 47815

Erdkunde

- Erdkunde Arbeitstechniken und Methoden – gk/LK .... Best.-Nr. 94901
- **NEU:** Abitur-Wissen Entwicklungsländer .... Best.-Nr. 94902
- **NEU:** Abitur-Wissen USA .... Best.-Nr. 94903
- **NEU:** Erdkunde Lexikon .... Best.-Nr. 94904

Politik

- **NEU:** Abitur-Wissen Politik Internationale Beziehungen .... Best.-Nr. 94802

Wirtschaft/Recht

- Betriebswirtschaft – LK .... Best.-Nr. 94851
- Volkswirtschaft – gk/LK .... Best.-Nr. 94881
- Rechtslehre – gk .... Best.-Nr. 94882

Ratgeber für Schüler

- **NEU:** Richtig Lernen – Tipps und Lernstrategien für die Oberstufe .... Best.-Nr. 10483
- **NEU:** Referate und Facharbeiten für die Oberstufe .... Best.-Nr. 10484

(Bitte blättern Sie um)

Abitur-Prüfungsaufgaben

Viele Jahrgänge bis einschließlich 1999 der zentral gestellten Prüfungsaufgaben an Gymnasien in Bayern. Mit vollständigen Lösungen.

Mathematik

Abiturprüfung Mathematik – LK
Mit vollständigen Lösungen .... Best.-Nr. 95000
Abiturprüfung Mathematik – gk
Lösungen, Colloquiumsprüfung ...... Best.-Nr. 95100

Physik

Abiturprüfung Physik – LK
Mit vollständigen Lösungen .... Best.-Nr. 95300
Abiturprüfung Physik – gk
Lösungen, Colloquiumsprüfung ...... Best.-Nr. 95320

Biologie/Chemie

Abiturprüfung Biologie – LK
Mit vollständigen Lösungen .... Best.-Nr. 95700
Abiturprüfung Biologie – gk
Lösungen, Colloquiumsprüfung ...... Best.-Nr. 95710
Abiturprüfung Chemie – LK
Mit vollständigen Lösungen .... Best.-Nr. 95730
Abiturprüfung Chemie – gk
Lösungen, Colloquiumsprüfung ...... Best.-Nr. 95740

Deutsch

Abiturprüfung Deutsch – LK
Mit vollständigen Lösungen .... Best.-Nr. 95400
Abiturprüfung Deutsch – gk
Mit vollständigen Lösungen .... Best.-Nr. 95410
Abiturprüfung Deutsch Colloquium – gk
Prüfungsaufgaben mit Lösungen ..... Best.-Nr. 95411

Englisch

Abiturprüfung Englisch – LK
Mit vollständigen Lösungen .... Best.-Nr. 95460
Abiturprüfung Englisch – gk
Lösungen, Colloquiumsprüfungen .. Best.-Nr. 95470

Französisch

Abiturprüfung Französisch – LK
Mit vollständigen Lösungen .... Best.-Nr. 95500
Abiturprüfung Französisch – gk
Lösungen, Colloquiumsprüfungen .. Best.-Nr. 95530

Erdkunde

Abiturprüfung Erdkunde – LK
Mit vollständigen Lösungen .... Best.-Nr. 95900
Abiturprüfung Erdkunde – gk
Lösungen, Colloquiumsprüfungen .. Best.-Nr. 95930

Latein

Abiturprüfung Latein – LK
Mit vollständigen Lösungen .... Best.-Nr. 95600
Abiturprüfung Latein – gk
Lösungen, Colloquiumsprüfung ...... Best.-Nr. 95630

Geschichte/Sozialkunde

Abiturprüfung Geschichte – LK
Mit vollständigen Lösungen .... Best.-Nr. 95760
Abiturprüfung Geschichte – gk
Mit vollständigen Lösungen .... Best.-Nr. 95780
Abiturprüfung Geschichte Colloquium – gk
Prüfungsaufgaben mit Lösungen ..... Best.-Nr. 95781
Abiturprüfung Sozialkunde – LK
Mit vollständigen Lösungen .... Best.-Nr. 95800
Abiturprüfung Sozialkunde – gk
Lösungen, Colloquiumsprüfungen .. Best.-Nr. 95830

Wirtschaft/Recht

Abiturprüfung Wirtschaft/Recht – LK
Mit vollständigen Lösungen .... Best.-Nr. 95850
Abiturprüfung Wirtschaft/Recht – gk
Lösungen, Colloquiumsprüfungen .. Best.-Nr. 95880

Religion/Ethik

Abiturprüfung Religion r.-k. – gk Bayern
Mit Lösungsvorschlägen .... Best.-Nr. 95990
Abiturprüfung Religion r.-k. Colloquium – gk Bayern
Prüfungsaufgaben mit Lösungen ..... Best.-Nr. 95991
Abiturprüfung ev. Religion – gk Bayern
Mit Lösungsvorschlägen .... Best.-Nr. 95970
Abiturprüfung ev. Religion Colloquium – gk Bayern
Prüfungsaufgaben mit Lösungen ..... Best.-Nr. 95971
Abiturprüfung Ethik – gk Bayern
Mit Lösungshinweisen .... Best.-Nr. 95950
Abiturprüfung Ethik Colloquium – gk Bayern
Prüfungsaufgaben mit Lösungen ..... Best.-Nr. 95951

Sport

Abiturprüfung Sport – LK
Mit vollständigen Lösungen............. Best.-Nr. 95980

Kunst

Abiturprüfung Kunst – LK
Lösungshinweise, Abbildungen sw Best.-Nr. 95960

Bestellungen bitte direkt an: Stark Verlag · Postfach 1852 · 85318 Freising
Tel. 08161/1790 · FAX 08161/17951 · Internet http://www.stark-verlag.de

Damit lernen einfacher wird ... !